MARBURGER JAHRBUCH THEOLOGIE XXVII

MARBURGER THEOLOGISCHE STUDIEN

122

begründet von

Hans Graß und Werner Georg Kümmel

herausgegeben von

Friedhelm Hartenstein und Michael Moxter

MARBURGER JAHRBUCH

THEOLOGIE

XXVII

NATUR

herausgegeben von

Elisabeth Gräb-Schmidt und Reiner Preul

EVANGELISCHE VERLAGSANSTALT

Leipzig 2015

Bibliografische Information der Deutschen Bibliothek
Die Deutsche Bibliothek verzeichnet diese Publikation in der Deutschen Nationalbibliografie; detaillierte bibliografische Daten sind im Internet über http://dnb.ddb.de abrufbar.

ISBN: 978-3-374-04174-9

Printed in Germany
Satz/Layout: Christian Stritzelberger

INHALTSVERZEICHNIS

Vorwort

Georg Picht hat vor Jahren die neuzeitlichen Weichenstellungen des Naturbegriffs, die in der klassischen Physik und der Entstehung der Evolutionstheorie ihren Höhepunkt erreicht haben, kritisch in den Blick genommen. Diese Kritik gilt den Folgen einer umfassenden Technisierung der Lebens- und Körperwelt. Der kanadische Philosoph Charles Taylor sieht die Bestimmung des Naturbegriffs jedoch nicht nur als Aufgabe der Ethik an, sondern als die eigentliche Aufgabe der Philosophie. Damit verweist er – ebenso wie vor ihm Georg Picht – auf einen wunden Punkt unserer gesamten Kultur und Zivilisation, in welcher Natur vornehmlich als das Andere zu stehen kommt. Nachdem ihre normative Gestalt – herkömmlich abgebildet im Gedanken des Naturrechts – bereits in der Neuzeit brüchig wurde, wird in der Moderne sowohl ihre kulturelle Bedingtheit und Geschichtlichkeit thematisch als auch ihre Objektivierung durch Naturwissenschaft und Technik. Damit werden die geltungstheoretischen Ansprüche der Natur modifiziert, wenn nicht gar in Frage gestellt. So laufen nach Bruno Latour, dem französischen Soziologen, alle Berufungen auf die Natur ins Leere. In der Abkehr von der Natur als normativer Größe sei insofern sogar eine Chance zu sehen. Damit spielt er auf das Problem der Fragwürdigkeit eines „Natürlichen" an, angesichts einer noch nie da gewesenen Durchdringung von Technik und Natur.

Den Problemen der gegenwärtigen Naturbestimmungen, auf die reagiert werden muss, und der Aufgabe, die dadurch einem verantwortlichen Umgang mit der Natur und der damit gegeben Problemstellung vorgegeben ist, ist aber nicht nur philosophisch, sondern auch theologisch zu begegnen, insofern diese Problemstellung selbst hinüberführt auf die metaphysische Aufgabe der Besinnung auf das Ganze. Dieser kann entsprochen werden im Verweis auf die Unhintergehbarkeit dieses Ganzen und insofern auch im Verweis aller Begründungen auf ihre Grenze. Dass deren Überschreitung immer nur in Aporien führen kann, wird nur durch ihre kosmologische und theologische Einbindung in ein Ganzes im Blick bleiben.

Allerdings bleibt der Naturbegriff für die Wesensbestimmung des Seins und dessen Reflexion unhintergehbar. Alle Ausgriffe auf die Natur in praktischer und poietischer Weise können nicht verleugnen, dass sie immer zugleich auf Natur als ein Rekursfundament nicht verzichten können. Dass dieses Rekursfundament selbst nicht substanzontologisch, sondern freiheitlich und schöpferisch gedacht werden kann, dafür steht theologisch der Gedanke der creatio ex nihilo, der in sich selbst mit der uranfänglichen schöpferischen Kraft auf das diese creatio Ermöglichende zurückweist, m.a.W. auf jene „Gnade", die aller „Gabe" vorhergeht, diese ins Sein ruft und sie „sein" lässt. Rückgebunden an die creatio ist es die Freiheit selbst, die einer solchen Natur bleibend innewohnt. Diese Freiheit nicht nur auf ihre technischen, sondern auch auf ihre ethischen Potentiale hin durchsichtig zu machen ist die Aufgabe, die sich einer theologischen Reflexion der Natur stellt. Sie ist längst nicht erledigt, sondern heute angesichts des technischen Ausgreifens auf die naturale, biologische Grundlage des Menschen dringender denn je. Denn diese Freiheit erfordert es, ihrer Verwechslung mit Machbarkeit Einhalt zu gebieten. Dies geschieht dadurch, dass eine theologische Reflexion nicht nur an deren Ambivalenz erinnert, die offen zu Tage liegt. Anstatt in die inflationäre Flut verantwortungsethischer Diskurse einzumünden, muss sie vielmehr auch daran erinnern, dass Freiheit nur dann Freiheit bleibt, wenn sie ihres Anderen eingedenk ist, an dem sie ihre Grenze findet, deren Anerkennung sie allererst als Freiheit ins Leben ruft. Als Akzeptieren dessen, was da ist, verspricht diese Grenze nicht eine Grenze der Wahrnehmung sein zu müssen, sondern hinüber zu weisen auf einen Naturbegriff, dem wir nachdenken können. Natur kann dann als gute Gabe in ihrer Bestimmung als kulturbestimmende Wirksamkeit ebenso wie als Grenzbestimmung für das „Unhintergehbare“ anerkannt werden.

An diese Eingebundenheit der Natur, auch der Natur als Freiheit, in ihr Anderes möchte die Erörterung des Themas der Natur erinnern. Dass Natur immer schon eingebunden ist in ein Anderes ist christliches Gedankengut, das sich nicht nur in der Schöpfungslehre, sondern auch in der Zwei-Naturenlehre Christi dokumentiert. Dieses Naturverständnis zu erhalten und es in die technischen und kulturellen Diskurse einzuspeisen ist ein Anliegen, dem sich die Autorinnen und Autoren der Beiträge verpflichtet fühlen. Es geht von der Einsicht aus, dass die Bestimmung des Naturverständnisses auch eine theologische Aufgabe ist, die grundlegende anthropologische, christologische, soteriologische und eschatologische, aber auch kosmologische Klärung erforderlich macht.

In bewährter Weise, die den Arbeitsvorgängen des TAP geschuldet ist, wurden die Beiträge im Frühjahr 2014 bereits auf der Tagung der Mitglieder diskutiert, die diese anschließend für die Veröffentlichung noch überarbeiten konnten. Auch wenn angesichts des diesjährigen Bandes keine vergleichbaren Kontroversen zu erwarten sind, soll anlässlich jüngster Streitszenarien um die Bedeutung des Alten Testaments für die christliche Theologie an dieser Stelle noch einmal betont werden, dass der TAP sich als Diskussionsforum versteht, das offen für verschiedene Richtungen theologischen Denkens ist und auch sein soll. So werden Denkrichtungen geäußert, die nicht eine einheitliche Auffassung des TAP abbilden sollen und können. Die Reifung theologischen Denkens bildet sich an der Verständigung über unterschiedliche Auffassungen heran. Dies geht mit Reibungen einher, die jedoch nicht unterbunden werden, sondern durchaus erwünscht sind. Nur indem man es wagt, sich aneinander zu reiben, ist zu erwarten, dass es zu einer Bewährung oder auch Revidierung von Ansichten, dass es zu Selbstkorrekturen kommen kann. Diese sind unter endlichen Bedingungen des Erkennens kein Defizit, sondern eine notwendige Bedingung fortschreitender Klärung. Ein solcher Hinweis zur Arbeitsweise des TAP kann auch das Missverständnis ausräumen, dass es zu seinen Aufgaben gehöre, Zensur zu üben, wie es uns im Frühjahr dieses Jahres im Zusammenhang jener Streitfragen um die Bedeutung des Alten Testaments zugemutet worden ist. Es herrscht im Mitgliederkreis und im Graduiertenkolleg ein Klima der Kritik, nicht aber der Zensur. Gerade deshalb wurden und werden im Mitgliederkreis wie auch mit den Studierenden intensive und bereichernde Diskussionen um vorgetragene Thesen geführt.

Schließlich soll an diesem Ort erinnert werden, dass der TAP in diesem September sein 35-jähriges Bestehen feiert und auf die Früchte seiner Diskussionskultur mit den Kollegen und den Studierenden in Dankbarkeit zurückblicken kann. Gedankt werden soll daher auch an dieser Stelle wieder all jenen Institutionen, die ihre Wertschätzung für den TAP und sein Graduiertenkolleg durch finanzielle Unterstützung zum Ausdruck bringen und den theologischen Arbeitskreis durch ihr persönliches Interesse begleiten.

Tübingen/Kiel im Juli 2015 Elisabeth Gräb-Schmidt/Reiner Preul

Michael Moxter

EINLEITUNG: ‚NATUR', ‚NATÜRLICHES' UND ‚NATURALISMUS' IN THEOLOGISCHER PERSPEKTIVE

I.

Schleiermacher hat so manche Bibelstelle eigenwillig ausgelegt. Ein markantes Beispiel aus den ‚Reden über die Religion', das ein Bergpredigtzitat in den Fluss der Kunstrede collagenartig integriert, vermag Thema und Problem des hier vorgelegten Bandes schlaglichtartig zu erhellen: „Sehet die Lilien auf dem Felde, sie säen nicht und ärndten nicht, und Euer himmlischer Vater ernährt sie doch, darum sorget nicht. Dieser fröliche Anblik, dieser heitere leichte Sinn war aber auch das Höchste ja das Einzige, was einer der größten Heroen der Religion für die seinige aus der Anschauung der Natur gewann; wie sehr muß sie ihm also nur im Vorhof derselben gelegen haben!"[1]

Selbst in einem Kontext, der Religion als Anschauung des Universums definiert, wird nachdrücklich festgehalten, diese falle mit „Anschauung der Natur" nicht unmittelbar zusammen. Es bleibt ein Hiat bzw. eine kategoriale Differenz, durch die Metapher des Vorhofes noch einmal verschärft. Denn der Vorhof des Tempels ist eben alles andere als der Raum des Allerheiligsten und Eigentlichen, mag er auch zum heiligen Bezirk, zum abgegrenzten *temenos* und zum heterotopischen Bereich gehören. Mag Jesus also zur Naturbetrachtung auffordern und an ihr verdeutlichen, wie der Mensch der Sorge entgeht, so kommt ‚Natur' für den Redner nur als Hinweis vor, sie selbst ist das Nicht-Gemeinte, das allererst zum Eigentlichen, der Sorge um Gerechtigkeit führt. Reklamierte man für die Natur bzw. fürs Natürliche einen bedeutenderen Status, so erinnerte der Redner freundlich, aber deutlich an strukturelle Defizite: „Zur äußeren Natur, welche von Vielen für den ersten und vornehmsten Tempel der Gottheit, für das innerste Heiligthum der Religion gehalten wird, führe ich Euch nur als zum äußersten Vorhof derselben. Weder Furcht vor den materiellen Kräften die Ihr auf dieser Erde geschäftig seht, noch Freude an den Schönheiten der körperlichen Natur, soll oder kann Euch die erste Anschauung der Welt und ihres Geistes geben. Nicht im Donner des Himmels noch in den furchtbaren Wogen des Meeres sollt Ihr das allmächtige Wesen erkennen, nicht im Schmelz der Blumen noch im Glanz der Abendröthe das Liebliche und Gütevolle. Es mag sein, daß beides Furcht und freudiger Genuß die roheren Söhne der Erde zuerst auf die Religion

[1] Friedrich Daniel Ernst Schleiermacher, Über die Religion. Reden an die Gebildeten unter ihren Verächtern [1799], in: KGA I.2: Schriften aus der Berliner Zeit. 1796–1799, hg. v. G. Meckenstock, Berlin/New York 1984, [85/86] 226 f.

vorbereitete, aber diese Empfindungen selbst sind nicht Religion."[2] Die rohe Einstellung muss überwunden, der Sinn über Furcht und Lust hinaus gebildet werden, damit religiös signifikante Erfahrungen zustande kommen. Die Natur selbst bleibt indifferent und ambivalent. Deshalb bezweifelt der Redner, dass die „empfindsamen Seelen" recht behalten, die „glauben daß es so leicht sei", durch Naturbetrachtung zur Religion zu gelangen[3]. Bestenfalls dann, wenn die allgemeine Verbreitung des Lebens im ganzen Weltall entdeckt würde oder der einheitliche gesetzliche Zusammenhang der Natur in den Blick komme, sei der religiöse Sinn angesprochen[4]. Diese Herabstimmung der Natur zu einer bloßen Voraussetzung, zu einem Ausgangspunkt oder auch zu einer Bühne für das Heilsgeschehen ist alles andere als unproblematisch. Natur wird wie der Leib vom Bewusstsein mit Schweigen übergangen.

Man darf vermuten, dass die schöpfungstheologische Unterscheidung zwischen Schöpfer und Geschöpf, die platonisch-metaphysische Diastase zwischen sichtbarer Erscheinungs-Welt und im Denken erfasster wahrer Ideen-Welt, aber auch neuzeitliche Motive (etwa die Orientierung an der Sonderstellung des Bewusstseins, des Geistes, gegenüber dem bloß Materiellen) diese zurückhaltende Einstellung gegenüber ‚bloßer Natur' prägen. Sie ist vor allem Gegenstand von Herrschaft, durch die der Mensch sich als *imago dei* erweist. Gewiss, die Lust des Städters, ins Grüne zu fahren, oder die – Sommerurlauber und impressionistische Maler verbindende – Sehnsucht, das Licht der Natur einzufangen, sprechen für eine Suche nach verlorener Natur und Natürlichkeit. In den christlichen Kirchen kann sie unter dem Motto ‚Bewahrung der Schöpfung' verantwortungsethisch und umweltpolitisch Relevanz gewinnen. Doch gehören die Bedrohung humanen Lebens durch die Natur, der mühsame Kampf der Gattung, sich trotz widriger Naturbedingungen zu erhalten, und schließlich auch die sogenannten Naturkatastrophen zu den ursprünglicheren Erfahrungen. Die Ambivalenz der Natur besteht eben gerade in ihrer Gleichgültigkeit gegenüber den Abgründen, die sie in sich trägt. Die Nahrungsaufnahme der einen ist eben das Gefressenwerden für die anderen. Stets gewinnt der Stärkere oder der besser Angepasste in ihr; die Natur merzt die Schwachen und Kranken (im präzisen Sinne des Wortes: gnadenlos) aus. Daher überrascht es nicht, dass Ehrfurcht vor dem Leben beim besten Willen nicht jeder aufbringen kann: „[I]ch will lieber glauben, daß das organische Leben eine spezielle Krankheit unseres unschönen Planeten ist. Es wäre unerträglich zu glauben, daß man auch im unendlichen All immer nur fräße und gefressen würde"[5].

[2] Schleiermacher, Reden (s.o. Anm. 1), [77] 223.
[3] A. a. O., [81] 225.
[4] S. a. a. O., [82] 225: „Was in der That den religiösen Sinn anspricht in der äußern Welt, das sind nicht ihre Maßen sondern ihre Geseze."
[5] Anatole France, zit. n. Theodor Wiesengrund Adorno, Minima Moralia. Reflexionen aus dem beschädigten Leben, in: Gesammelte Schriften 4, hg. v. R. Tiedemann, Darmstadt 1998, [48] 87.

Vor diesem Hintergrund ist eine theologische Klärung, was mit ,Natur' eigentlich gemeint sei, erforderlich. Denn auch der „*theologische* Naturbegriff" hatte ein Gefälle, sich „mit einem negativen Werturteil" zu verbinden – und zwar immer dann, wenn das „Natürliche" als „das Verderbte, Sündhafte, Abgefallene" erschien und also „im Gegensatz zum Übernatürlichen als dem Erlösten, Wiederhergestellten, Vollendeten" gedacht wurde[6]. Die Spannung zwischen ,Gottes guter Schöpfung' und der vom Sünder ,verdorbenen Natur' erinnert mit Nachdruck an die Aufgabe, unterschiedliche Naturbegriffe auseinander zu halten und nicht das Wesenswidrige mit dem naturhaft-Sinnlichen gleichzusetzen, also ,die Natur der Sache' mit der ,Sache der Natur' zu verwechseln. Doch ist Natur nicht allein ein Thema von Schöpfungstheologie, Anthropologie und Sündenlehre, sondern von der menschlichen Natur ist christologisch und soteriologisch, sakramententheologisch im Verhältnis von Wort und Element und auch eschatologisch die Rede. Nicht allein Frieden und Gerechtigkeit zählen zur Verheißung, sondern auch: „das Meer ist nicht mehr" (Apk 21,1).

II.

Kant kann knapp definieren: „*Natur* ist das *Dasein* der Dinge, so fern es nach allgemeinen Gesetzen bestimmt ist"[7] und damit gegenüber einer Definition, die auf einen Inbegriff oder eine Klasse von Gegenständen ausgerichtet ist, auf den Aspekt rekurrieren, der den Wissenschaftstyp der exakten Naturwissenschaften prägt. Natur ist nicht das sinnlich gegebene, unorganische oder organische, unbelebte oder belebte, das extern oder intern bewegte, sondern die Gesamtheit dessen, was unter Gesetzen einer spezifischen Art steht und gerade darum die Einheit der Erfahrung ausmacht. Unter diese Gesetze (samt Randbedingungen) richtig zu subsumieren, heißt: ein Ereignis erklären oder es zutreffend prognostizieren zu können, weshalb die Gesetzmäßigkeit der Natur (für Kant vor allem: der Leitfaden des Kausalgesetzes) für Homogenität und Kontinuität und also für durchgängige Erklärbarkeit sorgt: *natura non facit saltus*[8].

In ihr gründen Vergegenständlichung, Reduzierbarkeit und Instrumentalisierbarkeit, also ein Verhältnis zur Natur, in dem Herrschaft (ein *dominium terrae*) dadurch ausgeübt wird, dass man ihren Gesetzen gehorchend, sie technisch bezwingt oder umgestaltet (gemäß der von Francis Bacon geprägten Formel *natura non nisi parendo vincitur*). Technik als Selbsterhaltung des Menschen gegen die Natur ist deshalb die praktische Entsprechung zur theoretischen Konstitution der Natur am Leitfaden des Kausalgesetzes. Oder – wie Hegel beobachtet: „Wel-

[6] Darauf macht Paul Tillich aufmerksam (Ders., Natur und Sakrament [1930], in: MW 6: Theological Writings, hg. v. Hummel, Gert, Berlin/New York 1992, 151–188, 158 [Hervorhebung im Original]).

[7] Immanuel Kant, Prolegomena zu einer jeden künftigen Metaphysik, die als Wissenschaft wird auftreten können [1783], in: Werke 3: Schriften zur Metaphysik und Logik, hg. v. W. Weischedel, Darmstadt 1971, [§ 14, A 72] 113–264, 159 [Hervorhebung im Original].

[8] Vgl. Immanuel Kant, KdrV [1781], in: Werke 2: Kritik der reinen Vernunft (s.o. Anm. 7), [A 228 ff.] 258 ff.

che Kräfte die Natur auch gegen den Menschen entwickelt und losläßt, Kälte, wilde Tiere, Wasser, Feuer - er weiß Mittel gegen sie, und zwar nimmt er diese Mittel aus ihr, gebraucht sie gegen sie selbst; und die List seiner Vernunft gewährt, dass er gegen die natürlichen Mächte andere natürliche Dinge vorschiebt, diese jenen zum Aufreiben gibt und sich dahinter bewahrt und erhält"[9].

So ist die Frage nach der Bedeutung des Naturbegriffs für die Theologie auch eine Frage nach ihrem Verhältnis zur empirischen Naturwissenschaft, zur Kosmologie und zur Technik. Es wäre jedoch eine Verkürzung, wenn man der Philosophie Kants einen strikten Naturalismus nachsagen oder sie für diesen historisch verantwortlich machen wollte. Die transzendentale Begründung der Newtonschen Mechanik hinderte Kant weder, dem Organischen[10] einen spezifischen Status zu geben (auch wenn er einen Newton des Grashalms vom Fortschritt der Wissenschaft erwartete) noch den symbolischen Charakter von ‚Natur' herauszustellen. Dass der *„bestirnte Himmel über mir"* in Resonanz mit dem *„moralische*[n] *Gesetz in mir"* tritt und also Natur und Freiheit jede für sich, aber auch in ihrer Beziehung aufeinander „das Gemüt mit immer neuer und zunehmende[r] Bewunderung und Ehrfurcht [erfüllen], je öfter und anhaltender sich das Nachdenken damit beschäftigt"[11], unterstreicht, dass das humane Subjekt Natur nicht nur ‚erklärt', sondern auch ‚erlebt' und ‚deutet'. Eine Verkürzung des Naturverhältnisses auf eine empirisch-technizistische Einstellung kann man das nicht nennen.

Allerdings spricht es Bände, dass die Sprache der Philosophie zentrale Fehlschlüsse der Logik oder Unterbestimmungen reduktiver Weltbetrachtung mit dem Label ‚naturalistischer Fehlschluss' bzw. ‚Naturalismus' versieht, und etwa die Geisteswissenschaften als Kompensation für den Preis der Fortschritte wissenschaftlicher Naturerklärung empfiehlt. Es ist eben auch zu beobachten, dass die Moderne für die ‚erlebte' Natur, für die ‚gemalte' (von Friedrich über Turner und Monet bis hin zu Richter) und für die photographierte[12] Natur bzw. für den mit den Mitteln der Bildgebungsverfahren anschaulich gemachten Kosmos einen zuvor nie gekannten Natursinn entwickelt hat. Es muss deshalb durchaus nicht nur Romantik sein, wenn versucht wird, „der Natur die Qualitäten, die Tiefe, die Sinnhaftigkeit zurück[zu]geben" bzw. sich für die „symbolische Deutung der Natur als Gleichnis des Geistes"[13] zu interessieren. ‚Natur' ist gerade als Thema

[9] Georg Wilhelm Friedrich Hegel, Enzyklopädie der philosophischen Wissenschaften im Grundrisse [1830], Zweiter Teil: Die Naturphilosophie, Werke 9, Frankfurt a. M. 1986, § 245 Zusatz, 14.

[10] Es ist Fortschreibung dieser Doppelperspektive, wenn Tillich im Blick auf seine eigene Zeit festhält: „Ein profaner Gegenschlag gegen die physikalische Naturentmächtigung ist die biologisch-vitale Auffassung der Natur" (Ders., Natur [s.o. Anm. 6], 160).

[11] Immanuel Kant, KdpV, in: Werke 4: Schriften zur Ethik und Religionsphilosophie, hg. v. W. Weischedel, Darmstadt 1970, 123–302, [A 289] 300 [Hervorhebung im Original].

[12] Angeraten sei: Sebastião Salgado, Genesis, Köln 2013 bzw. Wim Wenders' Film „Das Salz der Erde" [2014].

[13] Tillich, Natur (s.o. Anm. 6), 161.

im Dialog der Theologie mit den Naturwissenschaften auch eine Angelegenheit der Kulturtheologie.

III.

Zum Begriff der Natur muss hier einleitend nichts gesagt werden, denn man findet entscheidendes in den Texten dieses Jahrbuchs, vor allem im Abschnitt 2.1 des Beitrages von *Eilert Herms*. Worauf aber hier einleitend eigens aufmerksam gemacht werden darf, sind die spezifischen Differenzen, an denen sich einschlägige Fragestellungen orientieren. Von Natur ohne weitere Bestimmungen lässt sich nicht sinnvoll sprechen, denn alles ist dann ‚Natur' und nichts Besonderes kommt in den Blick.

Anders jedoch, wenn man *physei* und *thesei* Gegebenes, Natur und Konvention, Natur und Gnade, Natur und Übernatur, Natur und Schöpfung, *natura naturans* und *natura naturata*, Natur und Kultur, *nature* and *nurture*, Natur und Freiheit unterscheidet. Dann kann ‚Natur' in Gestalt der *lex naturalis* eine kritische Funktion für die Gesetze der Polis erhalten oder wahlweise auch zur Legitimierung widervernünftiger Praktiken dienen, dann kann man die Eigenkräfte des Menschen von dem unterscheiden, was Gott im Evangelium ihm schenkt, das Wissen ums Gegebene vom Glauben an den Geber entkoppeln, den schöpferischen Grund der Natur von den gegebenen Naturformen abheben, die kulturellen Produkte des Menschen auf die Evolution des *homo sapiens* beziehen, die soziale Nachahmung im Tierreich vom Instinkt oder genetischer Determination unterscheiden oder auch ein gegenwärtiges humanes Selbstverständnis in genuiner Doppelperspektivität entfalten.

Die Liste solch konstitutiver Unterscheidungen und des sich mit ihr eröffnenden Feldes wäre leicht erweiterbar. Hier mag es genügen, darauf aufmerksam zu sein, dass ‚Natur' in allen diesen Beispielen als „Form des *Andersseins*" erscheint – was schon die spekulative Naturphilosophie wusste,[14] als sie die Meinung vertrat, Natur sei schlafender Geist, erstarrtes Bewusstsein oder noch unbewusstes Bewusstsein.

IV.

‚Natur' im Horizont des jüdisch-christlichen Schöpferglaubens zu denken, lässt den Menschen weder in dem als ‚Wohlordnung' und ‚Schmuck' interpretierten ‚kosmos' als einer letzten und obersten Wirklichkeit aufgehen, noch macht sie diesen (und mit ihr alles Natürliche) zum gnostischen Gegenprinzip des Erlöser-Gottes und der von ihm aus der natürlichen Welt Befreiten. Jedoch konfrontiert ein in der Schöpfungstheologie geprägter Naturbegriff die Rede von der Natur ebenfalls mit einer Grenze, indem er die Andersheit und Transzendenz Gottes bekräftigt. Gott ist auch in diesem Sinne das, worüber hinaus größeres nicht gedacht werden kann, und darum größer als alles, was dem Denken als

[14] Vgl. zum Zitat: Hegel, Enzyklopädie II (s.o. Anm. 9), § 247, 24.

natürlicher Gegenstand gegeben sein kann. Augustinisch gesprochen ist jedes natürliche Seiende gerade nur *signum*, nicht aber *res*, weshalb es den sein Glück Suchenden von sich weg und auf Gott hinweist. Aus dem Verweisungszusammenhang der Natur und ihrer wesentlichen Zeitlichkeit (Vergänglichkeit) muss der Weg zu Gott gefunden werden, in dem das zerrissene menschliche Herz überhaupt erst zur Ruhe kommt.

So heißt es jedenfalls. Verkennen darf man jedoch nicht, dass das theologische Insistieren auf der Differenz von Gott und Welt, auf der Unterscheidung von natürlichem Leben und übernatürlichem Heil auch abstrakt geraten und auf Spitzen getrieben werden kann, auf denen es nicht unnatürlich ist, die Religionskultur als neuerliche Beunruhigung zu erleben. Das ist vor allem dann der Fall, wenn jene Unterscheidung mit einem cartesischen Dualismus von *res extensa* und *res cogitans* verbunden wird und ‚Geist' und ‚Natur' als zwei Welten auseinander treten. Spinozas Formel ‚deus sive natura' war deshalb eine Formel der Entlastung, der Erleichterung und Beruhigung, die das menschliche Bewusstsein wieder ‚einheimisch', alles Ethische wieder ‚natürlich' zu machen versprach. Die neuzeitliche Karriere dieser Formel, der klammheimliche Spinozismus der Neuzeit erklärt sich als eine Gegenfigur zum auf Differenz insistierenden Bewusstsein.

Wie es dazu kommen konnte, ist umstritten. Hans Blumenberg sah eine Art Vorspiel dieses Konflikts in der Hochkonjunktur der von der islamischen Theologie ausgelösten scholastischen Aristotelesrezeption. In ihr habe sich die Frage aufgedrängt, wie es ein christlicher Aristotelismus vermeiden kann, der Welt bzw. der Natur mit dem Philosophen Prädikate zuzuschreiben, die im Monotheismus Gott allein zukommen (vor allem Ewigkeit und Unendlichkeit). Ob die avancierte neue Wissenschaft (in Gestalt der aristotelischen Physik und Bewegungslehre) ins Häretische verführt, stellte die vor allem von Thomas von Aquin präsentierte Synthese vor erhebliche Probleme. Konnte sich der jüdisch-christliche Schöpfungsglaube noch einmal gegen die Naturphilosophie behaupten, indem er bestimmte Spitzensätze verurteilte, so erscheint der spätere Pantheismus als Wiederkehr des durch die Dominanz der christlichen Theologie Unterdrückten.

Auf diesen Konflikt hin orientierte Hans Blumenberg eine große Zahl historischer Studien, aber auch den Epilog seiner ‚Matthäuspassion', in dem er ‚Die Exzesse des Philosophengottes' sozusagen orchestriert: „Das radikale Gegenmittel [gegen den Gedanken eines allmächtigen Schöpfers] war der Pantheismus als Leugnung der Differenz zwischen Möglichkeit und Wirklichkeit, Macht und Werk, Willen und Sein. Die Welt besetzte die ‚Stelle' der Definition um, es müsse das geben, *quo maius cogitari nequit*. Sie konnte sein, was der Vernunft Genüge verschaffte. Die Welt selbst sei der Gott, der Gott verausgabe sich in der Welt und als Welt"[15]. Der Spinozismus habe sich zu einer geheimen Gegenreligion gemausert, die neopagane Züge trägt (und übrigens auch von jüdischen Religi-

15 Hans Blumenberg, Matthäuspassion, Frankfurt a. M. 1988, 299 [Hervorhebung im Original].

onsphilosophen wie Hermann Cohen mit Verve bekämpft wurde). Weder die Personalität Gottes noch seine Andersheit müssen geglaubt, weder die Allmacht noch der souveräne Herr müssen gefürchtet oder geliebt werden, wenn man ‚monistisch' denkt. Der Schwung des Überschreitens (des Transzendierens) werde abgebremst, wenn man ‚Gott als Natur/Natur als Gott' begreifen kann. Wie Epikur die Götter in die Intermundien verbannt hat, in denen sie ihr Glück gerade darum genießen können, weil sie sich um so etwas wie ‚Welt' nicht kümmern müssen (also auch uns nicht sorgen sollten), so vollziehe der „Spinozismus der Neuzeit" den „Kunstgriff zur Reduktion eines Überschwangs, Gott in seiner unenträtselbaren Freiheit als *deus absconditus* zur Eskalation des Unbegreiflichen zu führen"[16]. Gott ist nicht mehr und nichts anderes als das Eine und zwar so, dass darin Alles göttlich ist. Die in diesem Sinne eingeführte ‚Naturreligion' richtet sich also gegen den Voluntarismus des Schöpfergottes, gegen die Angewiesenheit des natürlichen Zusammenhangs auf den Erhalter der Welt. Auf den Spuren Spinozas muss man zudem nicht polytheistisch werden, um sich vom Monotheismus und seinem Absolutismus zu entlasten. Noch Jan Assmann, für den die mosaische Unterscheidung und in ihrer Folge das alttestamentliche Bilderverbot Ausdruck eines negativen Verhältnisses zur Welt, der Ausrichtung aller Lebensvollzüge an dem *einen* Gott und darin der Ursprung religiöser Gewalt ist, empfiehlt als Alternative zu solchem Monotheismus einen Kosmotheismus[17], der auf ‚Natürlichkeit' hinaus will.

In seinen wissenschaftshistorischen Studien thematisiert Blumenberg diese Konstellation mit der Regelmäßigkeit eines Refrains. Weil seine Fragestellung im ersten Beitrag dieses Bandes kritisch reflektiert wird, sei es gestattet, die These an dieser Stelle ausführlicher zu zitieren: „Was man gern das reformatorische und frühneuzeitliche Prinzip der Unmittelbarkeit genannt hat, ist nichts anderes als jene Aufhebung einer vermeintlich naturnotwendigen Prozeßordnung für alle Verfahren zwischen Schöpfer und Schöpfung. Die Stiftungsurkunde für das Prinzip der Unmittelbarkeit und für den Pariser Nominalismus zugleich war das Dekret des Bischofs Tempier von 1277 mit seiner Verurteilung von 219 Sätzen zumeist des orthodoxen Aristotelismus, also der Kosmosmetaphysik als des Regulativs von Aussagen über die göttliche Macht. Die Sicherung der kosmischen Ordnung durch die Behauptung der Widernatürlichkeit ihrer Durchbrechung mußte preisgegeben werden: Natur war ein faktisches Ereignis, nicht die einzige und erschöpfende Möglichkeit des göttlichen Handelns [...] Das Pariser Dekret von 1277 ist [...] der für die späte Nachwelt erstaunliche Fall einer umfassenden Lizenz, die ausschließlich in der Form des Verbots erteilt wird. Die Symbiose des Mittelalters mit der aristotelischen Philosophie hatte auf einer Ungleichmäßigkeit in der Beachtung der Attribute Gottes beruht, auf der Zurücksetzung der

[16] Blumenberg, Matthäuspassion (s.o. Anm. 15), 300 [Hervorhebung im Original].

[17] Vgl. Jan Assmann, Monotheismus und Kosmotheismus. Ägyptische Formen eines „Denkens des Einen" und ihre europäische Rezeptionsgeschichte (Sitzungsberichte der Heidelberger Akademie der Wissenschaften, Philosophisch-Historische Klasse; 1993.2), Heidelberg 1993.

Allmacht [...] zugunsten der geistigen Selbstgenügsamkeit [...] Es ist klar, dass die Allmachtspekulation prinzipiell an einem Schema rüttelte, welches nicht nur die kosmische Kausalität, sondern selbst die Gnadenwirkung des christlichen Gottes auf den Instanzenweg der kirchlichen Verwaltung des Gnadenschatzes und der Hierarchie der Ämter verwiesen hatte. Bei Aristoteles war verständlich gewesen, weshalb der unbewegte Beweger nur mit der äußersten Sphäre [sc. des Himmelsschalengewölbes] in einem Wirkungszusammenhang stand. Der aristotelische Gott war so ausschließlich mit sich selbst beschäftigt und sich selbst genug, daß seine Kausalität auf die Welt nicht einmal als ‚wirkende' bezeichnet werden konnte. Das Mittelalter aber konnte und mußte fragen, weshalb sich die *potentia absoluta* an einen vermeintlichen Instanzenweg ihrer Wirksamkeit in der Welt halten sollte. Dieser Frage entsprach symmetrisch die andere, weshalb sich der Mensch nicht an seinen Gott unmittelbar sollte wenden können"[18].

Wenn bei Aristoteles die höchste Bewegung die Kreisbewegung ist, in der die äußerste Sphäre der Selbstbeziehung der νόησις νοήσεως und darin der Seligkeit Gottes entspricht, dann kann alle gradlinige Bewegung (das Auf und Ab der sublunaren Sphäre, also die uns gegebene Natur) nur Ausdruck der Unvollkommenheit und des Mangels sein. Gerade dies zeichnet das natürliche Streben aus, dass es keine vollkommene Bewegung sein kann. Kosmologisch aber implizierte die aristotelische Physik, dass die Bewegung der Himmelsphäre eine ewige ist, die in abgestufter Entsprechung zu Gott ihm gleicht. Es kann dann freilich einen Stillstand der Sonne aufgrund des von Josua autoritativ artikulierten Gottesbefehls nicht geben[19].

Der Konflikt zwischen jüdisch-christlichem Schöpfungsglauben bzw. den biblischen Erzählungen einerseits und der zeitgenössischen Naturphilosophie aristotelischer Provenienz andererseits wurde durch das klassische Mittel der Verwerfung falscher Lehre entschieden – womit die Geschichte des Unglücks zwischen Theologie und (Natur-)Wissenschaften ihr Präludium erhielt. (Dass man später im Namen des aristotelisch-ptolemäischen Weltbildes der kopernikanischen Wende und Galileo Galilei entgegentrat, können nur Zyniker als einen Akt der Wiedergutmachung bezeichnen.) So ist die einzigartige Aristoteles-Rezeption, wie sie bei Thomas von Aquin vorliegt, von einer Zweideutigkeit geprägt: So sehr die aristotelische Physik mit ihrem Bewegungsbegriff den Gang der Gottesbeweise eröffnete, so sperrig blieb seine Naturphilosophie gegenüber ihrer Integration in Grundüberzeugungen des christlichen Glaubens. Das Epizentrum der Brechung hieß: ‚Natur'.

Noch einmal Blumenberg: „Aristoteles konnte und durfte nicht bestimmt haben, was ewige Ordnung und Gesetzlichkeit einer Natur zu sein hatte, sobald diese als Schöpfung einer persönlichen Allmacht anzuerkennen und in deren ständiger Abhängigkeit zu sehen war. Das Pariser Edikt des Bischofs Tempier von 1277 verurteilt nicht nur eine Liste von Sätzen, die Extreme der gerade abge-

[18] Hans Blumenberg, Die Genesis der kopernikanischen Welt, Frankfurt a. M. 1975, 194 f. [Hervorhebung im Original].

[19] Vgl. a. a. O., 557 f.

schlossenen Aristoteles-Rezeption dieses Jahrhunderts darstellen; es definierte auch einen Horizont von Unbestimmtheit, innerhalb dessen fortan philosophisch nicht festgeschrieben werden durfte, was ‚Natur' jenseits ihrer faktischen Erfahrbarkeit und offenbarungskundigen Kontingenz zu sein hatte. Das sieht wie ein Rückschlag *der* Vernunft aus, ist aber ein solcher nur für die durch Aristoteles historisch festgelegte Vernunft"[20].

V.

1. *Volker Leppin* eröffnet die Reihe der Beiträge dieses Bandes mit einer theologiegeschichtlichen Studie, die historische Tiefenschärfe in das Verhältnis von Theologie und Naturphilosophie, von Gottesglauben und Naturverständnis bringt. In Reaktion auf den oben knapp skizzierten Deutungsanspruch Blumenbergs erläutert Leppin die Kausalitätslehre des pseudo-aristotelischen *liber de causis* und insbesondere die Unterscheidung zwischen Erstursache und Zweitursachen. Die Zuordnung von Kausalität und Zeitlichkeit wird schon hier als Problem erkannt und die Spielräume der aristotelischen Vier-Ursachen-Konzeption werden von Thomas von Aquin genutzt, um zentrale Themen der christlichen Dogmatik wie Existenz Gottes, Schöpfung, Erhaltung oder Providenz zu entfalten. In der Folge wird es zur zentralen Frage, wie sich die Einheit des Naturzusammenhangs mit der Vorstellung eines freien Schöpfers vermitteln lässt, wie man es also vermeidet, Gott auf die Rolle eines bloßen Anstoßgebers des Weltgeschehens zu beschränken und die Möglichkeit eines gegenwärtigen Eingreifens in den Geschehensablauf zu leugnen (Wunderfrage).

Das Problem verschärfte sich als ein Streit der Fakultäten und zwar zwischen der Theologie und ihrer versuchten Christianisierung der aristotelischen Naturphilosophie und der Fakultät der *artes liberales* mit ihrem Interesse an einer konsequenten Aristoteles-Darstellung. Inhaltlich treten gegenwärtiges freies Wirken Gottes sowie Kontingenz der Schöpfung einerseits und durchgängiger Naturzusammenhang samt Notwendigkeit andererseits in Spannung zueinander. Von einer doppelten Wahrheit zu reden führte jedoch so wenig weiter wie das etablierte Verbot, der Frage weiter nachzugehen.

Welche Macht (*potentia*) Gott zugeschrieben wird, hängt mit dem Interesse an einer in sich stimmigen Naturerklärung zusammen. Der sogenannte Voluntarismus (mit seiner Steigerung der Macht Gottes zur *potentia absoluta*) kann als ein Unternehmen gekennzeichnet werden, das dem biblischen Verständnis Gottes gegenüber dem unbewegten Beweger aristotelischer Provenienz gerecht zu werden versucht. Leppin zeichnet die Entwicklung und Umformung der Unterscheidung zwischen *potentia dei absoluta* und *potentia dei ordinata* nach und versucht zu zeigen, dass sie nicht die Vorstellung ‚bloßer Willkür' Gottes befördere. Im Blick auf Wilhelm von Ockham wird aber doch eingeräumt, dass es zu einer Grundorientierung permanenter Hinterfragung gerade an dem Ort kommt, an

[20] Hans Blumenberg, Höhlenausgänge, Frankfurt a. M. 1989, 243 f. [Hervorhebung im Original].

dem Glaube als Vertrauen zu denken wäre: im Verhältnis zu Gott. Der Willkür seien auch hinsichtlich der menschlichen Erkenntnis Grenzen gesetzt, die das übliche philosophiegeschichtliche Bild des ‚Nominalismus' modifiziere: es handele sich eher um einen ‚Konzeptualismus' und zumal um einen, der ‚natürliche Unterschiede' im Gattungs-Art-Verhältnis berücksichtige, also kein reiner Konstruktivismus sei. Vorgegeben und stabil in allen Wandlungen sei, wenn auch nicht das Kausalgesetz, so doch die Ordnung der Arten.

Besondere Beachtung verdient die Schlussbemerkung Leppins, die man als einen zarten, aber nicht undeutlichen Hinweis gegenüber zu weit greifenden systematischen Interessen lesen darf: Die Theologie könne Selbständigkeit in einem ausdifferenzierten Wissenschaftsdiskurs nur gewinnen, wenn sie sich von Ansprüchen verabschiedet, die meinen, das Ganze der Welt oder die Einheit der Wirklichkeit oder Natur als solche erklären zu wollen.

2. Von *Elisabeth Gräb-Schmidt* stammt nicht nur ein Beitrag, sondern vor allem die Anregung, ja engagierte Forderung, zur Aufnahme der Fragestellung im Pfullinger Arbeitskreis. Parallel hatte sie das Thema für die Fachgruppe Systematische Theologie innerhalb der Wissenschaftlichen Gesellschaft für Theologie in der Periode ihres Vorsitzes vorgeschlagen, gerade auch um deren Zusammenarbeit in einerseits dogmatischen und andererseits ethischen Spezialisierungen zu fördern. Aus dieser Vorbemerkung ist bereits erkennbar, wie Natur in Gräb-Schmidts Beitrag in den Blick kommt: im Interesse der Grundlegung einer Technikethik, die Verantwortung für die Gestaltung in den umstrittenen bioethischen Handlungsfeldern übernehmen kann, weil sie nicht nur nach dem ‚Machbaren' sucht, sondern von der ‚Natur' als einer Grenze menschlichen Handelns spricht. Gleichzeitig und gleichursprünglich wirft der von Gräb-Schmidt entwickelte Naturbegriff die Eierschalen eines kruden Naturalismus (und einer Fixierung aufs Gegebene) ab, weil ‚Natur' als ‚Natur des Menschen' und näherhin als ‚Natur der Freiheit' begriffen werden soll. Die ethische Fragestellung ist damit an eine freiheits-, ja subjektivitätstheoretische Grundüberzeugung gekoppelt: Um des angemessenen humanen Selbstverständnisses willen muss auch „Natur als Freiheit" bedacht werden (wie der Aufsatztitel verdeutlicht).

Von zentraler Bedeutung für dieses Unternehmen ist die Konzeption eines ‚schwachen Naturalismus', mit der Jürgen Habermas in die Debatte um eine Liberalisierung von Embryonenschutz und biologischem Meliorismus (*enhancement*) eingegriffen hat. Sein Ausgangspunkt ist „das beunruhigende Phänomen" des „Verschwimmen[s] der Grenze zwischen der Natur, die wir *sind*, und der organischen Ausstattung, die wir uns *geben*"[21]. Damit war die „Frage nach der Bedeutung der Unverfügbarkeit der genetischen Grundlagen unserer leiblichen Existenz für […] unser Selbstverständnis als moralische Wesen"[22] von einem

[21] Jürgen Habermas, Die Zukunft der menschlichen Natur. Auf dem Weg zu einer liberalen Eugenik?, Frankfurt a. M. 2001, 44 [Hervorhebung im Original].

[22] A. a. O., 44 f.

Philosophen aufgeworfen, der nicht in dem Verdacht stand, mit dem Hinweis auf die unveränderliche Gegebenheit der Natur oder die ein für alle mal geltende Schöpfungsordnung in die vormodernen Bahnen der Naturrechtslehre zurückzulenken und die emanzipatorische Vernunft auszubremsen. Dennoch reklamierte Habermas die „biotechnische Entdifferenzierung der gewohnten Unterscheidung zwischen dem ,Gewachsenen' und dem ,Gemachten'"[23] und suchte das Verlorene durch die „Grenze zwischen ,äußerer' und ,innerer' Natur"[24] zu kompensieren. Erinnert man sich an den Gebrauch, den Gegenaufklärung und Restauration von diesen Unterscheidungen machten (etwa: Adam Müller), so konnte man sich über die neuerliche Unübersichtlichkeit des Grenzverlaufs zwischen Fortschrittlichen und Konservativen beunruhigen. Jedoch war Habermas an der „Selbstbehauptung eines gattungsethischen Selbstverständnisses" und vor allem daran interessiert, dass wir „uns auch weiterhin als ungeteilte Autoren unserer Lebensgeschichte verstehen" können[25]. Das angerufene Selbstverständnis könnte in der entscheidenden Hinsicht als „leibliche Freiheit"[26] gekennzeichnet werden. Doch scheint Habermas diesbezüglich zu zurückhaltenderen Formulierungen zu neigen, die Natur als mitgesetztes Element, nicht aber als inkarnierte Freiheit zu fassen: „Die eigene Freiheit wird mit Bezug auf etwas natürlich Unverfügbares erlebt. Die Person weiß sich, ungeachtet ihrer Endlichkeit, als nicht hintergehbaren Ursprung eigener Handlungen und Ansprüche. Aber muss sie dafür die Herkunft ihrer selbst auf einen unverfügbaren Anfang zurückführen – also auf einen Anfang, der ihre Freiheit nur dann nicht präjudiziert, wenn er sich – wie Gott oder die Natur – der Verfügung *anderer* Personen entzieht?"[27]

Man kann den theologischen Beitrag von Gräb-Schmidt zu dieser Debatte als Antwort oder doch wenigstens als Bearbeitung dieser Frage lesen. Technik ist ein Aspekt menschlicher Freiheit, deren antiker Gegenbegriff die ,physis' war: Letztere wächst und entsteht als etwas, das seine Bewegung in sich selbst hat, während alles Technische durch das Tun des Menschen ,hergestellt' und in insofern bewegt wird. Insofern ist ,Natur' nicht nur Gegenstand menschlichen Handelns, sondern auch dessen ,Grenze'. Das gilt in Abstufungen, die von der unbelebten Natur, über Pflanze und Tier zu uns selbst führen. Denn die Manipulierbarkeit natürlicher Gegenstände ist dort größer, wo diese noch unbelebt sind: Der geschleuderte Stein kann ein Stück weit ,fliegen' oder in eine Mauer eingepasst werden, meinem Hund kann ich vergleichbares nur um den Preis antun, dass ich sein ,Sein' gefährde, ihn denaturiere. Darin liegt eine teleologische Per-

23 A. a. O., 45; vgl. 80 ff.

24 A. a. O., 46.

25 A. a. O., 49.

26 Vgl. aus phänomenologischer Perspektive: Thomas Fuchs, Verkörperte Subjektivität, in: Ders. et al., Subjektivität und Gehirn, Berlin 2007, 49–62; sowie: Ders., Die Würde des menschlichen Leibes, in: Begründung von Menschenwürde und Menschenrechten, hg. v. W. Härle/B. Vogel, Freiburg 2008, 202–217.

27 Habermas, Zukunft (s.o. Anm. 21), 101 [Hervorhebung im Original].

spektive, die das natürliche Sein einer ihm selbst eigenen Ziel-Bestimmtheit unterstellt. Es ist mit einer Natur zu rechnen, die nicht nur Äußeres, sondern belebte innere Natur ist und darum ihr ,telos' in sich selbst hat (Entelechie). Unter der Vorherrschaft eines neuzeitlichen mechanistischen Weltbildes, der dualistischen Entgegensetzung von *res cogitans* und kausaldeterminierter *res extensa*, verliert sich dieser Sinn für die lebendige, innere Natur, aber auch der Zusammenhang von anthropologischer und kosmologischer Perspektive im Naturverständnis.

Gräb-Schmidt kündigt angesichts der Defizite und Krisen der Moderne die Entwicklung eines Naturverständnisses an, das integrativ gefasst ist und einen normativen Naturbegriff zu restaurieren erlaube. Sie knüpft in mancher Hinsicht an die Philosophische Anthropologie an, die sich einen Dualismus von biologischer Betrachtung und humaner Selbstbeschreibung nicht länger gefallen lassen wollte und den ,Geist' nicht als externen Konkurrenten der Natur, sondern als spezifische Stufe organischen Lebens würdigen wollte. Andererseits verweist Gräb-Schmidt darauf, dass ,Natur' nicht nur eine Seinsregion, sondern vor allem Symbol und Repräsentation für alles das war und ist, was der sich selbstsetzenden Freiheit entzogen und insofern unhintergehbar ist. Die ,Natur der Sache' ist dementsprechend vor allem Resistenz gegenüber beliebiger Stipulation. ,Natur' muss allererst zur ,bloßen Natur' gemacht werden, bevor der Mensch als *maître et possesseur de la nature* zur reinen Gewaltherrschaft antritt. Wie leicht erkennbar erscheinen in diesem Ansinnen Endlichkeit und Tod als der letzte Rest des Naturwüchsigen, das darum als der letzte Feind erscheint, der noch zu überwinden sei, um Freiheit und Selbstbestimmung zur vollen Entfaltung zu bringen. Es ist daher die Biotechnologie, an der sich die Paradoxie des Naturbegriffs in prägnanter Weise zeigt: Um der Natur des Menschen willen soll seine Natur ,überwunden' werden.

Die normative Funktion des Naturbegriffs wird unter dieser Voraussetzung nicht mehr durch einen einfachen und direkten Hinweis auf das ,Naturwüchsige' und ,Gegebene' erfüllt, sondern kann nur gefunden werden, wenn man sich reflexiv und selbstbewusst gerade zum Unbestimmtwerden der Grenzen verhält. Was als ,unverfügbar' gilt, kann nicht im Hinweis auf natürlich Gegebenes identifiziert werden, weil selbst dann, wenn dies gelänge, eine naturalistisch-biologistische Perspektivenverengung vorläge, sondern kommt erst in transzendentaler Aufklärung des Freiheitsgebrauchs heraus. Gräb-Schmidt spricht von „Natur als Ursprungsraum der Freiheit" (41 ff.), um die Reflexion auf die Bedingungen der Möglichkeit freier Subjektivität mit der Wirklichkeit (*Natur* der Freiheit) zu vermitteln. Unverfügbar ist für freie Subjekte gerade der Anfang ihrer Freiheit, was aber zur Eigenart menschlicher Freiheit (vulgo: zur Natur der *Freiheit*) gehört. Provozierenderweise zieht Gräb-Schmidt (trotz mancher bellizistischer Formulierung) nicht mit kulturkritischen Obertönen gegen die Biotechnologie zu Felde, sondern hält gegen einen kirchlich-theologischen Mainstream fest: „Wir haben jetzt selbst zu entscheiden, was wir als ,Natur' im Verhältnis zur Technik festhalten müssen oder wollen" (42). Freilich hält sie es nur dann für möglich, dieser Aufgabe nachzukommen, wenn die subjektive Selbsterfahrung der methodische Ausgangspunkt bleibt.

Zeitlichkeit und Vertrauen werden in diesem Sinne als Platzhalter für eine Phänomenologie des (menschlichen) Geistes in Anspruch genommen, die die Strukturanalyse der Freiheit ,naturalisieren'. Zeitlichkeit ist dem humanen Subjekt wesentlich, aber gerade nicht Ausdruck einer antik-ontologischen Bestimmung. Nicht, was immer war, sondern was sich beständig wandelt, bringt in den Blick, was uns vorgegeben ist. Kein Bewusstsein erfasst seinen eigenen Ursprung, sondern erfährt sich selbst als eines, das schon angefangen hat, schon gegenüber sich selbst in Verzug, gleichsam verspätet ist. Sich nicht einholen zu können, die eigenen Anfänge schon hinter sich zu haben, erscheint als eine Unverfügbarkeit, der man nicht die Schelle bloßen Naturalismus umhängen kann. Erfahrbar wird dergleichen ja nur innerhalb der Grenzen selbstbewusster Selbstbestimmung. Wie das Vorgegebene nicht mehr das Andere unserer Tätigkeit ist, so ergibt sich auch ein neuer Realismus, der ,Wirklichkeit' wie ,Natur' nicht länger als ,fertig', sondern als offene Prozesse begreift. Gerade darum sei die ,Vertrauensfrage' gestellt: Verantwortung für die Gestaltung der Natur übernehmen zu müssen, kann das Bewusstsein nicht wegwünschen, es muss sich den technischen Möglichkeiten stellen, sieht sich aber gerade in deren Gebrauch den altbekannten Phänomenen von Scheitern, Schuld und Kontingenz ausgesetzt. Nur in dieser Spannung von Schuld und Freiheit bleibt die menschliche Natur, was sie ist.

3. Die Konzeption einer doppelten Wahrheit bzw. das beziehungslose Auseinanderbrechen von Wissenschaften und christlichem Glauben zu vermeiden, ist auch das Interesse des Beitrags von *Eilert Herms*. Der Autor löst die Unterscheidung von Natur und Gnade in die identifizierende Behauptung *Natur ist Gnade* auf. Man wird das mit der Bemerkung zusammenfassen dürfen, dass offenbar die Einheit des Unterschiedenen für die Unterscheidung relevant bleibt. Denn unter dieser Voraussetzung kann die Kritik theologiegeschichtlicher Entwicklungen, die mit einem Zweistufenmodell operieren, nach dem die Gnade die Natur voraussetzt, artikuliert und dennoch die Differenz zwischen altem und neuem Menschen aufrechterhalten und vertreten werden. Auch gilt: Dass vom Gnadenhandeln Gottes überhaupt gesprochen wird, schließt immer auch mit ein, dass es sich um ein besonderes Tätigsein handelt, das nicht einfach im Allgemeinen aufgeht: Ist alles Gnade, wäre im präzisen Sinne des Wortes Gnade nichts besonderes. Vor allem die Differenz zwischen dem durch Gottes Handeln wirklich werdenden Werk und seinem Wirken wird von Herms als eine unverzichtbare Differenz beschrieben, ohne die von einem Gnadenhandeln in einem präzisen Sinne nicht die Rede wäre.

Aus dieser Überzeugung resultieren anthropologische und im engeren Sinne theologische, die Gotteslehre betreffende, Fragen, die Herms zunächst in einer Rekapitulation augustinischer Theologie entfaltet, geleitet von dem Interesse an einer westlichen Theologie, die zwischen protestantischer und römischkatholischer Lehre unstrittig ist und darum bei der Suche nach der Vermittlung ihrer Wahrheitsmomente hilfreich sein könnte. Die kritische Diagnose lautet, die Entgegensetzung des Gnaden-Bewusstseins gegenüber dem ‚natürlichen' Bewusstsein bleibe unklar, weil man zwischen Diskretion (das Gnadenbewusstsein ist so radikal neu, dass das vergangene Alte für es bedeutungslos wird) und Kontinuität (das zugrundeliegende Selbstverhältnis ist immer schon leitend, so dass kein wirklich Neues, sondern nur Selbsterlösung aufgrund von Gnadenhilfen in den Blick kommt) hin und her schwanke. *Theologisch* ist dagegen das Verhältnis von Schöpfungs- und Erlösungshandeln betroffen.

Hinsichtlich der Gewissheit des christlichen Selbstbewusstseins schließlich gilt, dass gerade im Zustandekommen eines durch die Gnade Gottes bestimmten Bewusstseins dem Menschen auch klar werde, dass sein ganzes ungeteiltes Leben durch Gnade bestimmt ist und auch bereits war. Sünde ist demgegenüber gerade der Zustand, der im Nichtbegreifen dieses Sachverhalts und also in verweigerter Anerkennung eigenen Geschaffenseins besteht. Dieses selbst ist jedoch seiner *ratio essendi* nach Ausdruck der Liebe als des Gemeinschaftswillens Gottes. Schon das bloße Dasein des Menschen ist das Werk der Gnade.

Mitbetroffen ist das Verhältnis zwischen der selbstbewussten humanen Natur und (um einmal so zu sprechen:) ihrer naturhaften Seite (man könnte auch sagen: Zum Ich gehört auch dann ein Es, wenn ersteres dessen Platz übernimmt). Denn Selbstbewusstsein und Freiheit ohne leibliche Gestalt gibt es nicht und also auch kein Selbstbewusstsein ohne Angewiesensein auf ‚blinde' Prozesse. Jedoch sind letztere zwar die notwendige Bedingung für Selbstbewusstsein, dieses selbst sei dagegen die notwendige und hinreichende Bedingung dafür, dass Physisches überhaupt als Physisches der menschlichen Natur erscheint. Da das Sein des Menschen Selbstbewusst*sein* bzw. Person*sein* ist, so dass zur Natur seiner Freiheit Leiblichkeit gehört, darf die Anthropologie aus ihm kein *mixtum compositum* aus Freiheits- und Naturanteilen machen. Das aber besagt in anderer Hinsicht: Man betrachtet und begreift die Natur des Menschen erst dann angemessen, wenn man sie nicht für ‚bloße Natur' hält.

Entsprechend gilt, dass die Naturwissenschaft zwar nicht methodisch berücksichtigen muss, dass sie ein theologisches Verständnis neben sich hat, dass aber die Theologie nicht ohne ein ihr eigentümliches Verständnis der Naturwissenschaft und dessen, was für diese ‚Natur' ist, auskommt. Man darf vermuten, dass sich das mit dem bloßen Begriff der Schöpfung nicht erledigen lässt, sondern eine Phänomenologie der Natur ausgearbeitet werden muss.

4. In kultur- und religionshermeneutischer Perspektive nähert sich *Martina Kumlehn* dem Phänomen, dass ‚Natur' immer auch kulturell gedeutet ist. Es gibt diese nicht als ‚reine' Größe, als bloß Vorgegebenes. Gerade als das Andere der Kultur bleibt Natur an die Dialektik gebunden, von der Kultur voraus-gesetzt zu sein. Deshalb bedarf es hermeneutischer Sorgfalt in der Beschreibung der Art und Weise, wie ‚Natur' gegeben und erfahren, beschrieben, symbolisiert und kommunikativ vermittelt wird. Gefragt wird deshalb nach einer „Kulturge-

schichte der Naturwahrnehmung" (73), für die vor allem literarische Quellen herangezogen werden: Die Art, wie das Buch der Natur in den Büchern der deutschen Dichter repräsentiert wird, steht im Zentrum einer poetologischen Studie zur Romantik und zum Sturm und Drang.

Jedoch sind auch andere Themen in Kumlehns Beitrag präsent: die Beherrschung der Natur, die Vergeblichkeit aller Bemühungen des Menschen, in ihr sich selbst zu vergessen, sowie der fast schon sprichwörtliche Verdacht, Theologie müsse die menschliche Natur in ihre Grenze verweisen, um für das Heil Platz zu schaffen. Die Konkurrenz zwischen dem Buch der Natur und dem Buch der Bücher setzt sich in der Konkurrenz von Schöpfung und Heil, von Pantheismus und Gottesglaube, aber auch von postreligiösem Naturgefühl und Theologie der Natur fort.

Ein zweiter Abschnitt fragt in praktisch-theologischem Interesse nach der aktuellen christlichen Naturfrömmigkeit und der religiös aufgeladenen Symbolik des Gartens. Das passt zur Jahreszeit frühsommerlicher Textproduktion für ein im Herbst stattfindendes Graduiertenkolleg. Doch nicht allein „der schönen Gärten Zier" bedarf der Anschauung, sondern auch die Ambivalenz will bedacht sein, dass Naturerfahrung auch das Fallen der Blätter, das Altwerden und Absterben meint. ,Staunen' ist also nicht nur Begeisterung, es kann auch verwundertes Entsetzen sein, dass die Dinge nicht an ihrem Platz sind. Kumlehn weist darauf hin, dass vor allem in solchen Naturerfahrungen, die mit Grenzerfahrungen gekoppelt sind, religiöse Valenzen lägen. So steht der Paradiesgarten als Erinnerung an die unberührte und verlorene Natur nach dem Muster der Heimat, die jedem in der Kindheit scheint und in der doch noch keiner war (E. Bloch). Unsere Gärten sind dagegen sekundäre, umzäunte, kultivierte und also inszenierte Natur, die man natürlich auch verwildern lassen kann, die aber auch dann ,Pseudonatur', doketischer Naturalismus, bleiben. Der Garten Gethsemane oder der Garten, in dem Augustinus den lebensverändernden Singsang ,tolle, lege; tolle, lege' hört, (Conf. VIII), ein kleiner Garten (*hortulus*), waren doch groß genug, um Abstand von den Begleitern zu nehmen, um sich wie Augustinus unter einem Feigenbaum auszuweinen, bis jener Gesang ihn auf das Buch der Bücher zurückweist, indem ihn ein Gotteswort erreicht. Das Lauschen im Garten hört eben nicht nur das postmodern-neoromantische Gras wachsen, sondern kann zum Ort geistlicher Meditation werden: Klostergärten bilden dafür ein klassisches Beispiel. Doch auch Epikur sammelte seine Anhänger im Garten.

Die empirische Religionsforschung der Gegenwart lenkt die Aufmerksamkeit auf die Unbestimmtheitsphänomene, die erst aus der Distanz zur organisierten Religion entstehen, sich mit krud materialistischen Vorstellungen verbinden können, aber darum doch nicht unempfänglich sind für Haltungen des Staunens und des Verdanktseins des Lebens oder der Gottheit, in der wir leben und weben. Es ist letztlich eine Frage der Bildung, ob man unter der einseitigen Kost eines naturalistischen Reduktionismus den Sinn und Geschmack fürs Unendliche verliert oder ihn ,naturfromm' auslebt. Eine kritische Theologie der Natur könnte zumindest ein Anregungspotential sein, um die Natur neu zu lesen und zu deuten. (Mit dieser Schlussperspektive scheint die Deutung gegenüber der Natur dann doch die Oberhand zu behalten.)

VI.

Hohe Erwartungen an Diskussionen und weitere Klärungen charakterisieren das Graduiertenkolleg des Theologischen Arbeitskreises Pfullingen, für das die hier versammelten Texte geschrieben wurden. Sie pflegen keine dogmatische Sondersemantik, sondern bearbeiten Sachfragen, die religionsintellektuelle Großschriftsteller für erledigt halten mögen, es aber kaum sind. Freilich: Die Marburger Jahrbücher bearbeiten diese Fragen nicht abschließend und umfassend, sondern um den Preis zukünftiger Arbeit und neuer Nachdenklichkeit. Was besagt es z. B., wenn die Eigenart der Natur mit der Metapher der Blindheit beschrieben wird? Ergibt sich hier eine Konstellation, in der Natur nach Maßgabe des Bewusstseins gedacht wird, also wiederum nur als das Andere der Selbsterkenntnis erscheint (sei diese nun ein eingesetztes Auge, vollständige Selbstdurchsichtigkeit oder ein Selbstgefühl)? Wird Natur implizit kognitivistisch wahrgenommen, wenn sie ausschließlich als ‚blind', nicht aber als ‚wild', ‚chaotisch' und ‚triebhaft' erscheint? Wird Natur allein durch ‚Ordnung' (appollinisch) bestimmt oder gehört zu ihr auch (dionysische) Anomie? Und was fehlt, wenn immer nur von der Natur des Menschen geredet wird? Was wird beispielsweise aus dem von Tillich behaupteten Desiderat einer „Theologie des Anorganischen"[28]? Und wie bringt man Krankheit, Alter und Tod, Konkurrenz um knappe Lebenschancen, Naturgewalt, und endlose Ödnis, aber auch Übermaß und Verschwendung in das Gesamtbild ein? Schließlich die kulturkritische Frage: Was gilt uns als ‚natürlich' – vielleicht doch nur das was gerade selbstverständlich ist?

Angesichts der Fragen, die sich bekanntlich immer stellen, ist hervorzuheben, dass diese Ausgabe des ‚Marburger Jahrbuchs Theologie' als *donum et bonum superadditum* einen Text *Hermann Deusers* enthält, der das Thema des Bandes noch einmal neu perspektiviert und einen eigenen Weg einschlägt, um den Zusammenhang von Theologie und Kosmologie, von Geist und Natur, denkend zu erfassen. Sein Erscheinungsbild als Anhang und Beigabe zu den anderen Beiträgen würde in der Biologie *Camouflage* genannt und in kultureller Nachahmung der Natur: *understatement*.

[28] „Die religiöse Bedeutung des Anorganischen ist unermeßlich, obwohl die Theologie es bisher noch kaum beachtet hat […] Eine ‚Theologie des Anorganischen' fehlt bis zum heutigen Tage" (Paul Tillich, Systematische Theologie III, Stuttgart 1966, 29).

Volker Leppin

Potentia absoluta Dei und Naturgesetze

Zur Ausdifferenzierung von Naturphilosophie und Theologie im späten Mittelalter

Dass Naturgesetzlichkeit[1] und theologische Wirklichkeitsdeutung in ein kritisches Verhältnis zueinander treten können, ist keineswegs selbstverständlich, sondern stellt sich in historischer Sicht als Ausdifferenzierung unterschiedlicher Wissenssysteme dar. Die heute unter „Naturgesetze" gefassten Phänomene wurden in den scholastischen Debatten im Allgemeinen paradigmatisch anhand der Kausalität verhandelt, weswegen Hans Blumenberg in seiner genialen, im Einzelnen aber vielfach die Phänomene überziehenden Rekonstruktion der Reflexion des Gott-Welt-Verhältnisses im späten Mittelalter zu Recht die Schöpfungsvorstellung der *Via moderna*[2] der Naturkausalität entgegengestellt hat[3].

[1] Die moderne Abstraktbildung „Naturgesetze" entspricht im mittelalterlichen Sprachgebrauch keineswegs der *lex naturalis*. Diese hat eher den Status dessen, was im heutigen Sprachgebrauch als „Naturrecht" oder Ähnliches zu fassen wäre; s. etwa Thomas von Aquin, ST I–II q. 91 a. 2 (Sancti Thomae Aquinatis Opera Omnia [Editio Leonina]. Bd. 7, Rom 1892, 154b); zum thomasischen Gebrauch Sebastian Contreras, La ley natural como problema metafísico en Aristóteles y Santo Tomás, in: Revista Augustiniana 51 [2010] 369–288; Ulrich Kühn, Der Gesetzesbegriff des Thomas von Aquin, in: Kristian Kühl (Hg.); Rom, Recht, Religion. Symposium für Udo Ebert zum siebzigsten Geburtstag, Tübingen 2011 (Politika 5), 89–98, 93 f. 95–97; für Wilhelm von Ockham: Rafael Mora Martín, La concepción de la ley natural en Ockham y la crisis actual del iusnaturalismo, in: Facies Domini 2 (2010) 415–432.

[2] Gegenüber der von Blumenberg noch bevorzugten Redeweise von einem „Nominalismus" folgt man heute eher den neutraleren Vorstellungen einer *Via antiqua*, die sich weitgehend an Thomas von Aquin orientiert, und einer *Via moderna*, die sprachkritischen Einsichten folgt, wie sie sich unter anderem an Wilhelm von Ockham festmachen lassen (s. zu dieser Unterscheidung ausführlicher und differenzierter: Volker Leppin, Theologie im Mittelalter, Leipzig 2007 [KiE I/11], 162–164).

[3] Hans Blumenberg, Säkularisierung und Selbstbehauptung, Frankfurt a. M. ²1983, 177. André Goddu, Medieval Natural Philosophy and Modern Science – Continuity and Revolution, in: Kent Emery (Hg.), Philosophy and Theology in the long Middle Ages, Leiden 2011 (Studien und Texte zur Geistesgeschichte des Mittelalters 105), 213–233, 219–221, weist gerade anhand der Sprachphilosophie Ockhams dessen Bedeutung für die Genese der modernen Naturwissenschaft nach. Wolfgang Achtner, Vom Erkennen zum Handeln. Die Dynamisierung von Mensch und Natur im ausgehenden Mittelalter als Voraussetzung für die Entstehung naturwissenschaftlicher Rationalität, Göttingen 2008 (Religion, Theologie und Naturwissenschaft 12), 183, verweist allerdings auf den interessanten Umstand, dass es „[n]ach

1. Kausalität und Naturgesetzlichkeit nach dem „Liber de causis" und bei Thomas von Aquin

Der maßgebliche Text zum Verständnis von Kausalität im Mittelalter stammt von einem arabischen Autor, der ihn wohl im 9. Jahrhundert in Bagdad verfasst hat[4]: der *Liber de causis*. In der Mitte des 13. Jahrhunderts wurde er noch ganz selbstverständlich als ein Werk des Aristoteles verstanden[5] und 1254 in den Lehrbetrieb der Pariser *artes*-Fakultät integriert[6], ehe Wilhelm von Moerbeke und Thomas von Aquin diese Verfasserschaft 1272 aufgrund der offenkundigen Berührungen mit Proklos in Zweifel zogen[7]. Damit war freilich die autoritative Bedeutung nur begrenzt infrage gestellt, da die bisherige Lesart, die den neuplatonischen Traktat mit den sonst bekannten Aristoteles-Texten harmonisierte, keineswegs beseitigt war, so wie man überhaupt feststellen kann, dass Neuplatonismus und Aristotelismus im Hohen Mittelalter einander keineswegs gegnerisch gegenüberstanden, sondern in hohem Maße ineinander integriert waren[8]. Die Rezeption der arabischen Aristoteleskommentatoren unterstützte diese neuplatonische Lesart des Aristoteles[9].

Gottfried Wilhelm Leibniz (...) im 18. Jahrhundert und bis zur Mitte des 19. Jahrhunderts zu überhaupt keiner Rezeption Ockhams mehr" kam.

[4] Alexander Fidora/Andreas Niederberger, Von Bagdad nach Toledo. Das „Buch der Ursachen" und seine Rezeption im Mittelalter. Lat.-dt. Text, Kommentar und Wirkungsgeschichte des Liber de causis, Mainz 2001 (excerpta classia 29), 21. Zur Autordiskussion s. auch Adriaan Pattin, Autour du Liber de causis. Quelques réflexions sur la récente littérature, in: Freiburger Zeitschrift für Philosophie und Theologie 41 (1994) 354–388, 358, der sich ebd. 366 gegen die heute verbreitete Auffassung von der Entstehung in Bagdad im 9./10. Jahrhundert ausspricht.

[5] Fidora/Niederberger 16.

[6] Pattin, Autour du Liber de causis 387.

[7] S. Thomas, *Super librum de causis. Prooemium*: „in arabico vero invenitur hic liber qui apud Latinos de causis dicitur, quem constat de Arabico esse translatum et in graeco penitus non haberi: unde videtur ab aliquo philosophorum arabum ex praedicto libro Procli excerptus, praesertim quia omnia quae in hoc libro continentur, multo plenius et diffusius continentur in illo"(Thomas d'Aquin, Super librum de causis Expositio, hg. v. H. D. Saffrey, Paris ²2002 [Textes philosophiques de Moyen Age 21], 3,5–10); vgl. David B. Burrell, Aquinas' Appropriation of *Liber de causis* to Articulate the Creator as Cause-of-Being, in: Fergus Kerr (Hg.), Contemplating Aquinas. On the varieties of interpretation, Notre Dame 2006, 75–83, 75.

[8] S. etwa zusammenfassend Fernand von Steenberghen, Die Philosophie im 13. Jahrhundert, München u. a. 1977, 309: „Der Thomismus verdankt sein Entstehen dem Zusammenfluß aller großen geistigen Strömungen, die die Antike und dann das Mittelalter aufweisen konnten: Platonismus und Aristotelismus, Hellenismus und arabische Philosophie, Heidentum und Christentum."

[9] Neuerdings versucht Sylvain Gouguenheim, Aristoteles auf dem Mont Saint-Michel. Die griechischen Wurzeln des christlichen Abendlandes, Darmstadt ²2012, die arabischen Einflüsse auf das lateinische Mittelalter niedriger zu veranschlagen. Dem steht aber eine umfassende Evidenz impliziter und expliziter Zitationen entgegen (s. die gelehrte und sehr berechtigte Rezension der ersten Auflage durch Thomas Ricklin, Der Fall Gouguenheim, in: HZ 290 (2010) 119–135).

Diese denkerische Verbindung machte auch die Kausalitätslehre des *Liber de causis* in hohem Maße theologisch rezipierbar. Für diese Rezeption entscheidend ist die in dem Buch vorgenommene Unterscheidung von *prima causa* und *causae secundae*. Die *prima causa* ist dabei einerseits im relativen Sinne zu verstehen als eine einer anderen Ursache vorauslaufende frühere Ursache – dies ist streng genommen nicht die *causa prima*, sondern eine *causa primaria*, also eine „erstere Ursache"[10]. Dies führt der *Liber de causis* im ersten Kapitel aus, in welchem *esse* (Sein), *vivum* (Lebendes) und Mensch einander im Sinne einer Kausalitätsabfolge zugeordnet werden, in welcher das *esse* die gegenüber dem *vivum* frühere und damit zugleich nachhaltigere Ursache des Menschen ist[11]. Der Aspekt der Nachhaltigkeit ist dabei insofern von Bedeutung, als er darauf verweist, dass der *Liber de causis*, seinem neuplatonischen Hintergrund entsprechend, Kausalität nicht mit zeitlicher Sukzession gleichsetzt, sondern als unterschiedliche ontologische Schichten versteht: Verlöre der Mensch seine *virtus rationalis*, die ihn nach aristotelischem Verständnis zum Menschen macht, bliebe ihm doch noch das *vivum*, und ohne dieses bliebe ihm das *esse*[12]. Die *causae primariae* und *secundae* befinden sich hiernach also untereinander in einem gleichzeitigen, ontologisch hierarchisierten Verhältnis, innerhalb dessen die jeweilige Zweitursache – jedenfalls nach dem gewählten Beispiel – der näheren Bestimmung der formalen *differentia*, im letzten Fall genau der *differentia specifica* dient: Das *vivum* gibt dem allgemeinen *esse* die *forma* des Lebendigen, begründet also das *genus* der *animalia* (Lebewesen), die *virtus rationalis* wiederum gibt die *forma* der Rationalität, welche die Seinsweise eines *animal rationale*, eben des Menschen, begründet. Im Sinne des aristotelischen Vier-Ursachen-Schemas[13] steht in dieser Ursachenbestimmung die Formalursache (*causa formalis*) im Vordergrund, nicht die Wirkursache (*causa efficiens*).

Dieses neuplatonisch gedachte Ursachenmodell hat der unbekannte muslimische Autor des *Liber de causis* in einen theologischen Deutungsrahmen eingespannt: Die von allen nachgeordneten *causae primariae* unterschiedene *causa prima* ist hiernach nämlich jene, die *ante aeternitatem*, vor der Ewigkeit, besteht[14]. Sie hat selbst die Ewigkeit ursächlich hervorgerufen[15], und zwar, wie jedenfalls die in Toledo entstandene lateinische Übersetzung es ausdrückt, auf die Weise eines

[10] *Liber de causis c. 1* (Fidora/Niederberger, Bagdad 34 f.). Aus Gründen eigener Sprachkompetenz wie auch im Blick auf die Rezeptionsform im lateinischen Westen wird den folgenden Überlegungen die von Fidora und Niederberger bereitgestellte lateinische Übersetzung des *Liber de causis* zugrunde gelegt.

[11] *Liber de causis c. 1* (Fidora/Niederberger, Bagdad 34–39).

[12] *Liber de causis c. 1* (Fidora/Niederberger, Bagdad 36 f.).

[13] Aristoteles, *An. post.* II,11 (94 a 20–36 [Aristoteles Latinus IV,1–4, 330,13–28 [Recensio Guilelmi]]) . Der Sache nach zu unterscheiden sind *causa efficiens, causa finalis, causa materialis* und *causa formalis*. Das im *Liber de causis* verwandte Schema zeigt, dass grundsätzlich innerhalb der Seinshierarchie jede Stufe – außer der reinen *forma* – ihrerseits als *materia* für eine weitere Seinsformierung fungieren kann.

[14] *Liber de causis c. 2* (Fidora/Niederberger, Bagdad 40f).

[15] *Liber de causis c. 2* (Fidora/Niederberger, Bagdad 40f).

Schöpfungsvorgangs[16]. Damit wird der Vorgang der Hervorbringung mit einer biblischen Begrifflichkeit gedeutet, zu der freilich andere, stärker an Emanationsvorgänge anklingende Passagen in Spannung stehen[17]. Wiederum gilt auch für den Schöpfungsvorgang, dass der *Liber* weniger an einem in Zeitdimensionen beschreibbaren Ursprungsvorgang interessiert ist als an einer fortdauernden Beziehung der *prima causa* zu den anderen Entitäten. Dies wird metaphysisch so beschrieben, dass die *causa prima* in allen Dingen existiere[18]. Ähnlich wie im Falle der Hervorbringung steht aber auch neben dieser metaphysischen Formulierung eine stärker auf geprägte dogmatische Vorstellungen rekurrierende, die am ehesten dem Gedanken der *gubernatio divina* entspricht: Im 19. Kapitel führt der *Liber* aus, dass die *causa prima* alle geschaffenen Dinge (*res creatae*) leite (*regere*)[19].

Die theologische Rezipierbarkeit solcher Überlegungen zeigt sich besonders deutlich in der Providenzlehre des Thomas von Aquin, die dieser in der q. 22 des ersten Buches der *Summa theologiae* entfaltet[20]. Die Gegebenheit einer Providenz schließt der Aquinate nicht allein aus dem Autoritätszitat Weish 14,3 (ST I q. 22 a. 1 c.[21]), sondern auch aus der ihm eigenen Verbindung von aristotelischer Entelechie und christlicher Eschatologie: Die Ausrichtung aller Dinge auf ein Ziel, welches wiederum mit der *bonitas divina* gleichzusetzen sei, erfordere, da sie Folge des Schöpfungsaktes ist, die Ausrichtung aller Dinge auf eben diesen *finis* schon durch den der Schöpfung vorauslaufenden Geist Gottes. Eben diese Ausrichtung aber sei, so Thomas, die *providentia* (ST I q. 22 a. 1 r.[22]). Diese Argumentation basiert offenkundig auf dem Gedanken der *causa finalis*, wird aber dann noch in derselben *quaestio* auch auf die *causae efficientes* bezogen: Im 3. Artikel behandelt Thomas die Frage, ob Gott in allen Dingen unmittelbar durch seine Vorsehung wirke. Die zweite *obiectio* entwickelt hierzu das Argument, dass Gott tatsächlich alles unmittelbar wirke, denn die Zweitursachen seien ihrerseits nur

[16] *Liber de causis c. 3: „creavit"* (Fidora/Niederberger, Bagdad 42 f). Zum theologischen Charakter dieser Darlegungen s. den Kommentar ebd. 157.

[17] *Liber de causis c. 19: „Prima enim bonitas influit bonitates super res omnes influxione una"* (Fidora/Niederberger, Bagdad 102f).

[18] *Liber de causis c. 23* (Fidora/Niederberger, Bagdad 116 f.).

[19] *Liber de causis c. 19* (Fidora/Niederberger, Bagdad 102 f.).

[20] Zur Abhängigkeit des Thomas vom Liber de causis in der Schöpfungslehre s. Burrell, Aquinas' Appropriation. Der Gesetzesbegriff spielt hier eine untergeordnete Rolle. Er wird bei Thomas vorwiegend im theologischen Zusammenhang, bezogen auf Alten und Neuen Bund, verwendet; allerdings gibt es auch eine Rezeption der stoischen Vorstellung von einer die Welt durchwaltenden göttlichen Vernunft als Gesetz (s. Franz Reimer, Lex und ihre Äquivalente im Gesetzestraktat der Summa Theologica Thomas von Aquins, in: Manfred Walther u. a. [Hg.], Transformation des Gesetzesbegriffs im Übergang zur Moderne? Von Thomas von Aquin zu Francisco Suárez, Stuttgart 2008, 37–50, 38 f.). Dies zeigt sich vor allem in ST I–II q. 93 a. 1 r. (Editio Leonina 7, 162a; vgl. hierzu auch Stephan Schaede, Gesetz und neues Gesetz bei Thomas von Aquin, in: Wolfgang Bock [Hg.], Gesetz und Gesetzlichkeit in den Wissenschaften, Darmstadt 2006, 61–86, 72).

[21] Sancti Thomae de Aquino Opera Omnia [Editio Leonina]. Bd. 4, Rom 1888, 263a.

[22] Editio Leonina 4, 263a.

Ursachen für die Wirkung der *providentia* (ST I q. 22 a. 3 ob. 2[23]). Hierauf aber antwortet Thomas, dass die Wirkung der *causae secundae* keineswegs ausgeschlossen werden müsse (ST I q. 22 a. 3 ad 2[24]), und zwar deswegen, weil Gott *„dignitatem causalitatis etiam creaturis communicet"* („die Würde der Ursächlichkeit auch den Geschöpfen überträgt"; ST I q. 22 a. 3 r.[25]). In diesem Sinne kann Gott dann alles Weltgeschehen lenken und doch die Eigenursächlichkeit innerhalb des Weltgeschehens respektieren, ja, diese wird sogar letztlich von ihm abgeleitet[26].

Allerdings spannt die Argumentation mit *causa finalis* und *efficiens* einen charakteristisch anderen Referenzrahmen auf, als er für den *Liber de causis* bestimmend war: Anstelle der synchronen ontologischen Hierarchisierung tritt eine diachrone Sukzessionskausalität: Nicht die Abstufung der Seinsformen, sondern die Geschehensabfolge ist bestimmend. Leitend hierfür ist, dass das Kausalitätsverständnis des *Liber de causis*, gerade insofern dieser als aristotelischer Text wahrgenommen wurde, mit jenem Verständnis von Ursächlichkeit verbunden wurde, wie man es aus den *Analytica posteriora* des Aristoteles erschließen konnte, denen ja auch eben jenes Vier-Ursachen-Schema entstammt, welches offenkundig bei Thomas wirksam war. An der genannten Stelle bot Aristoteles für die *causa efficiens* das Beispiel eines Krieges, in welchem dann die *causa efficiens* als das erste *movens* der Auseinandersetzung definiert wird (An. post. II,11 [94 a 37–94 b 3][27]). Entsprechend definiert dann auch Thomas *causa* als das, worauf etwas anderes mit Notwendigkeit folge (ST I–II q. 75 a. 1 ob. 2[28]). Eine solche Anwendung auf das Schema von Erst- und Zweitursachen bringt es mit sich, dass deren Zusammenhang als Kausalitätskette zu denken ist, in welcher eines auf das andere folgt.

Eben in diesem Sinne erfolgte auch die gewichtigste metaphysische Anwendung im aristotelisch-thomasischen Denken: die denkerische Ableitung der Existenz Gottes aus der Kausalität. Aristoteles selbst hatte einen solchen Gedanken in seinen berühmten Darlegungen zum unbewegten Beweger in Met. XII,7 vorgeprägt, in denen diese als (apersonaler) Gott verstehbare Größe letztlich aus einem Kausalnexus abgeleitet wird (1072a 212–1073a 14[29]). Thomas griff den Gedankengang in seinen Gottesbeweisen in der *Summa theologiae* auf, als deren

[23] Editio Leonina 4, 267a.

[24] Editio Leonina 4, 268b.

[25] Editio Leonina 4, 267b.

[26] Gott ist insofern bei Thomas „fondamento de toda (…) ley" (Contreras, ley natural 372). Zur Bedeutung der Wirkursächlichkeit Gottes in der Schöpfungslehre des Thomas s. Rudi te Velde, Schöpfung und Partizipation, in: Andreas Speer (Hg.), Thomas von Aquin: Die Summa theologiae. Werkinterpetation, Berlin/New York 2005, 100–124, 109.

[27] Aristoteles Latinus, hg. v. Lorenzo Minio-Paluello. Bd. IV,1–4: Analytica Posteriora, Brügge/Paris 1968, 330,29–32 (Recensio Guilelmi).

[28] Editio Leonina 7, 47a; vgl. zu hiermit verwandten Kausalitätsbestimmungen bei Thomas im Sinne des bei diesem dominierenden „classical understanding of causality" Michael J. Dodds, Unlocking Divine Causality: Aquinas, Contemporary Science, and Divine Action, in: Angelicum 86 (2009) 67–86, 69.

[29] Aristoteles Latinus, hg. v. Gerard Verbeke. Bd. XXV,2: Metaphysica, Leiden 1976, 212–215.

Grundlage er im Anschluss an Röm 1,20 programmatisch die Erkenntnis Gottes aus seinen Wirkungen (*effectus*) bestimmt (ST I q. 2 a. 2 c. et r.[30]). Dies ist der Oberbegriff über alle fünf Wege des Gottesbeweises, die Thomas dann ausführt und unter denen konsequent der zweite der Gottesbeweis vermittels der *causa efficiens* ist:

> „Secunda via est ex ratione causae efficientis. Invenimus enim in istis sensibilibus esse ordinem causarum efficientium, nec tamen invenitur, nec est possibile, quod aliquid sit causa efficiens sui ipsius; quia sic esset prius seipso, quod est impossibile. Non autem est possibile quod in causis efficientibus procedatur in infinitum. Quia in omnibus causis efficientibus ordinatis, primum est causa medii, et medium est causa ultimi, sive media sint plura sive unum tantum, remota autem causa, removetur effectus, ergo, si non fuerit primum in causis efficientibus, non erit ultimum nec medium. Sed si procedatur in infinitum in causis efficientibus, non erit prima causa efficiens, et sic non erit nec effectus ultimus, nec causae efficientes mediae, quod patet esse falsum. Ergo est necesse ponere aliquam causam efficientem primam, quam omnes Deum nominant." („Der zweite Weg beruht auf der Wirkursache. Wir bemerken nämlich, dass unter diesen sinnlich wahrnehmbaren Entitäten eine Ordnung der Wirkursachen besteht, doch lässt sich nicht bemerken, ja, ist auch gar nicht möglich, dass irgendetwas die Wirkursache seiner selbst wäre; denn dann müsste sie früher als sie selbst sein, was unmöglich ist. Aber es ist nicht möglich, dass man in der Reihe der Wirkursachen ins Unendliche fortschreitet. Denn bei allen geordneten Wirkursachen verhält es sich so, dass ein Erstes die Ursache eines Mittleren ist und dieses Mittlere die Ursache des Letzten, ungeachtet dessen, ob es nur ein Mittleres gibt oder mehrere. Fällt aber die Ursache fort, fällt auch die Wirkung fort. Wenn es also unter den Wirkursachen kein Erstes gab, wird es also auch kein Letztes und kein Mittleres geben. Aber wenn man mit den Wirkursachen bis ins Unendliche fortschreitet, wird es keine erste Wirkursache geben, und so wird es auch keine letzte Wirkung geben und keine mittleren Wirkursachen. Das ist offenkundig falsch. Also ist es notwendig, eine erste Wirkursache anzunehmen, welche alle Gott nennen."; ST I q. 2 a. 3 r.[31])

Mit dieser Argumentation ist der Gedanke einer Kette von Erst- und Zweitursachen im Sinne einer zeitlichen Abfolge also zu einem metaphysischen Zentral-

[30] Editio Leonina 4, 30. Deuser, Religionsphilosophie 147, spricht daher im Blick auf die Beweisform bei Thomas von einem „induktiven Beweis". Die Komplexität der Gottesbeweise wird gut eingefangen durch Alexander W. Hall, Thomas Aquinas and John Duns Scotus: Natural Theology in the High Middle Ages, London 2007, 53–74, der die fünf Wege des Thomas sowohl als *scientia* wie auch als *analogia* deutet; vgl. ähnlich auch David Berger, Thomas von Aquins „Summa theologiae" Darmstadt 2004, 96.

[31] Editio Leonina 4, 31b.

argument geworden. Man kann auch sagen, die aus dem *Liber de causis* zu entnehmende Kausalitätslehre ist nun konsequent re-aristotelisiert worden - mit Folgen, die Thomas so noch nicht absehbar waren, auf die aber zwei Generationen später Wilhelm von Ockham hinwies. Wollte man Gottes Existenz allein über den Gedanken der Produktivität, also eben im Sinne diachroner Sukzession beweisen, so kam man nach ihm in offenkundige Schwierigkeiten, da es - wie die Generationenfolge der Menschen zeige - innerhalb einer solchen diachronen Reihe durchaus möglich war, dass ein Effekt fortbestehe, wenn seine Wirkursache vergangen sei[32]. Ein Rückschluss aus den Wirkungen auf die fortdauernde Gegebenheit der Ursache war also auf diese Weise nicht möglich, weswegen Ockham in einer den neuen Denkbedingungen entsprechenden Reformulierung eine Rückkehr zu dem *Liber de causis* nahestehenden Überlegungen vorschlug, nämlich eine Argumentation über den Gedanken der Erhaltungsursächlichkeit (*conservatio*)[33]. Diese setzt notwendig den gleichzeitigen Bestand von Erhaltendem und Erhaltenem voraus und ist damit geeignet, die fortdauernde Existenz Gottes zu beweisen. Die Schärfe des Argumentes, wie sie Ockham hier an den Tag legt, setzt allerdings schon eine Konfrontation zwischen aristotelischem Kausalitätsdenken und theologischem Wirklichkeitsverständnis voraus, die die Ausdifferenzierung beider Wissenssysteme markiert: den Streit um den konsequenten Aristotelismus in Paris in den siebziger Jahren des 13. Jahrhunderts.

2. *Der konsequente Aristotelismus und die Behauptung der Naturgesetzlichkeit*

An der *artes*-Fakultät der Pariser Universität artikulierte sich in den siebziger Jahren des dreizehnten Jahrhunderts eine Gruppe von Lehrern um Siger von Brabant und Boetius von Dacien, die wahrnahmen, dass ein konsequent gedeuteter Aristoteles zu Ergebnissen führte, die mit dem christlichen Weltbild nicht vereinbar waren. Dies betraf im Wesentlichen drei Gesichtspunkte: erstens die Annahme einer Allseele[34], an welcher alle Menschen partizipierten. Im Rahmen der aristotelischen Erkenntnistheorie sollte dieser Gedanke erklären, wie es möglich sei, dass die Erkenntnis für alle Menschen gleich funktionierte[35] - für die christliche Eschatologie aber stellte sich die Frage, wie auf diese Weise die individuelle Verantwortlichkeit des Einzelnen gesichert werden könne. Ein zweiter

[32] Ockham, *Scriptum in librum primum sententiarum d. 2 q.* 10 (Guilelmi de Ockham Opera Philosophica et Theologica. Hg. v. S. Brown u.a. Opera Theologica. Bd. 2, St. Bonaventure 1970, 354,18–355,7).

[33] Ockham, *Scriptum in librum primum sententiarum d. 2 q.* 10 (Opera Theologica 2, 355,12–356,4); vgl. hierzu Philotheus Boehner, Zu Ockhams Beweis der Existenz Gottes, in: ders., Collected Articles on Ockham, hg. v. Eligius M. Buytaert, Löwen/Paderborn 1958, 399–420.

[34] Vgl. Siger, *De anima q.* 9: „Unus est intellecuts diversorum: una enim est substantia intellectus, et similiter una potestas. Ex quo intentionum imaginatarum est una ratio, manifestum quod ipsius est una potestas." (Siger von Brabant, Quaestiones in tertium de anima. Über die Lehre vom Intellekt nach Aristoteles, hg. u. übers. v. Matthias Perkams, Freiburg u. a. 2007 [Herders Bibliothek der Philosophie des Mittelalters 12]).

[35] Vgl. Die Ausführungen in Aristoteles, *De generatione animalium* (736 b 22).

Problemkreis hatte unmittelbar mit der skizzierten Argumentation des Aristoteles in Met XII,7 zu tun[36]: Der Stagirite setzte hier voraus, dass die Welt aus ineinanderliegenden Schalen bestehe, die fortwährend in Bewegung sind. Eben die Kontinuität dieser Bewegung aber führte im Sinne des oben bei Thomas benannten ausgeschlossenen *regressus in infinitum* (Rückführung ins Unendliche[37]) zur Annahme der Existenz einer Größe, die diese Schalen bewegte, selbst aber nicht bewegt wurde: den unbewegten Beweger. Sollte aber dieser Rückschluss funktionieren, so setzte er wiederum voraus, dass die Bewegung der Schalen mit der des unbewegten Bewegers nicht nur generell zeitgleich, sondern auch gleichursprünglich war[38]. Andernfalls wäre zu postulieren, dass der unbewegte Beweger irgendwann aus dem Status des Nicht-Bewegens in den des Bewegens übergegangen wäre, was aber nach aristotelischem Verständnis eines Anstoßes von außen bedurft hätte, was wiederum in einer rein statisch-unbewegten Situation nicht möglich gewesen wäre. Der Gedankengang musste also mit einer gewissen Konsequenz darauf zuführen, dass die durch die Schalen in Bewegung gehaltene Welt genauso ewig war wie ihr apersonal gedachter Urheber[39]. Der damit gegebene Widerspruch zum biblischen Schöpfungsbericht und zur einigermaßen entwickelten Lehre von der Schöpfung war evident.

Der dritte Gesichtspunkt aber betraf nun eben das, was Gegenstand dieser Studie ist: die Kausalität. Die Gruppe um Siger wandte den Gedanken der Kausalketten in der Weise an, dass sie erklärten, grundsätzlich unterliege alles dem Gesetz der Kausalität und folge mithin jeweils notwendigerweise aus dem Vorhergehenden. Sie vertraten also ein Kausalitätskontinuum und mit diesem verbunden einen Nezessitarismus, der dem biblisch bezeugten freien Handeln Gottes keinen Raum mehr ließ. „The radical Aristotelians had taught that God was limited by the laws of (Aristotelian) science.“[40] Dieser Gedanke ist nicht fern von jenem oben dargelegten Vorstellungskomplex der Providenz bei Thomas von Aquin, der jegliche Kausalität in die Providenz Gottes einbindet, und unterscheidet sich doch an der theologisch entscheidenden Stelle von diesem. Thomas lehrt keinen naturgesetzlichen Determinismus, wohl aber einen von Gottes Lenkung bestimmten. Genau die damit postulierte Zentralursächlichkeit in Gott aber ist für Thomas auch der Ansatzpunkt, um ein Kausalitätskontinuum zu vermei-

[36] S. hierzu Hermann Deuser, Religionsphilosophie, Berlin/New York 2009, 129-137.

[37] Zum für heutige Philosophie unzureichenden Charakter dieses Schritts vgl. die Kritik von Friedrich Hermanni, Metaphysik. Versuche über letzte Fragen, Tübingen 2011, 29.

[38] S. zu dieser Problematik die instruktive Textsammlung Über die Ewigkeit der Welt. Texte von Bonaventura, Thomas von Aquin und Boethius von Dacien. Übers. u. Anm. v. Peter Nickl, Fankfurt am Main 2000.

[39] S. Boetius von Dacien, *De aeternitate mundi* 5: „Si ergo naturalis non potest secundum sua principia ponere motum primum novum, ergo nec mobile primum, quia mobile causaliter praecedit motum, cum ipsum sit aliqua causa eius. Ergo nec naturalis potest ponere mundum novum, cum mobile primum non praecessit mundum in duratione“ (Über die Ewigkeit der Welt 134).

[40] Alexander S. Jensen, The unintended consequences of the condemnation of 1277: Divine Power and the established order in question, in: Colloquium 41 (2009) 57–72, 60.

den: Er rechnet mit der Möglichkeit, dass Gott die Zweitursächlichkeit gewissermaßen überspringen kann:

> „[...] dicendum quod erroneum est dicere Deum non posse facere per seipsum omnes determinatos effectus qui fiunt per quamcumque causam creatam. Unde cum corpora moveantur immediate a causis creatis, nulli debet venire in dubium quin Deus possit movere immediate quodcumque corpus." („Man muss sagen, dass es irrtümlich ist zu sagen, Gott könne nicht durch sich selbst all die bestimmten Wirkungen hervorrufen, die durch irgendeine geschaffene Ursache geschehen. Wenn daher Körper unmittelbar von geschaffenen Ursachen bewegt werden, sollte keiner in Zweifel ziehen, dass Gott jeden beliebigen Körper unmittelbar bewegen könnte."; ST I q. 105 a. 2 r.[41])

Diese Bestimmung führt Thomas dann auch dazu, Wunder als solche Dinge zu definieren, die *„a Deo fiunt praeter causas nobis notas"* („von Gott außerhalb von Ursachen geschehen, die uns bekannt sind"; ST I q. 105 a. 7 r.[42]). Damit begründet er einen göttlichen Handlungszusammenhang jenseits der natürlichen Kausalität[43].

Vor diesem Hintergrund kann man die kritische Weiterentwicklung durch die Pariser *artes*-Lehrer, die ein vollständiges Kausalitätskontinuum vertraten, durchaus in dem Sinne verstehen, dass sie ein stärker in sich geschlossenes, konsistentes Weltmodell anstrebten, in welchem keine Zweistufigkeit aus natürlichem und göttlichem Gesetz bestand. Das thomasische Modell birgt ja die Gefahr in sich, zwei Wirklichkeitsebenen zu konstruieren, die ihren Einheitspunkt zwar in Gott haben, im Horizont sinnlich und rational erfassbarer Natur aber gänzlich unterschiedlichen Regeln folgen.

Dem hielten die *artes*-Lehrer also das Modell einer ungebrochen-kontinuierlichen Wirklichkeit entgegen. Ein solches Vorgehen erklärt sich als konsequente Anwendung aristotelischen Denkens, weswegen der beste Begriff zur Beschreibung dieser Gruppe der von Paul Wilpert eingeführte ist: „konsequente Aristoteliker"[44]. Mit ihm lässt sich der ältere Begriff der „lateinischen Averroisten" ersetzen[45], der letztlich auf dem von Thomas von Aquin und anderen begründeten Vorwurf beruht, diese Denker folgten schlicht dem Denken des arabischen Philosophen Averroes, welchen sie zwar – wie auch Thomas selbst – selbstverständ-

[41] Sancti Thomae de Aquino Opera Omnia [Editio Leonina]. Bd. 5, Rom 1889, 472a.

[42] Editio Leonina 5, 479b.

[43] Zu der sich hierin widerspiegelnden Bedeutung der Freiheit Gottes in der Schöpfungslehre des Aquinaten s. Otto Hermann Pesch, Schöpfungslehre und Schöpfungsperspektive in der Theologie des Thomas von Aquin, in: Kerygma und Dogma 49 (2003) 2–23, 7, der hier gleichfalls auf den Zusammenhang mit den konsequenten Aristotelikern hinweist.

[44] Paul Wilpert, Boethius von Dacien – die Autonomie des Philosophen, in: ders. (Hg.), Beiträge zum Berufsbewußtsein des mittelalterlichen Menschen, Berlin/New York 1964 (MM 3), 135-152, 144; Leppin, Art. Siger von Brabant, in: TRE Bd. 31, Berlin/New York 2000, 259–261, 260.

[45] Ernest Renan, Averroès et l'Averroisme, in: ders., Oeuvres complètes 3, Paris 1949, 9–365.

lich als Kommentator in Gebrauch hatten, aber nicht als maßgebliche, Aristoteles überragende Autorität. Auch die gelegentlich bevorzugte Bezeichnung der Siger-Gruppe als „heterodoxe Aristoteliker“[46] ist demgegenüber nicht wirklich glücklich, weil sie die Differenz zur christlichen Dogmatik zum Benennungskriterium macht, die zwar eine Folge der philosophischen Bemühungen des Siger-Kreises war, aber nicht ihren primären Fokus darstellte. Tatsächlich kann man zeigen, dass Siger selbst und andere sich bemühten, Heterodoxien zu vermeiden[47], sich aber philosophisch außerstande sahen, die Konsequenzen des Aristoteles zu verschweigen. Mit dieser Haltung drückten sie nicht allein eine bestimmte theoretische Position aus, sondern, wie vor allem Jacques LeGoff gezeigt hat[48], auch das gesteigerte Selbstbewusstsein der Lehrer an der *artes*-Fakultät. Siger selbst war zeitweise Rektor der Pariser Universität[49] und als solcher mit den heiklen Fragen der Zuordnung der Fakultäten vertraut. Grundsätzlich galt die *artes*-Fakultät als Ort der propädeutischen Studien, an dem zu großen Teil Angehörige der höheren Fakultäten in der Lehre vertreten waren. Siger und sein Kreis aber gehörten nun zu solchen Lehrern, die trotz des deutlich geringeren Sozialprestiges bereit waren, ihre akademische Tätigkeit zeitlebens an die *artes*-Fakultät zu binden[50]. Dies bedeutete keineswegs eine Lösung aus dem kirchlichen Zusammenhang universitärer Lehre im Mittelalter generell: Siger wie auch Boethius verfügten durchaus über Pfründen, die ihre Tätigkeit finanzierten. Aber die Ausschließlichkeit, mit der sie sich der Lehre der *artes* zuwandten, gab ihrem Denken ein hohes Maß an Eigenständigkeit: In ihrem Aristotelesstudium war nicht in demselben Maße wie bei anderen die Konsequenz für theologische Belange mitgesetzt.

Und eben hieran entstand der Konflikt, der ihre Äußerungen als heterodox erscheinen lassen musste: Die erwähnte philosophisch stringente Annahme eines Kausalitätskontinuums war nur auf Kosten einer Reduktion der *divina potentia* möglich, die für Thomas leitend zur Begründung der Durchbrechung üblicher Kausalitäten war[51]. Zusammen mit den beiden anderen Gesichtspunkten – Allseele und Ewigkeit der Welt – ergab dies eine gewaltige Herausforderung für Theologie und Kirche in Paris im ausgehenden 13. Jahrhundert: Thomas von Aquin wie auch Bonaventura wandten sich energisch gegen den Siger-Kreis[52] –

[46] Steenberghen, Philosophie 335.

[47] S. Bernardo Carlos Bazàn, La réconciliation de la foi et de la raison était-elle possible pour les aristotéliciens radicaux?, in: Dialogue. Canadian philosophical review 19 (1980) 235–254, insbesondere 239.

[48] Jacques LeGoff, Die Intellektuellen im Mittelalter, Stuttgart ²1987, 122 f.

[49] Die biographischen Rekonstruktionen basieren weitestgehend auf René Antoine Gauthier, Notes sur Siger de Brabant: RSPhTh 67 (1983) 201–232, 68 (1984) 3–49.

[50] Nach der 1277 verurteilten These 40 war dies mit einem hochfahrenden Anspruch verbunden: „Quod non est escellentior status, quam vacare philiosophiae“ (Aufklärung im Mittelalter? Die Verurteilung von 1277. Das Dokument des Bischofs von Paris übersetzt und erklärt von Kurt Flasch, Mainz 1989 [excerpta classica 6], 137).

[51] S. ST I q. 105 a. 1 r. (Editio Leonina 5, 471a).

[52] François-Xavier Putallaz/Ruedi Imbach, Profession: Philosophe. Siger de Brabant, Paris 1997, 41–47. Ironischerweise trafen einzelne Verurteilungen dennoch, wenn auch möglicher-

eben hier entstand auch das erwähnte Verdikt vom „lateinischen Averroismus"[53]. Das Geschehen aber zog noch weitere Kreise: Papst Johannes XXII., als Petrus Hispanus selbst einer der bedeutendsten Logiklehrer seiner Zeit, forderte am 18. Januar 1277 den Pariser Bischof Etienne Tempier auf, gegen die *„errores"* an seiner Universität vorzugehen und ihre Urheber aufzuspüren[54]. Der Bischof setzte eine Theologenkommission ein, welche in einem nicht sehr klaren Verfahren Zitate zusammenstellte[55]. Roland Hissette hat in einer gründlichen Studie zeigen können, dass sich diese Zitate nur zum Teil in Schriften der konsequenten Aristoteliker verifizieren lassen[56]. Dies kann man nach seiner detaillierten Studie nicht allein mit einem gewissen Textverlust begründen, sondern es dürfte auch damit zu tun haben, dass die Theologenkommission mit einer gewissen Willkür vorging und auch solche Sätze in die Verurteilung aufnahm, die lediglich als potenzielle Aussagen der konsequenten Aristoteliker im Umlauf waren, ohne als solche verifiziert zu sein. So ist die Verurteilung, die schließlich am 7. März 1277 ausgesprochen wurde, weniger interessant im Blick auf die Frage, was in Paris seinerzeit gelehrt wurde – als hinsichtlich dessen, wovor der Bischof und seine Theologen Angst hatten. Hierzu gehörte unter anderem die verurteilte These 21[57]:

> „Quod nihil fit a casu, sed omnia de necessitate eveniunt, et, quod omnia futura, quae erunt, de necessitate erunt, et quae non erunt, im-

weise nicht direkt und absichtlich, Thomas von Aquin (s. Roland Hissette, Thomas d'Aquin directement visé par la censure du 7 mars 1277?, in: Jacqueline Hamesse [Hg.], Roma, magistra mundi. Itineraria culturae medievalis. FS L. E. Boyle, Louvain-la-Neuve 1998, 425–437) ; zum Verhältnis des Thomas zur arabischen Philosophie s. Zeynab El Khodeiry, St Thomas d'Aquin entre Avicenne et Averroès, in: Albert Zimmermann (Hg.), Thomas von Aquin. Werk und Wirkung im Licht neuerer Forschungen, Berlin u. a. 1988 (MM 19), 156–160; Albert N. Nader, Éléments de la philosophie Musulmane médiévale dans la pensée de St. Thomas d'Aquin, ebd. 161–174.

53 Thomas, *De unitate intellectus 1* (Sancti Thomae de Aquino Opera Omnia [Editio Leonina]. Bd. 43, Rom 1976, 294, Z. 303).

54 Chartularium Universitatis Parisiensis. Bd. 1, hg. v. Heinrich Denifle u. Émile Chatelain, Paris 1889, 541 (Nr. 471).

55 Gegenüber der gängigen Annahme, dass es sich bei der Zusammenstellung der Verurteilungen um eine chaotische Sammlung handle, hat Sylvain Piron, Le plan d l'Èvêque pour une critique interne de la condemnation du 7 Mars 1277, in: Recherches de théologie et philosophie médiévales 78 (2011) 383–415, neuerdings argumentiert, dass es sich bei dem Dokument um eine planvolle Komposition handle, muss allerdings zugestehen, dass dies allenfalls für die Artikel 25–183 begründet werden kann (a. a. O. 394). Für diese Artikel kann man dann in der Tat eine gewisse thematische Rubrizierung identifizieren (a. a. O. 395), bei der allerdings zu fragen ist, ob sie wirklich planmäßig erfolgte oder nicht eher assoziativ entstanden ist.

56 Roland Hissette, Enquête sur les 219 articles condamnés à Paris le 7 mars 1277, Löwen/ Paris 1977 (= PhMed 22).

57 Ich folge mit Kurt Flasch der Zählung im Chartularium Universitatis Parisiensis. Bei Hissette finden sich die Thesen in der durch Pierre Mandonnet nach stärker sachlichen Gesichtspunkten rekonstruierten Reihenfolge, daher in deutlich abweichender Zählweise; ein Schlüssel hierfür findet sich bei Hissette, Enquête 319 f.

possibile est esse, et quod nihil fit contingenter, considerando omnes causas." („Nichts geschieht aus Zufall, sondern alles erfolgt aus Notwendigkeit. Und alles Zukünftige, was sein wird, wird aus Notwendigkeit sein, und was nicht sein wird, kann auch unmöglich sein, und nichts geschieht kontingent, bezieht man alle Ursachen ein.")[58]

Diese Verurteilung ist auch deswegen interessant, weil es der Theologenkommission hier zunächst tatsächlich um die theologisch dem Wunder gegenüber ja nachrangige Frage des Zufalls ging: Es handelt sich um eine der wenigen Verurteilungen, die eigens begründet werden, in diesem Fall durch Verweis auf die Zufallslehre in *De consolatione Philosophiae* von Boethius[59]. Welche theologischen Grenzen die Auffassung von einem Kausalitätskontinuum jedenfalls in den Augen der Verurteiler zogen, zeigt die verurteilte, in dieser Form allerdings bei den konsequenten Aristotelikern in keiner Weise nachweisbare[60] These 35:

> „Quod sine agente proprio, ut patre et homine, non posset fieri homo a deo." („Ohne eigene Urheber – wie dem Vater und Menschen – kann kein Mensch von Gott her entstehen.")[61]

Philosophisch gedacht, drückt diese These die allgemeine Notwendigkeit von Zweitursachen aus, negiert also eben jene zweite Verursachungs- und Wirklichkeitsebene, wie sie Thomas zur Erklärung von Wundern herangezogen hatte. Zugespitzt aber bedeutet sie offenkundig auch die Negierung der Jungfrauengeburt und damit wohl letztlich der menschlichen Geburt des Gottessohnes überhaupt. Ihr Hintergrund war ein Weltbild, demzufolge das kosmische Geschehen aus einer unausweichlichen Kette von Kausalitäten bestand, innerhalb derer die Erstursache gerade nicht in der Lage war, Zweitursachen außer Kraft zu setzen oder zu überspringen:

> „Quod primum pincipium non potest esse causa diversorum factorum hic inferius, nisi mediantibus aliis causis, eo quod nullum transmutans diversimode transmutat, nisi transmutatum." („Das erste Prinzip kann nicht die Ursache unterschiedlicher Gegebenheiten hier unten sein, außer vermittels anderer Ursachen; denn nichts, das Veränderungen hervorbringt, verändert auf unterschiedliche Weise, wenn es nicht seinerseits verändert ist."; These 43[62])

[58] Aufklärung im Mittelalter? Die Verurteilung von 1277. Das Dokument des Bischofs von Paris übersetzt und erklärt von Kurt Flasch, Mainz 1989 (excerpta classica 6), 117. Hissette, Enquête 172 f., verweist darauf, dass Siger von Brabant selbst sich ausdrücklich von Lehrern distanziert hatte, die einen absoluten Determinismus vertraten.

[59] Aufklärung im Mittelalter? Die Verurteilung von 1277. Das Dokument des Bischofs von Paris übersetzt und erklärt von Kurt Flasch, Mainz 1989 (excerpta classica 6), 117.

[60] Hissette, Enquête 287.

[61] Aufklärung im Mittelalter? 117.

[62] Aufklärung im Mittelalter? 142.

Der Satz drückte über die völlige Mediatisierung göttlicher Ursächlichkeit hinaus ein weiteres aus, das den Gegebenheiten in der Natur einen extremen Gesetzescharakter gab: Indem ein *transmutans* nur dann *diversimode* verändern konnte (also, wie die Rede von den *facta* zuvor deutlich macht, unterschiedliche Effekte hervorbringen konnte), wenn es selbst verändert wurde, war durch jedes Glied in der Kette der Kausalitäten schon die Folge determiniert. So ist die oben zitierte 21. These innerhalb der Reihe der verurteilten Aussagen kein Spitzensatz, sondern die darin enthaltene Aussage *„omnia de necessitate eveniunt"* soll genau dies sagen: dass es in der Welt, wie sie jedenfalls nach Meinung der vom Bischof eingesetzten Theologenkommission die konsequenten Aristoteliker lehrten, keinen Raum für Kontingenz gab – für Zufall nicht und auch für Gottes Wirken nicht. Für die Philosophen war mit dieser Weltbeschreibung auch eine große Verheißung verbunden: Grundsätzlich musste es hiernach möglich sein, alle Geschehnisse in der Welt zu beschreiben und zu erklären. Aus theologischer Sicht aber war damit die Potenz des Schöpfers in unerträglicher Weise reduziert: Sie bestand, so die 62. These, nicht in einer Schöpferkraft, die etwas aus dem Nichts ins Sein setzte – hier spielte bereits die Frage der Ewigkeit der Welt hinein –, sondern in der bloßen Fähigkeit, die Bewegung der Welt aufrechtzuerhalten[63], also in eben jener mechanischen Tätigkeit am Beginn einer umfassenden Kausalitätskette, die dem unbewegten Beweger von Aristoteles zugesprochen wurde.

Der philosophische Gewinn dieses Modells liegt auf der Hand: Die Weltgeschehnisse wurden konsistent erklärt. Jenes letztlich auf eine doppelte Wirkursächlichkeit hinauslaufende Modell des Thomas wurde zugunsten einer Option für die konsequente Beachtung der Zweitursächlichkeit außer Kraft gesetzt. Dies ist nicht einfach in dem Sinne zu beschreiben, dass etwa eine Dominanz der Theologie durch eine solche der Philosophie ersetzt worden wäre. Vielmehr war schon das Modell des Thomas ja Ausdruck einer weitreichenden Berücksichtigung philosophischer Erkenntnisse in theologischen Zusammenhängen, und zwar dergestalt, dass spezifisch theologische Erklärungsmodelle auf ein Residuum zur Erklärung extraordinärer Vorgänge verwiesen wurden. Demgegenüber stellte das sich in der Verurteilung abzeichnende Bild einen universalen Anspruch der Philosophie vor Augen, der einen Realitäts- und Erkenntnisraum außerhalb der philosophisch-naturgesetzlich erschließbaren Wirklichkeit nicht mehr zuließ:

> „Quod nihil est credendum, nisi per se notum, vel ex per se notis possit declarari." („Man darf nichts glauben, außer was aus sich heraus bekannt ist oder aus solchem hergeleitet werden kann, was aus sich heraus bekannt ist."[64]; These 37)

[63] Aufklärung im Mittelalter? 157. Hissette, Enquête 60, meint, eine Zuweisung dieser These an Siger von Brabant „appelle des réserves".
[64] Aufklärung im Mittelalter 134.

Die Invektiven gegen die Theologie, zu denen noch andere traten[65], bedeuteten aber keine Ablehnung des christlichen Glaubens selbst. Die jüngere Forschung hat wiederholt hervorgehoben, dass die konsequenten Aristoteliker sich eher bemühten, ihre Auffassungen mit der christlichen Lehre zu harmonisieren, jedoch zu dem Ergebnis kamen, dass dies philosophisch-aristotelisch nicht vertretbar sei. So kamen bei ihnen christliches Bekenntnis und philosophische Lehrbehauptung sehr schroff nebeneinander zu stehen[66] – was die Verurteiler zu dem im Vorwort der Lehrverurteilung formulierten Eindruck führte, dass sie lehrten, „quasi sint duae contrariae veritates"[67] („als gäbe es zwei einander ausschließende Wahrheiten"). Der Versuch konsistenter Welterklärung führte also auf einer epistemologischen Ebene geradezu zu deren Gegenteil, zu einem Auseinanderklaffen von Glaubenswahrheit und philosophisch begründeter Naturerkenntnis.

Die Lehrverurteilung erscheint vor diesem Hintergrund als ein Versuch, die rein philosophische Harmonisierung der Welterklärung nun durch ihr schlichtes Verbot in eine theologische Dominanz umzuwandeln. Insbesondere Kurt Flasch hat aber energisch darauf verwiesen, dass genau dies sein eigenes Gegenteil zur Folge haben musste[68]: Nachdem Thomas noch eine theologische Welterklärung unter Integration der aristotelischen Erklärungselemente versucht, ja, diese in hohem Maße dazu genutzt hatte, die eigenen theologischen Überzeugungen zu reformulieren, konnte das Bemühen, die möglichen radikalen Folgerungen aus solchen Erkenntnissen schlicht zu ignorieren, keinen Erfolg haben. Vielmehr musste sich die theologische Reflexion neu dem Problem stellen, wie der Gedanke von Gottes Allmacht, der sich paradigmatisch in der Vorstellung vom Wunder als dem Eingriff Gottes in die Weltrealität zeigte, unter Berücksichtigung der Beobachtung einer weitgehenden innerweltlichen natürlichen Kausalität aufrechterhalten werden konnte. Dieser Reflexionsvorgang verbindet sich mit dem, was in der Theologie- und Philosophiegeschichte in der Regel als Übergang von der Hoch- zur Spätscholastik charakterisiert wird. Ein wesentliches Element dessen ist nach klassischen Beschreibungen ein zunehmend voluntaristisches Den-

[65] „Quod sermones theologi fundati sunt in fabulis" (These 152; Aufklärung im Mittelalter? 217).

[66] S. Boetius von Dacien, *De aeternitate mundi* 5: „Sic verum dicit christianus, dicens mundum et motum primum esse novum (…). Verum etiam dicit naturalis qui dicit hoc non esse possibile ex causis et principiis naturalibus" (Über die Ewigkeit der Welt 142) – diese Spannung wird auch dadurch nicht gänzlich fortgenommen, dass Boetius sich schließlich zur Wahrheit des christlichen Glaubens bekennt: „Dicimus ergo quod mundus non est aeternus, sed de novo creatus, quamvis hoc per rationes demonstrari non possit" (ebd. 150); s. zur Fehlerhaftigkeit des Vorwurfs einer doppelten Wahrheit Fernand van Steenberghen, Une légende tenace: la théorie de la double vérité: Académie royale de Belgique: Bulletin de la classe des lettres et des sciences morales et politiques. 5e série 56 (1970) 179–196.

[67] Aufklärung im Mittelalter 89.

[68] Aufklärung im Mittelalter 71–73.

ken[69], das man weniger abwertend auch als Bemühen darum, das biblische Gottesbild von philosophischen Einschränkungen zu lösen, beschreiben könnte[70].

3. *Die neue theologische Integration der Naturgesetze durch die potentia-Lehre*

Die Auseinandersetzung mit dem in der Lehrverurteilung gezeichneten Bild konsequent aristotelischer Philosophie und den hierdurch deutlich gewordenen Folgen für eine christliche Theologie erfolgte auf vielen Ebenen[71]. Im Folgenden soll es ausschließlich um die theologische Bemühung gehen zu vermeiden, dass eine konsequente naturgesetzliche Regularität die Souveränität Gottes tangiere. Dies führte in der Konsequenz dazu, dass die Allmacht Gottes stärker ins Zentrum rückte, als dies bei Thomas der Fall gewesen war[72].

Diese Entwicklung begann mit Duns Scotus[73], bei ihm aber noch in einer Form, die den thomasischen Grundgedanken zweier Wirkreihen – einer göttlichen und

[69] S. etwa Jan Rohls, Geschichte der Ethik, Tübingen ²1999, 221; Wolfgang Röd, Der Weg der Philosophie. Bd. 1: Altertum, Mittelalter, Renaissance, München ²2009, 364 f. Tobias Hoffmann, La teoria anti-naturalistica della libertà in Giovanni Duns Scoto, in: Antonianum 87 (2012) 25–39, 27 f., zeigt auf, dass die *voluntas*, von der Duns Scotus spricht, nach seinem Aristotelesverständnis gerade der *potentia rationalis* zuzuordnen ist, die Assoziation von *voluntas* und Irrationalität also seinem Selbstverständnis nach irreführend ist.

[70] Hinter den unterschiedlichen Beschreibungsformen steht auch die Frage, inwieweit das Modell des Thomas, den Bahnen des Neuthomismus des 19. Jahrhunderts folgend, als überzeitlich-normativ verstanden werden soll, oder inwieweit man es als eine bestimmte zeitgebundene Form der Problemlösung beschreibt, die auf die erst in der Folgezeit an sie gerichteten Fragen, nicht mehr ohne weiteres antworten konnte: Die häufig in Dekadenzmodellen beschriebenen theoretischen Ansätze von Duns Scotus und Wilhelm von Ockham, aber auch von Meister Eckhart (s. hierzu Volker Leppin, Dynamisierung des Gottesbildes im lateinischen Werk Meister Eckharts, in: ders./Hans-Jochen Schiewer (Hg.), Meister Eckhart aus theologischer Sicht, Stuttgart 2007 [Meister-Eckhart-Jahrbuch. Bd. 1], 97–110) erscheinen so als ihrerseits zeitbedingte Reaktionen auf die neue Herausforderung, die sich mit der Lehrverurteilung von 1277 stellte. Die systematische Relevanz des thomasischen Modells wie der späteren Ansätze herauszuarbeiten, stellt gegenüber dieser problemhistorischen Verortung einen zweiten Schritt dar.

[71] S. hierzu Volker Leppin, Die Folgen der Pariser Lehrverurteilung von 1277 für das Selbstverständnis der Theologie, in: J. A. Aertsen u. A. Speer (Hg.), Geistesleben im 13. Jahrhundert, Berlin/New York 2000 (MM 27), 283–294; ders., Der umstrittene Aristoteles. Die konsequenten Aristoteliker des 13. Jahrhunderts und ihre theologischen Gegner, in: Oliver Auge/Matthias Müller (Hg.), Natur und Geist. Von der Einheit der Wissenschaften im Mittelalter, Ostfildern 2008, 31–41.

[72] Der Sache nach findet sich dieser Zusammenhang, wenn auch mit gewaltiger Überzeichnung der Wirkungen der Spätscholastik, auch bei Blumenberg, Säkularisierung 186. Historisch seriöser findet sich eine entsprechende Beschreibung der Verhältnisse bei Kurt Flasch, Das philosophische Denken im Mittelalter. Von Augustin zu Macchiavelli, Stuttgart ³2013, 433 f.

[73] Zur Bedeutung der Pariser Lehrverurteilung für diesen s. Ludger Honnefelder, Die Kritik des Johannes Duns Scotus am kosmologischen Nezessitarismus der Araber. Ansätze zu einem neuen Freiheitsbegriff, in: Johannes Fried (Hg.), Die abendländische Freiheit vom 10. zum 14. Jahrhundert. Der Wirkungszusammenhang von Idee und Wirklichkeit im Vergleich,

einer naturgesetzlich-kausalen - aufnahm. Zu einer vollen, in sich wiederum auf Konsistenz angelegten Weltkonzeption auf Basis radikalisierter göttlicher Wirkursächlichkeit kam es erst bei Wilhelm von Ockham. Die Leitbegriffe zur Neubestimmung des Gott-Welt-Verhältnisses wurden seit dem Wirken des *Doctor subtilis* durch das Begriffspaar *potentia absoluta* und *potentia ordinata* gebildet, die absolute und die geordnete Macht Gottes. Deren Verwendung war nicht völlig neu[74], wurde nun aber in einen neuen Kontext gestellt:

Bei Thomas von Aquin wurde die Unterscheidung der beiden *potentiae* ohne weitere Erklärung vorausgesetzt, ihre potenziell radikale Wirkung aber durch Einzeichnung in die Lehre von den Eigenschaften Gottes entschärft: Im Zusammenhang der *divina potentia* verhandelte er in ST I q. 25 a. 5 die Frage, ob Gott etwas tun könne, was er tatsächlich nicht mache. Die *obiectio* 1 verneinte eine solche Möglichkeit mit dem Hinweis, dass Gott in seinem Handeln an sein Vorherwissen und seine Vorausordnung gebunden sei[75]. Hierauf antwortete Thomas mit eben jener Unterscheidung und erklärte, dass man jene Taten, die man Gott allein aufgrund seiner Macht ohne Berücksichtigung weiterer Aspekte zuschreibe, als Handlungen *secundum potentiam absolutam* bezeichne, jene aber, die er infolge seiner *voluntas iusta* vollziehe, als Handlungen *secundum potentiam ordinatam*[76]. Diese Deutung ist also dazu angetan, so von Gottes Allmacht zu sprechen, dass eine hieraus resultierende Willkür im Umgang Gottes mit der Welt ausgeschlossen ist: Die *potentia absoluta*, die gegebenenfalls erschreckende umfassende Macht Gottes, taugt nicht zur Beschreibung von dessen aktuellem Handeln, sondern umschreibt einen Möglichkeitsraum, aus dem dieser schöpfen kann. Indem er dies aber tut, bleibt er im positiven Sinne berechenbar, weil man darauf zählen kann, dass in ihm *iustitia* und *sapientia* leitend sind[77]. Dies ist umso bemerkenswerter, als Thomas denselben Artikel nutzt, um den Gedanken auszuschließen, dass Gott *„quasi ex necessitate naturae"* handle[78]. Eben dies schließt die Betonung, *„voluntatem eius esse omnium rerum causam"* („dass sein Wille Ursache aller Dinge ist")[79] aus. Wenn also die mit Duns Scotus in Folge der Auseinandersetzungen um den konsequenten Aristotelismus einsetzende philosophisch-theologische Neuorientierung als „Voluntarismus" bezeichnet wird, verschiebt dies die tatsächliche Debattenlage etwas: Mit der Vorordnung des Willens hatte bereits Thomas begonnen, freilich im Sinne eines vernünftig geleiteten

Sigmaringen 1991, 249–263; Axel Schmidt, Zwischen Naturalismus und Voluntarismus. Was uns die Philosophie und Theologie des Johannes Duns Scotus zu denken gibt, in: Wissenschaft und Weisheit 70 (2007) 62–80, 68 f., 73.

74 Vgl. Klaus Bannach, Die Lehre von der doppelten Macht Gottes bei Wilhelm von Ockham. Problemgeschichtliche Voraussetzungen und Bedeutung, Wiesbaden 1975 (VIEG 75), 13; zum Impuls der Verurteilung von 1277 für die Verwendung der Lehre von *potentia absoluta* und *ordinata* s. Jensen, Unintended consequences 64.

75 ST I q. 25 a. 5 o.1 (Editio Leonina 4, 296a); vgl. hierzu Jensen, Unintended consequences 65.

76 ST I q. 25 a. 5 ad 1 (Editio Leonina 4, 297b).

77 ST I q. 25 a. 5 r. (Editio Leonina 4, 297a).

78 ST I q. 25 a. 5 r. (Editio Leonina 4, 296b–297a).

79 ST I q. 25 a. 5 r. (Editio Leonina 4, 297b).

Willens, die diesen von vornherein auf bestimmte Bahnen und Entscheidungen hin orientierte[80].

Eine solche Vernünftigkeit des göttlichen Willens wurde von Duns Scotus auch keineswegs bestritten[81], wohl aber hat er nun konsequent eben jene Eigenschaften Gottes, die ihn schon nach Einsicht des Thomas frei vom nezessitaristischen Zwang machten, in den Mittelpunkt seines Gottesverständnisses gerückt: *voluntas* und *potentia*. Für Letztere wendet er nun die Unterscheidung von *potentia absoluta* und *ordinata* in dem Sinne an, dass sie nicht allein Möglichkeitsraum und Faktizität des göttlichen Handelns beschreiben, sondern er verteilt auf diese beiden Begriffe eben das, was oben bei Thomas im Zusammenhang der Wunderlehre in Gestalt eines Stützargumentes begegnete. Nach Duns Scotus sind ein *ordo universalis* und ein *ordo particularis* zu unterscheiden: Ersterer folgt denn allgemeinen Gesetzen, auch den Naturgesetzen[82], und wird durch die *potentia ordinata* Gottes in Wirklichkeit gesetzt, Letzterer hingegen folgt der *potentia absoluta* und mit ihr jeweiligen Einzelanweisungen Gottes[83]. Dass Duns im letzteren Fall überhaupt von einem *ordo (particularis)* spricht, hängt daran, dass er, darin dem thomasischen Bemühen durchaus vergleichbar, von Gott jede Unordnung ausschließen will: Dieser handle immer *ordinate*[84]. Grund hierfür ist, dass jede Ordnung von Gott stammt, er aber als Ordnungssetzer gar nicht gegen seine eigene Ordnung verstoßen könne. Darin steckt die radikale Antwort auf die konsequenten Aristoteliker: Es gibt nicht, wie diese meinten, eine Ordnung, die die *prima causa* einbinde und an bestimmten Handlungen und Eingriffen in die Ordnung hindere, sondern die Ordnung hängt vollständig vom Willen Gottes ab – auch wenn dieser letztlich zwei Ordnungsreihen begründet. Dieser Gedanke ist

80 Sehr plakativ, im Grundsatz aber nicht ganz unangemessen, beschreibt Yul Kim, Selbstbewegung des Willens bei Thomas von Aquin, Berlin 2007 (Münchener Universitätsschriften. Katholisch-Theologische Fakultät 51), 148 f., die Situation: Man könne „die Entwicklung der thomasischen Freiheitslehre in Hinsicht auf eine doppelte Front auffassen. Thomas muss mit den Schülern Bonaventuras wie mit den Theologen der Kirche gemeinsame Front gegen die heidnische[n] Lehrmeinung de[s] averroistischen Determinismus machen, um die christliche Glaubenslehre apologetisch zu vertreten. Innerhalb dieser Hauptfront versucht er aber gegen die aristotelesfeindliche Kritiklinie der franziskanischen und voluntaristischen Willenstheoretiker seinen eigenen Weg zu gehen."

81 S. zum Zusammenhang von Vernunft und Willen im Horizont der *potentia*-Lehre des Duns Scotus Ludger Honnefelder, John Duns Scotus on God's Intellect and Will, in: Richard Cross (Hg.), The Opera Theologica of John Duns Cotus. Proceedings of „The Quadruple Congress" on John Duns Scotus. Part 2, Münster 2012 (Archa Verbi. Subsidia 4), 73–88, 86.

82 Vgl. Jensen, Unintended consequences 67.

83 Duns Scotus, *Ordinatio* I d. 44 q. 1 (9) (Ioannis Duns Scoti Opera Omnia, hg. v. Karlo Balić. Bd. 6, Vatikanstadt 1963, 367,1-8). Der Versuch von Schröcker, Verhältnis 78, die Lehren des Duns an dieser Stelle mit denen Ockhams zu harmonisieren beruht auf einer Begriffsverunklarung („Hier gebrauchen sie verschiedene Begriffe, um dasselbe auszudrücken"), die aber den Umstand nicht beseitigen kann, dass Duns in seinem theoretischen Modell in ganz anderer Weise als Ockham an einer allgemeinen Gesetzesform für das Handeln Gottes interessiert ist.

84 Duns Scotus, *Ordinatio* I d. 44 q. 1 (4; 8) (Duns Scoti Opera Omnia 6, 364,11–19; 366,8–19).

wie erwähnt bei Thomas vorgeprägt. Duns stellt ihn nun aber programmatisch in das Zentrum seiner Gotteslehre. Der Gedanke, dass die Welt konsistent in Gestalt von Gesetzen erklär- und beschreibbar sein müsse, wie ihn die konsequenten Aristoteliker vertreten hatten, ist damit prinzipiell zugunsten einer konsistenten Begründung im Willen Gottes beseitigt: Die Antwort auf die naturgesetzlich-philosophische Herausforderung ist denkbar radikal-theologisch.

Hieran knüpfte Wilhelm von Ockham an, formte aber das *potentia*-Denken neuerlich um. Kenntlich wird dies in einem Werk, das erst seiner kirchenpolitisch bestimmten Lebensphase entstammt: Er war aufgrund seiner Lehrauffassungen 1324 vor den Papsthof in Avignon geladen worden[85] und hatte sich der Gewalt des Papstes 1328 entzogen, um fortan Kaiser Ludwig den Bayern in seinem Kampf gegen den Papst, welcher ihm die Kaiserwürde verweigern wollte, zu unterstützen[86]. In dem ersten Werk aus dieser Zeit, dem, weil Ockham es innerhalb von neunzig Tagen abgefasst haben will, der Titel *Opus nonaginta dierum* beigegeben wurde, arbeitete er sich grundlegend in die neuen Problemstellungen ein, in diesem Falle vor allem Fragen der franziskanischen Spiritualität, mit welchen er, selbst seit Jahren Minorit, in Avignon konfrontiert worden war. Die Schrift interessiert vor allem im Zusammenhang des sogenannten theoretischen Armutsstreites[87], enthält aber, wie Jürgen Miethke gezeigt hat[88], auch wesentliche Beiträge zu Ockhams theoretischer Philosophie und Theologie, unter anderem Ausführungen, die es erlauben, die vielfach bei ihm begegnende Verwendung von *potentia absoluta* und *ordinata* besser zu verstehen[89]. Der Text setzt sich mit der Bulle „Quia vir reprobus" des Papstes Johannes XXII. auseinander, welche sich wiederum gegen Michael von Cesena, den durch den Papst entmachteten Ordensgeneral der Franziskaner gewandt hatte[90]. Dessen Anhänger, zu denen er sich selbst zählte, erscheinen bei Ockham als *impugnatores*, Gegner des Papstes, und daher auch im Folgenden in der dritten Person Plural:

> „(...) declarant quomodo debet intelligi distinctio theologorum dicentium in Deo esse duplicem potentiam, scilicet absolutam et ordinatam; et quomodo Deus potest aliqua facere de potentia absoluta, quae non potest de potentia ordinata; dicentes quod non est intelligenda dicta distinctio, sicut qudam ignari putant, quasi realiter in Deo sit duplex potentia, quarum una sit absoluta et alia ordinata; quia unica potentia est

[85] S. Volker Leppin, Wilhelm von Ockham. Gelehrter, Streiter, Bettelmönch, Darmstadt ²2012, 105–122; zu den Auseinandersetzungen im Einzelnen s. F. Hoffmann, Die Schriften des Oxforder Kanzlers Iohannes Lutterell. Texte zur Theologie des vierzehnten Jahrhunderts, Leipzig 1959 (EThS 6).

[86] Leppin, Ockham 181 f.

[87] S. hierzu Leppin, Ockham 172–181.

[88] Jürgen Miethke, Ockhams Weg zur Sozialphilosophie, Berlin 1969, 75–84. 430–444.

[89] Eine knappere Ausführung hierzu findet sich schon in Quodlibet XI q. 1 (Guilelmi de Ockham Opera Philosophica et Theologica. Opera Theologica. Bd. 9, hg. V. Joseph C. Wey, St. Bonaventure 1980, 585 f.).

[90] Leppin, Ockham 205–208.

in Deo (…); sed locutio est diversa. Et propter istam diversam locutionem dicitur quod Deus potest aliqua de potentia absoluta, quae non potest de potentia ordinata, hoc est, Deus potest aliqua, accipiendo verbum ‚posse' secundum primam significationem eius, quae tamen non potest de potentia ordinata: hoc est, haec est concedenda : ‚Deus non potest illa', accipiendo hoc verbum ‚posse' in secunda significatione eius. Et ita dicere quod Deus potest aliqua de potentia absoluta, quae non potest de potentia ordinata, non est aliud, secundum intellectum recte intelligentium, quam dicere quod Deus aliqua potest, quae tamen minime ordinavit se facturum; quae tamen si faceret, de potentia ordinata faceret ipsa; quia si faceret ea, ordinaret se facturum ipsa." („[…] Sie erklären, auf welche Weise die Unterscheidung der Theologen verstanden werden muss, die sagen, in Gott gebe es eine doppelte Macht, nämlich eine absolute und eine geordnete; und auf welche Weise Gott manches gemäß seiner absoluten Macht machen kann, was er nach seiner geordneten Macht nicht kann; sie sagen, dass die genannte Unterscheidung nicht so zu verstehen ist, wie es manche ohne Sachkenntnis vermuten, als gebe es in Gott eine zweifache Macht, von welcher die eine absolut sei und die andere geordnet; denn eine einzige Macht gibt es in Gott (…); aber die Verwendung ist unterschiedlich. Und aufgrund dieser unterschiedlichen Verwendung wird gesagt, dass Gott manches nach seiner absoluten Macht kann, was er nach seiner geordneten Macht nicht kann. Das heißt: Gott kann einiges, wenn man das Wort ‚können' in seiner ersten Bedeutung verwendet, was er dennoch nach seiner geordneten Macht nicht kann, das heißt, man muss Folgendes zugestehen: ‚Gott kann jenes nicht', wenn man das Wort ‚können' in seiner zweiten Bedeutung gebraucht. Und so bedeutete es, wenn man sagt, dass Gott einiges nach seiner absoluten Macht kann, das er nicht nach seiner geordneten Macht kann, nach dem Verständnis derer, die es recht verstehen, nichts anderes, als zu sagen, dass Gott etwas kann, das zu tun er gleichwohl in keiner Weise angeordnet hat; wenn er es jedoch täte, täte er es nach der geordneten Macht. Denn wenn er dies täte, würde er anordnen, dass er es täte.")[91]

Der von Redundanzen nicht freie Text kombiniert auf hochoriginelle Weise Aspekte, die sich zuvor bei Duns Scotus und bei Thomas fanden: Mit dem *Doctor subtilis* lehrt Ockham, dass generell Gott nichts *inordinate* tue[92]. Aber mit Thomas

[91] Guilelmi de Ockham Opera Politica, hg. v. R.F. Bennett u. H.S. Offler. Bd. 2, Manchester 1963, 725, 375–381; 726, 419–430.

[92] S. schon Ockham, *Quodlibet 6 q. 1* (Ockham, Opera Theologica 9, 586,20 f.). Ebd. wendet sich Ockham auch ausdrücklich gegen jede Deutung, die zwei reale *potentiae* in Gott unterscheiden will, und lehnt die Position ab, „quod aliqua potest Deus ordinate facere, et aliqua potest absolute et non ordinate" (vgl. hierzu Hubert Schröcker, Das Verhältnis der Allmacht Gottes zum Kontradiktionsprinzip nach Wilhelm von Ockham, Berlin 2003 [Münchener Universitätsschriften. Katholisch-Theologische Fakultät 49], 44 f.). Daher ist es ein grundlegendes

beschreibt er die *potentia absoluta* als bloßen Möglichkeitsraum Gottes[93], denn offenkundig ist ja alles, was Gott tut, eo ipso von ihm angeordnet und folglich Ergebnis der *potentia ordinata*. Diese beschreibt also im Unterschied zur Lehre des Duns Scotus nicht allein die allgemeinen Gesetze, sondern schlichtweg alles Handeln Gottes. In dieser Zuspitzung aber gewinnt das Bemühen um gedankliche und ontologische Konsistenz, dem Ockham folgt, eine Schlagseite, die erst den Unterschied zu Thomas recht deutlich macht: Dieser hatte die *potentia absoluta* auf den Möglichkeitsraum reduziert, um den Wirklichkeitsraum *de potentia ordinata* auf einen gerechten und weisen Willen zurückzuführen. Eben die damit intendierte Berechenbarkeit des göttlichen Handelns für den Menschen aber entfällt bei Ockham: Der Gott, von dem er spricht, kann sogar anordnen, dass der Mensch ihn hasse, und könnte dies als eine gute Tat (*actus rectus*) anerkennen, und zwar gleichermaßen auf Erden wie im Himmel[94]. Über dem moralischen Skandal[95], den diese radikal-voluntaristische Ethikbegründung bedeutet, wird gerne der für den vorliegenden Zusammenhang viel wichtigere Aspekt übersehen: Ockham begründet nämlich parallel hierzu, dass Gott eben jenen Akt, ihn zu hassen, selbst unmittelbar hervorrufen kann, „*quia Deus potest omne absolutum causare sine omni alio quod non est idem cum illo absoluto*" („dass Gott jede für sich bestehende Sache ohne irgendetwas anderes, was mit dieser für sich bestehenden Sache nicht identisch ist, verursachen kann")[96]. Der Ansatz, dass Sekundärursachen durch die Primärursache übersprungen werden können, durch welchen Thomas Wunder erklärt hatte, wurde so als prinzipielle Beschreibung des Möglichkeitsraumes Gottes zu einem Modus permanenter Hinterfragung der Wirklichkeit. Auf abstrakter Eben kann man die Denkfiguren von Thomas und Ockham durchaus in eine Harmonie bringen, die Intensität aber, in welcher Ockham nun das Konzept der *potentia absoluta* gebrauchte, bedeutete eine ontologische Neukonzeption, in welcher nur noch eines sicher war: dass Gott nichts Widersprüchliches vollführe, denn die Grundregel vom ausgeschlossenen Wi-

Missverständnis, dass Achtner, Erkennen 196, nun wieder *potentia absoluta* und *ordinata* in zwei Handlungsräume aufteilt.

93 Vgl. William J. Courtenay, Capacity and Volition. A History of the Distinction of Absolute and Ordained Power, Bergamo 1990 (= Quodlibeta 8), 120–123.

94 Ockham, *Quaestiones in librum quartum sententiarum q.* 16 (Guilelmi de Ockham Opera Philosophica et Theologica. Opera Theologica. Bd. 7, hg. v. R. Wood u. G. Gál, St. Bonaventure 1984, 352,5–10).

95 Tatsächlich steht die angeführte Aussage Ockhams, wie Sigrid Müller, Handeln in einer kontingenten Welt. Zu Begriff und Bedeutung der rechten Vernunft (recta ratio) bei Wilhelm von Ockham, Tübingen/Basel 2000 (Tübinger Studien zur Theologie und Philosophie 18), 75–89, gezeigt hat, in einem gedanklichen Zusammenhang, der jedenfalls so zu verstehen ist, dass Gotteshass als leitendes Movens nicht verdienstlich sein kann, sondern eben nur dann, wenn er aus dem Gehorsamswillen gegenüber Gott resultiert, was ethisch jedenfalls eine nahezu paradoxale Spannung hervorruft.

96 Ockham, *Quaestiones in librum secundum sententiarum q.* 15 (Guilelmi de Ockham Opera Philosophica et Theologica. Opera Theologica. Bd. 5, hg. v. G. Gál u. R. Wood, St. Bonaventure 1981, 342,10 f.); vgl. Bannach, Lehre 200; Schröcker, Verhältnis 49.

derspruch stellte selbst noch für die *potentia absoluta* eine unüberschreitbare Grenze dar[97].

Ontologisch gesehen lief ein solches Denkmodell auf einen Punktualismus hinaus, in welchem grundsätzlich jeder innerweltliche Vorgang deswegen Bestand hatte, weil Gott nicht beschlossen hatte, die Kausalkette zu durchbrechen[98]. Das Wunder war gewissermaßen auf Dauer gestellt. Nur noch die Gesetze der Logik, aber nicht mehr die der Kausalität und damit der Natur stellten ein relevantes Element zur Beschreibung der Wirklichkeit dar. Der Normalfall, welchen Thomas und Duns je auf ihre Weise im Sinne zweier Ordnungsreihen erhalten und den die konsequenten Aristoteliker zum ausschließlich gültigen Fall erklärt hatten, war eben als Normalfall keine denkerisch relevante Größe mehr.

Dies hielt Wilhelm von Ockham allerdings nicht davon ab, sich auch mit Fragen der Naturphilosophie zu befassen. Kurz vor seinem Fortgang nach Avignon verfasste er eine ausführliche Auslegung der aristotelischen Physik, der er ein Bekenntnis vorausschickte, das an die Bemühungen der konsequenten Aristoteliker erinnerte:

> „Sane licet vir iste multa et magna divinitus adiutus invenerit, nonnullos tamen impeditus humanitus errores immiscuit veritati. Eapropter opiniones recitandas mihi nullus ascribat, cum non quid iuxta veritatem catholicam sentiam, sed quid istum philosophum approbasse vel secundum sua principia, ut mihi videtur, approbare debuisse putem, referre proponam." („Auch wenn dieser Mann [Aristoteles] fürwahr Vieles und Großes durch göttliche Hilfe gefunden hat, hat er der Wahrheit dennoch durch Menschlichkeit gehindert Irrtümer beigemengt. Deswegen soll mir niemand die Meinungen zuschreiben, die ich darlegen muss, weil ich mir nicht vorgenommen habe, was ich der katholischen Wahrheit gemäß meine, sondern das, wovon ich meine, dass der Philosoph es gebilligt habe oder dass er es nach meinem Eindruck nach seinen Prinzipien habe billigen müssen.") [99]

Darin spiegelt sich das Problem des 13. Jahrhunderts wider: dass aristotelische Aussagen in einen solchen Konflikt mit der christlichen Wahrheit kommen können, dass sie sich gegenseitig ausschließen. Aber während die konsequenten Aristoteliker den Konflikt nur formal zugunsten der Theologie, in ihrer faktischen Betätigung aber zugunsten der Philosophie entschieden, findet sich bei Ockham eine klare Dominanz der theologischen Weltsicht, die auch alle für die Naturgesetze relevanten ontologischen Aspekte betrifft.

Wie stark Ockham hier durch die ontologische Punktualisierung bestimmt

[97] Ockham, *Quodlibet 6 q. 1* (Ockham, Opera Theologia 9, 586,24–26).

[98] Vgl. die Rede von „der schöpferischen Unmittelbarkeit" Gottes bei Achtner, Erkennen 189, im Anschluss an Klaus Bannach, Lehre 276 u. ö.

[99] Ockham, *Espositio in libros Physicorum Aristotelis* (Guilelmi de Ockham Opera Philosophica et Theologica. Opera Philosophica. Bd. 4, hg. v. Wladimir Richter und Gerhard Leibold, St. Bonaventure 1985, 4,24–29.)

war, zeigt denn auch seine Definition der *scientia naturalis* in demselben Kommentar: Die *scientia naturalis* handle *„propie loquendo (...) nec de rebus corruptibilibus et generabilibus nec de substantiis naturalibus nec de rebus mobilibus"* („nicht von vergänglichen und hervorbringbaren Dingen oder von natürlichen Substanzen oder beweglichen Dingen")[100]. Der Hintergrund für diese auf den ersten Anschein irritierende Gegenstandsbestimmung der *scientia naturalis* liegt darin, dass Gegenstand der Wissenschaft nur Sätze sein können, die für extramentale Gegenstände supponieren[101]. Nur auf der Ebene der Begriffe nämlich gebe es überhaupt Allgemeines, wie es nach Aristoteles für eine Wissenschaft unabdingbar sei[102]. Da nun aber die Naturgesetze das sind, was in der *scientia naturalis* Allgemeinheit beanspruchen kann, ist es offenkundig, dass der Status der Naturgesetze überhaupt nur ein innermentaler sein kann, es sich bei ihnen also nicht um ontologische Gegebenheiten handelt. Jener zwingende Nezessitarismus, der bei den konsequenten Aristotelikern aus einer ontologischen Vorannahme der Allgemeingültigkeit der Kausalität gefolgt war, welche sie prinzipiell, was den ontologischen Charakter der Kausalität anging, mit Thomas teilten, wich hier also einer Konzeptualisierung der Naturgesetzlichkeit: Diese konnten zwingend lediglich epistemische Plausibilität, nicht aber ontische Notwendigkeit beanspruchen.

Dass diese De-Ontologisierung der Naturwissenschaften nun nicht nur allgemein aufgrund der *potentia*-Reflexionen einen theologischen Grund hat, zeigt sich unmittelbar, wenn man den Entdeckungsgrund der Universalienlehre Ockhams beachtet[103]. Diese hat er nämlich erstmals im Rahmen theologischer Fragestellung in der etwa 1317 bis 1319 in Oxford gehaltenen Sentenzenvorlesung entfaltet. Das Problem, das Ockham zur Behandlung der Universalien führte, war die Frage, wie man von Gott reden könne, die vierte Frage in der zweiten Distinktion des ersten Buches des Sentenzenkommentars: *„an Deo et creaturae sit aliquid commune univocum praedicabile essentialiter de utroque"* („Gibt es irgendetwas, was Gott und Geschöpf gemeinsam ist und univok und unter Bezug auf das We-

[100] Ockham, *Expositio in libros Physicorum Prologus* (Ockham, Opera Philosophica 11,15 f.).

[101] Ockham, *Expositio in libros Physicorum Prologus* (Ockham, Opera Philosophica 4,11,9–15). Zu Ockhams ausgefeilter Suppositionslehre s. Summa Logicae I, 64 (Guilelmi de Ockham Opera Philosophica et Theologica. Opera Philosophica. Bd. 1, hg. v. Philotheus Boehner u.a., St. Bonaventure 1974, 195–197). Grob gesagt bedeutet *supponere* „für etwas stehen". Mit dem Begriff drückt Ockham aus, dass in einem Satz verwendete Begriffe zunächst einmal, ist dieser Satz ein bloß gedachter, *conceptus* sind, Begriffe. Diese aber bedeuten etwas, genau genommen Unterschiedliches, wodurch dann wiederum verschiedene Weisen der Supposition entstehen können. Sage ich, „Mensch" besteht aus sechs Buchstaben, steht der Begriff für ein geschriebenes Wort (materiale Supposition). Sage ich, „Mensch" ist ein vernünftiges Lebewesen, steht der Begriff für den Begriff Mensch (einfache Supposition). Sage ich schließlich: Der Mensch dort liest ein Buch, steht der Begriff für einen konkreten Einzelgegenstand (personale Supposition).

[102] Ockham, *Expositio in libros Physicorum Prologus* (Ockham, Opera Philosophica 11,22–24).

[103] Vgl. zum Folgenden Volker Leppin, Gotteslehre und Logik bei Wilhelm von Ockham, in: Dominik Perler/Ulrich Rudolph (Hg.), Logik und Theologie. Das Organon im arabischen und im lateinischen Mittelalter, Leiden/Boston 2005 (Studien und Texte zur Geistesgeschichte des Mittelalters 84), 429–445, 431 f.

sen von beiden ausgesagt werden kann?"; Sent I d. 2 q. 4)[104]. Diese Formulierung nahm Bezug auf die Lehre von Äquivokation und Univokation, von bloß gleichlautender oder wirklich Gleiches bedeutender Rede. Das Problem stellte sich mit besonderer Schärfe im Blick auf Gott: Ist es möglich, Begriffe, die wir gemeinhin von den Geschöpfen gebrauchen, in eben demselben Sinne, also univok, auf Gott anzuwenden? Oder bedeuten die Begriffe nicht trotz desselben Wortklanges ganz Unterschiedliches, je nachdem, ob sie auf Geschöpf oder Schöpfer angewandt werden, sind also bloß äquivok und damit nicht in der Lage, Gott wirklich zu erfassen?

Thomas von Aquin hatte die Lösung dieses Problems mit der Kausalitätsfrage verbunden. Die univoke wie die äquivoke Redeweise schloss er aus und erklärte:

> „Dicendum est igitur quod huiusmodi nomina dicuntur de Deo et creaturis secundum analogiam, idest proportionem (...). Et sic, quidquid dicitur de Deo et creaturis, dicitur secundum quod est aliquis ordo creaturae ad Deum, ut ad principium et causam, in qua praeexistunt excellenter omnes rerum perfectiones." („Man muss also sagen, dass Benennungen dieser Art von Gott und den Kreaturen nach Analogie gebraucht werden, also nach einer Verhältnismäßigkeit. [...] Und so wird, was auch immer von Gott und den Kreaturen ausgesagt wird, demgemäß ausgesagt, dass es eine bestimmte Ordnung des Geschöpfs auf Gott als auf den Erstanfang und die Ursache gibt, in welcher die Vollkommenheiten aller Dinge auf hervorragende Weise vorab existieren."; ST I q. 13 a. 5 r.)[105]

Thomas konnte zum Vergleich heranziehen, dass man auch etwa „gesund" für ein Lebewesen wie für eine Medizin in dem Sinne analog verwenden könne, dass Letztere die Ursache für die Gesundheit des Lebewesens sei[106]. Allerdings führte die Rede von Analogie nicht zu einer ganz klaren, operationalisierbaren Anwendung eben dieser Analogie, zumal sie, wie der Verweis auf die Präexistenz der Vollkommenheiten der Eigenschaften (*perfectiones*) zeigt, mit einem spezifischen Schöpfungskonzept arbeitete. Wilhelm von Ockham – zu diesem Zeitpunkt ein wissenschaftlicher Anfänger am Beginn seines vierten Lebensjahrzehntes – schien die von Thomas angebotene Lösung jedenfalls zu unscharf. Er ordnete die verschiedenen von Thomas angeführten Weisen analoger Rede einerseits der Univokation zu[107], löste sie andererseits im Sinne einer Konnotation,

[104] Ockham, Opera Theologica 2, 99,10 f.

[105] Editio Leonina 4, 146b–147a.

[106] Editio Leonina 5, 147a; vgl. Zur Analogielehre des Thomas John R. Mortensen, Understanding St. Thomas on Analogy, Rom 2006; Wolfhart Pannenberg, Analogie und Offenbarung. Eine kritische Untersuchung zur Geschichte des Analogiebegriffs in der Lehre von der Gotteserkenntnis, Göttingen 2007, 97–122.

[107] Ockham, *Scriptum in primum librum senteniarum (Ordinatio) d. 2 q. 9* (Ockham, Opera Theologica 2, 329,8–20; Ockham, *Quaestiones in librum tertium sententiarum* q. 10 (Guilelmi de Ockham Opera Philosophica et Theologica. Opera Theologica. Bd. 6, hg. v. Francis Kelley u. Girard L. Etzkorn, St. Bonaventure 1982, 338,10–340,16).

also einer mit der primären mitlaufenden Bedeutungszuweisung, auf[108]. Dann aber blieb für die Rede von Gott nur Äquivokation oder Univokation. Zur Lösung dieses Problems musste Ockham den Umweg über die Universalienlehre gehen: Um zu wissen, ob wir unsere Begriffe univok oder äquivok verwenden, müssen wir zunächst wissen, in welchem Verhältnis diese Begriffe zur Realität stehen. Es ist dieses Thema, das nun in überraschender Gründlichkeit die folgenden Seiten von Ockhams Sentenzenkommentar füllt: Die Frage nach Univozität und Äquivokation wird in der eigentlich auf sie ausgerichteten *quaestio 4* gar nicht wirklich beantwortet[109], sondern Ockham ringt in den folgenden Fragekomplexen um das Universalienproblem, ehe er in der neunten Frage neu ansetzt: *„... quaero utrum aliquod universale sit univocum Deo et creaturae"* („Ich frage, ob irgendetwas Allgemeines für Gott und Geschöpf univok sei")[110]. Schon dieser lange Umweg zeigt, wie sich das Problem gewissermaßen unter der Hand verselbständigte. Der Duktus des Textes lässt erahnen, dass Ockham sich während der Vorbereitung auf seine erste große Vorlesung an einen philosophischen Punkt gekommen sah, an dem er aus theologischen Gründen weiter würde ausholen müssen, als er zunächst wohl beabsichtigt hatte - weil er mit der bisherigen *opinio communis* nicht mehr zufrieden sein konnte. Diese fasst er in der siebten Frage zusammen:

> *„In conclusione istius quaestionis omnes quos vidi concordant, dicentes quod natura, quae est aliquo modo universalis, saltem in potentia et incomplete, est realiter in individuo."* („In der abschließenden Beantwortung dieser Frage stimmen alle, die ich eingesehen habe, überein, insofern sie sagen, dass die Natur, die auf irgendeine Weise allgemein ist - wenigstens der Möglichkeit nach und unvollständig -, real im Einzelding ist.")[111]

Dem setzte der junge Gelehrte eine klare Position entgegen: *„Ideo aliter dico ad quaestionem quod nulla res extra animam ... est universalis"* („Daher sage ich zu der Frage, dass keine Entität außerhalb der Seele ... allgemein ist")[112]. Und er fügte hinzu:

[108] Ockham, *Quaestiones in librum tertium sententiarum q. 10* (Guilelmi de Ockham Opera Philosophica et Theologica. Opera Theologica. Bd. 6, hg. v. Francis Kelley u. Girard L. Etzkorn, St. Bonaventure 1982, 339,6–339,6): Im von Thomas gewählten Beispiel bezeichnet „gesund" in „gesunde Medizin" zunächst diese Medizin, konnotativ aber auch die Gesundheit des Lebewesens.

[109] Entsprechend haben die Herausgeber die Frage auch zusammengefasst mit: *„utrum universale sit vera res extra animam"* (Ockham, Opera Theologica 2, 99,8).

[110] Ockham, *Scriptum in primum librum senteniarum (Ordinatio) d. 2 q. 9* (Ockham, Opera Theologica 2, 292,9 f.).

[111] Ockham, *Scriptum in primum librum senteniarum (Ordinatio) d. 2 q. 9* (Ockham, Opera Theologica 2, 225,17-19).

[112] Ockham, *Scriptum in primum librum senteniarum (Ordinatio) d. 2 q. 9* (Ockham, Opera Theologica 2, 248,23–249,1).

„*(...) tanta est impossibilitas quod aliqua res extra animam sit quocumque modo universalis ... quanta impossibilitas est quod homo per quamcumque considerationem vel secundum quodcumque esse sit asinus*" („Die Unmöglichkeit, dass irgendeine Entität außerhalb der Seele auf irgendeine Weise allgemein sei ..., ist ebenso groß wie die Unmöglichkeit, dass ein Mensch durch irgendeine Erwägung oder durch irgendein Sein ein Esel sei")[113].

Dies ist die Aussage, an der sich für Ockham das Neue der eigenen Lehre festmachte - und für die folgende Philosophiegeschichte die Besonderheit seines Denkens: Er vertrat, so viel ist gewiss, keinen Universalienrealismus mehr, nach dem die Allgemeinbegriffe eine Realität auch außerhalb des begreifenden Verstandes darstellten. Die auf ihn gern angewandte Chiffre des Nominalismus trifft freilich auch nicht ganz sein Denken, insofern er sehr genau Begriffe und Benennungen unterschied[114] und die *universalia* nicht auf der Ebene der willkürlichen Benennungen verortete, sondern auf der Ebene der *conceptus*, der Begriffe, deren Entstehungsprozesse nach seiner Deutung durchaus nachvollziehbar sind[115]. Dieses am besten als Konzeptualismus zu bezeichnende theoretische Modell[116] brachte es theologisch mit sich, dass gerade deswegen, weil die Begriffe keine Realitäten waren, sondern lediglich Signifikationsbedeutungen begründeten, Begriffe univok von Gott und den Geschöpfen gebraucht werden konnten, wenngleich nach Ockham die Erkenntnis Gottes unzureichend bleibt, da dem Menschen im Erdenleben eine Erkenntnis Gottes in einem ihm eigenen, einfachen Begriff verwehrt blieb[117]: Gott kann zwar univok benannt werden, aber nur durch Zusammensetzung von Begriffen, die letztlich hinter seiner Realität zurückbleiben.

Ebenso wie für die Gotteserkenntnis ist auch für die Erkenntnis der Natur der Universalienkonzeptualismus keineswegs so verheerend, wie es zunächst den Anschein haben könnte. Ausgerechnet im Zusammenhang der Begründung seiner Universalienlehre nämlich fällt ja auch die oben zitierte bedenkenswerte Aussage, dass es unmöglich sei, dass ein Mensch ein Esel sei. Das bedeutet zu-

113 Ockham, *Scriptum in primum librum senteniarum (Ordinatio) d. 2 q. 9* (Ockham, Opera Theologica 2, 249,2–6).

114 Ockham, *Summa Logicae* I,1: „Inter istos autem terminos aliquae differentiae reperiuntur. Una est quod conceptus seu passio animae naturaliter significat quidquid significat, terminus autem prolatus vel scriptus nihil significat nisi secundum voluntariam institutionem. Ex quo sequitur alia differentia, videlicet quod terminus prolatus vel scriptus ad placitum potest mutare suum significatum, terminus conceptus non mutat suum significatum ad placitum cuiuscumque" (Ockham, Opera Philosophica 1, 8,46–52).

115 Insofern ist die Rede von einer „Leugnung der Universalien" bei Ockham (Blumenberg, Säkularisierung 177 f.) schlicht abwegig.

116 S. Philotheus Boehner, The Realistic Conceptualism of William Ockham, in: ders., Collected Articles 156-174. Boehner begründet seine für die moderne Ockham-Forschung maßgebliche Einführung des „(realistischen) Konzeptualismus" mit dem ontischen Status der Begriffe.

117 Ockham, *Scriptum in primum librum senteniarum (Ordinatio) d. 2 q. 9* (Ockham, Opera Theologica 2, 312,15–317,6).

mindest, dass die durch mentale Universalbegriffe beschreibbare Ordnung der Arten in der Natur so fest ist[118], dass die Zugehörigkeit des unter den einen Begriff fallenden Wesens zur Gruppe derjenigen Wesen, die unter einen anderen Begriff fallen, als unmöglich gesehen wird: Hier blitzt auf, dass die ausschließliche Begrenzung der göttlichen Allmacht durch das Prinzip vom ausgeschlossenen Widerspruch für Ockham weiter reichende ontologische Konsequenzen hat, als es auf den ersten Anblick gegeben scheint - und möglicherweise auch, als es logisch streng konstruierbar ist: Die Allgemeinbegriffe beschreiben, auch wenn sie nicht für sich außerhalb des Verstandes existieren, offenkundig extramentale Realitäten, deren Veränderbarkeit sich auch Gott selbst entzieht[119].

Hierbei handelt es sich auch nicht um eine singuläre, eventuell noch traditionelle Restbestände wiedergebende Auffassung. In Sent I d. 44 lotet Ockham unter der Fragestellung, ob Gott eine bessere Welt als die jetzt existierende machen könne, die Möglichkeiten des Schöpfers aus und kommt zu dem Ergebnis, Gott könne einen solchen Menschen erschaffen, für den Sündigen einen Selbstwiderspruch darstellte - also offenkundig einen anderen Menschen als den jetzt real existierenden Erben Adams und Evas. Und eben daran hält Ockham nun auch im Blick auf die Verwendung von Allgemeinbegriffen fest: Hier würde es sich real um eine andere Art Mensch handeln als die gegenwärtig existierende[120], es würde sich also nicht die vorhandene *species* ändern, dies kann Gott nicht, sondern ihr würde eine andere Art an die Seite gestellt. Das aber bedeutet: Selbst Gott bleibt in seinem schöpferischen Handeln an die Artenordnung gebunden. Die Arten als der klassische Fall der Verwendung von Allgemeinbegriffen haben also keineswegs eine bloß sprachlich-begriffliche Festigkeit, sondern auch eine ontologische. Wenig zuvor, in Sent I d. 43 q. 2, erscheint denn auch das schon bekannte Beispiel von Mensch und Esel, wenn Ockham erklärt: *„homo ex se est non-asinus"* („Der Mensch ist aus sich heraus ein Nicht-Esel")[121]. Dieser Satz dient als Beispiel für solche Eigenschaften, die so mit ihren Subjekten zusammenhängen, dass sie zwar im Blick darauf, ob sie aktuell und real existieren, von Gott abhängen, nicht aber im Blick darauf, ob sie überhaupt mit dem Subjekt zusammengehören, dem man sie zuordnet. Es gibt demnach eine gewisse Menge

[118] Die ontologische Grundlage für diese feste Entsprechungsstruktur liegt darin, dass den Universalbegriffen eine Ähnlichkeit der existierenden Einzeldinge zugrunde liegt (s. Ockham, *Scriptum in primum librum senteniarum [Ordinatio] d. 2 q. 6* [Ockham, Opera Theologica 2, 211,15–20]; *q. 8* [272,13–17]; *q. 9* [310,24 f.]), die ihrerseits eine *relatio realis* ist (Ockham, *Quaestiones in librum secundum sententiarum [Reportatio] q. 1* [Ockham, Opera Theologica 5, 9,8–13]). Sie begründet, dass ein Allgemeinbegriff für unterschiedliches in gleicher Weise supponieren kann.

[119] Zur folgenden Argumentation s. auch Volker Leppin, Does Ockham's Concept of Divine Power Threaten Man's Certainty in His Knowledge of the World?, in: FrS 55 (1998) 169–180.

[120] Ockham, *Scriptum in librum primum sententiarum (Ordinatio) d. 44 q. 1* (Guilelmi de Ockham Opera Philosophica et Theologica. Opera Theologica. Bd. 4, hg. v. Girard L. Etzkorn u. Francis Kelley, St. Bonaventure 1979, 652,22–653,2).

[121] Ockham, *Scriptum in librum primum sententiarum (Ordinatio) d. 44 q. 2* (Ockham, Opera Theologica 4, 650,1).

von Eigenschaften, die dem Menschen, wenn es ihn denn überhaupt gibt, zukommen, eben weil er Mensch ist, ohne welche mithin kein Mensch Mensch sein könnte. Dazu gehört die Fähigkeit zu sündigen. Und dazu gehört die Eigenschaft, kein Esel zu sein.

Das bedeutet in der Konsequenz: Gott kann zwar je neue Arten schaffen, aber er kann nicht ändern, welche Eigenschaften eine solche Art jeweils ausmachen. Zwar geht der Schaffung eines Exemplars einer Art *„nihil essentiale et intrinsecum rei (…) in esse reali“* („nichts Wesentliches in der Sache Inhärentes […] im realen Sein“) voraus[122], aber auf einer vom *esse reale* unterschiedenen, von Ockham freilich nicht genauer gefassten Ebene ist die Zuordnung der Arten dem Zugriff des *ex nihilo* schaffenden[123] Gottes entzogen: Die Artenordnung als System von Unterscheidungen und Gleichheiten insgesamt ist hinsichtlich ihrer Beschaffenheit selbst nicht Teil von Gottes Möglichkeitsraum[124]. Für das begriffliche System, das wir zur Beschreibung der Welt verwenden, bedeutet dies: Es ist alles andere als willkürlich und damit unsicher, wie es eine immer wieder zu hörende Kritik an Ockham behauptet[125]. Es beschreibt die Welt vielmehr zutreffend und genau.

Die Stabilität der Naturordnung aber liegt nicht in den an Kausalität orientierten Naturgesetzen, sondern in der Artenordnung. Diese Konsequenzen für eine Neukonstruktion der Naturwissenschaft hat Ockham nicht ausgeführt: Sie war nicht Ziel seiner Argumentation. Wichtig war ihm, auf die Herausforderungen durch die konsequenten Aristoteliker mit der Begründung der Souveränität Gottes gegenüber den Gesetzmäßigkeiten der Natur zu antworten. Das führte nicht zu einer vollkommenen Willkürfreiheit oder einem Verlust an „Weltvertrauen“[126], begründete aber ein Weltbild, das in seinen Grundstrukturen deutlich anders aussah als noch bei Thomas von Aquin: Die Welt war nun in ein stetes Gegenüber zum schöpferischen Gott gestellt.

* * *

[122] Ockham, *Scriptum in librum primum sententiarum d. 2 q. 4* (Opera Theologica 2, 115,21 f.). Blumenberg, Säkularisierung 279 Anm. 170, entgeht, wenn er sich unter Berufung auf diese Stelle für seine radikale Deutung Ockhams entscheidet, der einschränkende Zusatz „in esse reali“; auch Achtner, Erkennen 199, vereinseitigt aufgrund dieser Aussage zu rasch die Universalienlehre Ockhams. Zwar gibt es in der Tat für Gott „ontologisch nur Singularia“ (ebd.), aber diese sind eben real durch Ähnlichkeiten aufeinander bezogen.

[123] Ockham, *Scriptum in librum primum sententiarum d. 2 q. 4* (Opera Theologica 2, 115,20).

[124] Weitere Belege hierzu, auch aus späteren Texten Ockhams: Volker Leppin, Geglaubte Wahrheit. Das Theologieverständnis Wilhelms von Ockham, Göttingen 1995 (FKDG 63) 51–58; ders., Does Ockham's Concept.

[125] S. etwa Blumenberg, Säkularisierung 178: „Das Ökonomieprinzip, Ockhams Rasiermesser, verhilft nicht zum Nachvollzug einer in der Natur gegebenen Ordnung, sondern zur gewaltsamen Reduktion auf eine vom Menschen unterstellte Ordnung.“ Der entsprechende Vorwurf hat, auf die Theologie seit Duns Scotus ausgerichtet, durch Joseph Ratzinger starkes Gewicht innerhalb der katholischen Theologie gewonnen (s. kritisch hierzu Schmidt, Zwischen Naturalismus und Voluntarismus 62 f.). Kritisch hierzu schon Bannach, Lehre 248 u. ö.

[126] Blumenberg, Säkularisierung 171, 178.

Die vorgestellten Überlegungen sind Ausdruck der Ausdifferenzierung zwischen philosophischer und theologischer Welterfassung im Übergang von der Hoch- zur Spätscholastik. Thomas von Aquin ist ein klassischer Vertreter eines Weltbildes, in dem beide Zugänge, entsprechend dem Aufbau der mittelalterlichen Universität, zusammengehalten wurden. Er integrierte die neuen naturwissenschaftlichen Erkenntnisse in ein theologisches System, das zugleich im Blick auf das Gottesbild einen sachten Umbau erfuhr: Gott wurde in das aristotelische Ursächlichkeitsschema eingezeichnet. Um aber seine Freiheit gegenüber Naturgegebenheiten aufrechtzuerhalten, musste Thomas leichte Inkonsistenzen in Kauf nehmen: Letztlich ließ sich die Harmonie des Denkens nicht in dem Maße aufrechterhalten, wie er es anstrebte. Stattdessen musste er mit unterschiedlichen Wirkketten rechnen, die ihre gemeinsame Wurzel hatten, aber als reguläre Kausalität einerseits und Überspringung der Zweitursächlichkeit andererseits nicht miteinander ausgeglichen waren.

Eben diese Defizite deckten die konsequenten Aristoteliker auf und entwickelten ein in sich konsistentes Weltbild eines kausalen Nezessitarismus, in welchem die Freiheit Gottes keinen Platz mehr hatte. Indem sich diese Theoriebildung mit dem Kampf der *artes*-Lehrer um ihren Status verband, wird ein grundlegendes Problem der Ausdifferenzierung der Wissenschaften sichtbar: Soziologisch wird ihr jeweiliger Partialcharakter umso deutlicher, je eigenständiger sie sich gegeneinander profilieren und demgemäß ihre Stellung nicht als eingeordnet in ein großes Ganzes verstehen, sondern als Alternativangebot zu anderen. Dies verband sich aber mit einem fortbestehenden Anspruch, das Ganze der Wirklichkeit zu erklären – und so die Konkurrenz zu anderen umfassenden Deutungsangeboten eher noch zu verschärfen als zu mindern.

Die Herausforderung durch den konsequenten Aristotelismus führte in der Theologie zu einer Neuakzentuierung der Willentlichkeit Gottes. Bei Duns geschah dies unter neuerlichem Verzicht auf eine konsistente Lösung, letztlich im Rückgriff auf eine Vorstellung doppelter Wirkreihen. Wilhelm von Ockham aber entwarf dann ein konsequent theologisches Weltbild[127], in welchem die naturwissenschaftlichen Erklärungsmodelle nur noch sekundären Charakter beanspruchen konnten. Dass sich dies bei ihm auch mit Vorstellungen verband, den Bedarf an *artes* jedenfalls für Theologen bloß auf die Logik zu begrenzen[128], unterstreicht den wissenssoziologischen Aspekt dieser Auseinandersetzung: Auch die Theologie konnte nun dem Problem nicht mehr ausweichen, zunehmend als Teilerkenntnissystem innerhalb der akademischen Welt des späten Mittelalters zu erscheinen – und doch das Ganze der Wirklichkeit erklären zu wollen.

[127] Bei Blumenberg 141 ff., erscheint dies unter dem Stichwort „theologischer Absolutismus".
[128] Leppin, Wahrheit 101–109.

Elisabeth Gräb-Schmidt

Der Mensch – seine Natur als Freiheit

Zu den Bestimmungen des Verhältnisses von Natur und Freiheit in anthropologischer, kosmologischer und verantwortungsethischer Absicht

Was ist der Mensch? Was ist seine Natur? „Du hast ihn wenig niedriger gemacht als Gott", so verheißt uns Psalm 8 die besondere Stellung des Menschen, die ähnlich von Pascal in seinem Wort vom Menschen als denkendem Schilfrohr aufgenommen[1], von Sophokles dramatisch gesteigert mit dem Verweis auf das Ungeheuerliche des Menschen[2] und von Protagoras mit dem Verweis auf den Menschen als das „Maß aller Dinge"[3] nüchtern in seiner kriteriologischen Bestimmung erfasst wird. Alle diese Vorstellungen beziehen sich auf den Menschen in seiner Freiheit, die seine Humanität ausmacht und die zugleich auf deren Ambivalenz verweist,[4] die in der Natur des Menschen gründet. Natur, Physis, bezeichnet das Wesen einer Sache. Als Begriff ist er nur dem Griechischen vertraut. Andere Kulturen kennen diesen Begriff nicht.

Das Thema schränkt die Bestimmung der Natur ein auf die Natur des Menschen. Damit ist noch keineswegs ein Ausschluss der Betrachtung des Naturganzen intendiert, sondern nur eine spezifische Zugangsweise zu diesem, die schließlich die Verwobenheit und Zusammengehörigkeit beider Aspekte des Naturverständnisses aufweisen soll, des kosmologischen ebenso wie des anthropologischen. Festgehalten ist dieser Zusammenhang von Natur und Vernunft als der Natur des Menschen traditionell im Begriff der Seele. In ihr verkörpert sich die unauflösliche und unhintergehbare geistige Dimension des Menschen, die in der Antike vorherrschende Bestimmung des Menschen als vernunftbestimmte Seele, die mit Verabschiedung der Metaphysik in der Neuzeit in den Hinter-

[1] „Der Mensch ist nur ein *Schilfrohr*, das schwächste der Natur; aber er ist ein denkendes *Schilfrohr*." (Blaise Pascal, Gedanken über die Religion und einige andere Themen, hg. v. Jean-Robert Armogathe, aus dem Franz. übers. v. Ulrich Kunzmann, Stuttgart 2002, Nr. 200/347, 140 f.)

[2] „Ungeheuer ist viel. Doch nichts ungeheurer als der Mensch." (Sophokles, Antigone, in der Übersetzung von Friedrich Hölderlin, in: Friedrich Hölderlin, Sämtliche Werke. Band 5: Übersetzungen, (Stuttgarter Hölderlin-Ausgabe) hg. v. Friedrich Beissner, Stuttgart 1952, 203–262, 219 Verse 349–350)

[3] Vgl. Protagoras: „Der Mensch ist das Maß aller Dinge, der seienden, dass sie sind, der nichtseienden, dass sie nicht sind." (Hermann Diels, Walther Kranz (Hrsg.): *Fragmente der Vorsokratiker* 80B1 = Platon, Theeität 152a.)

[4] Eilert Herms, Art. Humanität, TRE 15 (1986), 661–682.

grund gerückt ist, zum Schaden der Dimension der Innerlichkeit, des Geistes ebenso wie der Leiblichkeit des Menschen. Die neuzeitliche Wissenschaft hat über ihrem Antrieb empirischer Erkenntnis, die sich gerade als Naturerkenntnis ihre Hochform bescheinigen lassen kann, diese vertikale Dimension des Menschen, wie sie die Seele bedeutet, verleugnet oder verdrängt. Nicht von ungefähr verschwand genau dieser Begriff der Seele sowohl aus der neuzeitlichen Wissenschaft als auch mehr und mehr aus der Philosophie und der Theologie.

Innerhalb des Modells der neuzeitlichen Wissenschaft gibt es für die Seele keinen Ort. Und dieser Verlust der Seele allein ermöglicht es, die Aporien jener Wissenschaft bedeckt zu halten. Denn ohne Revolte der Seele lassen sich Wissenschaft und Erkenntnis leichter auf das positivistische Wissen beschränken. Es ergibt sich dann von selbst, den Erkenntnisgrundlagen eben dieser positivistischen Wissenschaften nicht nur nicht auf die Spur zu kommen, sondern möglicherweise Ausgeblendetes auch nicht zu vermissen. Dies hat nun nicht nur Folgen für die Vernachlässigung der Erfassung des Menschseins und seiner Natur sowie der Natur im Ganzen. Es hat auch, für manchen vielleicht überraschend, zu einer Fehleinschätzung der Technik geführt. Denn auch die Technik, verstanden als Aspekt der Freiheit des Menschen, hat neuzeitlich eine Verengung erfahren. Technik als anthropologisches Datum erschöpft sich keineswegs in Rationalisierungsprozessen, sondern sie hat selbst eine Kulturfunktion, die als „reale Seite der Idealität von Freiheit“[5] begriffen werden muss. Jedoch gewinnt unter dem Blickwinkel einer nur eindimensional wahrgenommenen Technik[6] deren instrumentelle Rationalität Vorrang. Diese bezieht sich dann aber nicht nur auf die Technik, sondern greift auf die Wahrnehmung des Menschen selbst aus. Nicht mehr seine Seele, sondern sein körperlich-organischer Funktionszusammenhang wird Gegenstand der Sorge. In den Debatten um einen Transhumanismus und Posthumanismus[7] kulminiert solche Änderung der Wahrnehmung, wenn dort die Bestimmung des Menschen anhand der Leistungsfähigkeit seiner Vernunft, die mittels künstlicher Intelligenz verbessert werden soll, vorgenommen wird. Wiedererlangt werden muss daher jene transzendente Dimension, wie sie in der Seele symbolisiert wird, die jene Vereinseitigung des neuzeitlichen Naturverständnisses, die auch ein eindimensionales Verständnis des Menschen und seiner Technik im Schlepptau hatte, kritisch zu hinterfragen nicht nur erlaubt, sondern auch erfordert.

Es geht in der folgenden Untersuchung mithin um den Rückgewinn einer Natur, die den umfassenden Anspruch verkörpert, mit dem Logos im Bunde zu sein, einem Logos, der dann seinerseits weder durch Vernunft noch durch Spra-

[5] Jörg Dierken, Technik als Kultur, in: K. Neumeister, P. Renger-Berka, C. Schwarke (Hg.): Technik und Transzendenz. Zum Verhältnis von Technik, Religion und Gesellschaft, Stuttgart 2012, 21–38, 28.

[6] Vgl. Jan Patocka, Ist die technische Zivilisation zum Verfall bestimmt?, in: Ders., Ketzerische Essays zur Philosophie der Geschichte, Berlin 2010, 116–140, 124.

[7] Vgl. etwa Im Gespräch: Ray Kurzweil: „Werden wir ewig leben, Mr. Kurzweil?“, in: F.A.Z., 23. 02. 2008, Nr. 46/Seite Z6.

che allein abgedeckt ist, sondern der die Strukturbestimmungen der Natur selbst, sozusagen ihre Seele, verkörpert. Diese sind dann allerdings andere als diejenigen, die wir gemeinhin mit diesem Begriff verbinden. Nicht nur Werden und Vergehen, nicht nur Materie, nicht nur Körper, sondern auch die Welt des Geistes und der Freiheit gehören dieser Strukturbestimmung an. Auch hier gibt es ein Werden und Vergehen in Raum und Zeit, aber auch ein Verändern als Mitgestaltung solchen Werdens und Vergehens. Das heißt, auch die Geschichte gehört mit zu einer so verstandenen Natur, sie bildet gleichsam deren bewegte Seele. In der Seele verschränkt sich mithin die transzendent-vertikale mit einer immanent-horizontalen Perspektive der Betrachtung des Menschen.

Die Komplexität des Rückgewinns eines weiten Naturverständnisses begegnet uns auf zwei Ebenen: erstens in der Selbsterfassung des Menschen als Vernunft und Freiheit, zweitens in der Erkenntnis und Erfassung der ihn umgebenden Welt und ihrer Gestaltung. Beide Linien müssen in die jeweilige Wahrnehmung der Defizite hinein verfolgt werden. Beide provozieren die Frage nach der Natur des Menschen in fundamentaltheoretischer Sicht, die hinüberweist auf den Zusammenhang von anthropologischer und kosmologischer Dimension der Natur. Im Folgenden werde ich versuchen, ein Naturverständnis zu entwickeln, das die kosmischen ebenso wie die geistigen Dimensionen des Naturverständnisses wieder gewinnen lässt. Die Besinnung auf die Natur des Menschen soll zum Nachdenken anregen, um eine neue Weise des Denkens über die Natur und den Menschen ins Leben rufen zu können. Nicht nur die Anthropologie, auch die Theologie und Philosophie werden damit aufgefordert, neu zu überdenken, auf welchen Grundlagen sich ihre Erkenntnis vom Menschen und seiner Natur sowie der Natur als solcher aufbaut. Erst aus dieser Perspektive wird die Natur des Menschen als Freiheit und die darin liegende Aufgabe der Verantwortung so vor Augen treten können, dass nicht nur den gegenwärtigen Herausforderung in Wissenschaft und Technik, sondern auch den Schwächen, die in der Endlichkeit und Sündhaftigkeit des Menschen liegen, begegnet werden kann. Dass beides aufeinander zu beziehen ist, die Endlichkeit und die Sündhaftigkeit des Menschen, das muss gegenüber einem Verständnis von Humanität eingeklagt werden, das über Vernunft und Freiheit die Abgründigkeit des Menschen und die Verletzlichkeit seiner Würde bagatellisiert.

In vier Schritten sollen die hier vorgebrachten Gedanken eine nähere Ausführung erfahren: Es gilt 1. die neuzeitlichen Parameter des Naturverständnisses und seiner Konsequenzen für unsere Freiheit und Verantwortungsaufgabe zu beleuchten. Dies erfordert 2. das neuzeitliche Natur- und Technikverständnis als Gegenstand von Verantwortung und Freiheit zu analysieren und im Lichte gegenwärtiger Anforderungen zu beurteilen. Vorausgesetzt für diese Bewertung ist eine Analyse der anthropologischen Dimension von Technik (2.1) sowie der Herausforderung des Verhältnisses von Natur und Freiheit durch die neueren Technologien für die normative Kompetenz des Naturbegriffs (2.2). Wir werden sehen, dass wir auf einen normativen Naturbegriff auch und gerade für die Wahrnehmung unserer Verantwortung für die Technik nicht verzichten können (3). Dieser wird aber ein gegenüber dem herkömmlichen Naturbegriff erweiterter sein (4), der im Horizont von Zeit ein erweitertes Erfahrungsverständnis ermöglicht. Ein solches kann die Reflexivität der Natur gewährleisten (4.1) und weist durch sich selbst auf jene transzendente Dimension (4.2), die der Erfahrung nur dadurch Anhalt am Sein zubilligen kann, dass sie sie transzendent gegründet sein lässt auf Vertrauen hin, das einen Vorschein auf das Verständnis von Natur als Ursprungsraum der Freiheit selbst gewährt (4.3).

1. Die neuzeitlichen Parameter des Naturverständnisses und die Entwicklung des modernen technologischen Fortschrittsdenkens

Die Neuzeit markiert die Epoche der sich herausbildenden Aufklärung als derjenigen der Selbstbestimmung des Subjekts und der Beherrschung der Natur durch eben dieses Subjekt. Nach wie vor interpretieren wir uns letztlich im Schatten dieser neuzeitlichen Weichenstellungen. Es ist die Zeit, die an den Fortschritt glaubte, ungebrochen, an den Fortschritt der Naturbeherrschung ebenso wie an den Fortschritt der Humanität. Die von Descartes ausgerufene Maxime *maître et possesseur de la nature* zu sein, mittels derer nicht nur die Ausbeutung der Natur, sondern auch die Naturwissenschaften bzw. überhaupt der Charakter der neuzeitlichen Wissenschaft ermöglicht wurde, hat die diese Kultur bestimmende Dichotomie von Natur und Kultur, Natur und Geist, Natur und Freiheit, Natur und Vernunft als Unhinterfragbare erscheinen lassen. Sie bestimmt die Natur als das Andere[8], das Andere in Bezug auf das, wovon sich das sich selbst vergewissernde Subjekt - sich selbst abschließend - ausgeschlossen weiß. Natur ist Nutzungssphäre, Objekt, Material. Natur ist nicht mehr die antike Physis, die in Einklang mit den ewigen Gesetzen des Kosmos den Logos repräsentiert und an der teilzuhaben dem Menschen als ζῷον λόγον ἔχον vergönnt ist.

Der Unterschied im Naturverständnis zeigt sich im Erfahrungsbegriff, der sich auch auf die Funktion der Erkenntnis erstreckt. In Analogie zu der modernen Naturwissenschaft hat nicht nur der Begriff der Natur, sondern auch das Verständnis der Erfahrung in der Neuzeit eine Wandlung erfahren. So liegt bei Kant auf der Erfahrung als Empirie das Gewicht sicherer Erkenntnis gemäß der Gesetzmäßigkeiten der Natur. Damit hat Erfahrung aus Empirie eine gegenüber der Antike andere Bedeutung erhalten. Der Begriff der ἐμπειρία hatte für die Erkenntnis der Wirklichkeit bei Aristoteles nur eingeschränkte Bedeutung. Die ἐμπειρία ebenso wie die δὸξα beziehen sich auf das Veränderliche und können daher nicht sicher gewusst werden. Für die Erkenntnis von Wahrheit kommen sie nicht in Betracht. Wahrnehmung und Erfahrung waren aber in der Antike gleichwohl auf das gerichtet, was das Ganze betrifft. Nur so war es möglich, das Sich-Zeigende der Wahrheit, die immer auf ein solches Ganzes zielen muss, und Erkenntnis, die immer die Möglichkeit und Wirklichkeit von Wahrheit voraussetzen muss, festzuhalten. Gegenüber diesem Erfahrungsbegriff ist die neuzeitli-

[8] Vgl. Gernot Böhme, Das Andere der Vernunft. Zur Entwicklung von Rationalitätsstrukturen am Beispiel Kants, Frankfurt a. M. 1992.

che Empirie nicht die δόξα, die sich auf das Veränderliche bezieht, aber auch nicht die Erfahrung in einem weiten Sinne, die sich auf das Ganze bezieht. Sie dient vielmehr der sicheren experimentellen Bewährung der Erkenntnis in den Grenzen der theoretischen Vernunft. Als solche hat sie allerdings Konsequenzen für die Bestimmung der Erkenntnis der Wirklichkeit. Diese bildet nicht mehr die Wahrheit des Seins, sondern allein eine „Erscheinung" des Seins ab. Obwohl damit eine nur reduzierte Wirklichkeit für die (Natur-)Wissenschaft zugänglich ist, ist gleichwohl der Naturbegriff für die empirische, naturwissenschaftlich-technische Forschung von höchster Funktionalität und für diese unverzichtbar. Der Fortschritt von Wissenschaft aufgrund der Indienstnahme der Natur und ihre Beherrschung wachsen durch diese Reduktion nahezu ins Grenzenlose. Allerdings ist es ein eingeschränkter Erfahrungsbegriff einer auf Daten eingeschränkten Empirie. Natur ist hier nicht mehr die kosmische Natur und auch nicht eine freiheitlich-geschichtliche Natur des Menschen, sondern eine allein in den Grenzen der theoretischen Vernunft und unter den Bedingungen einer durch die Kategorien und Anschauungsformen bestimmten Natur.

Die Engführungen Descartes[9] im Blick auf den Menschen und seine Seele, seine dualistische Einteilung von *res extensa* und *res cogitans* und seine Verbannung der Seele in die Zirbeldrüse, leisteten für die Neuzeit einem einseitigen, an Rationalität orientierten Verständnis des Menschen Vorschub. Dabei waren die Bestimmungen Descartes nur Vorläufer einer endgültig verengten verstandesorientierten Sicht des Menschen, wie sie von den positivistischen Weiterführungen der Aufklärung bis in die jüngere Gegenwart hineinreichen. Es ist dieses neuzeitliche Erbe, das nicht zuletzt aus der Eliminierung der Dimension der Seele aus der anthropologischen ebenso wie der kosmologischen Natur resultiert. Wie aber präsentiert sich die Vernunft auf der einen Seite, isoliert von Seele und Leib, und wie die Natur auf der anderen Seite, isoliert von Vernunft und Freiheit?

Das war bereits die kritische Frage der Philosophischen Anthropologie in der ersten Hälfte des vorigen Jahrhunderts. Ihre Relevanz für die Theologie wurde vor allem von Wolfhart Pannenberg[10] besonders gewürdigt, und er hat zu Recht die große Leistung jener philosophischen Bemühungen von Arnold Gehlen[11], Max Scheler[12] und Helmuth Plessner[13] hervorgehoben, die auch in Auseinandersetzung mit den neueren biologischen Forschungen der Evolutionstheorie bei

9 René Descartes, Meditationen. Abhandlung über die Methode, hg. v. Frank Schweizer, Wiesbaden ²2011.

10 Vgl. Wolfhart Pannenberg, Anthropologie in theologischer Perspektive, Göttingen 1983.

11 Vgl. Arnold Gehlen, Urmensch und Spätkultur. Philosophische Ergebnisse und Aussagen, hg. v. Karl-Siegbert Rehberg, 6. Aufl. Frankfurt a. M. 2004; ders., Die Seele im technischen Zeitalter. Sozialpsychologische Probleme in der industriellen Gesellschaft, hg. v. Karl-Siegbert Rehberg, Frankfurt a. M. 2007.

12 Vgl. Max Scheler, Die Stellung des Menschen im Kosmos, 16. Aufl. Bonn 2005.

13 Vgl. Helmuth Plessner, Die Stufen des Organischen und der Mensch. Einleitung in die philosophische Anthropologie, 3. Aufl. Berlin 1975.

Christian Illies[14] fortgeführt werden. Während also bereits die Philosophische Anthropologie den Schulterschluss mit den Naturwissenschaften suchte und gleichwohl die menschliche Bestimmung von Geist und Freiheit nicht aufgab, sondern sie als anschlussfähig an die Untersuchungen der Biologie ausgeben wollte, wird es nun vor dem Hintergrund einer Revision der neuzeitlichen Vereinseitigungen jedoch darüber hinaus erforderlich, die Natur des Menschen in einem weiteren Horizont wahrzunehmen. Nicht mehr wird nur die Bestimmtheit des Menschen in seiner Exposition als weltoffen und frei wahrgenommen, sondern es wird auf die Bedingung der Möglichkeit solcher Bestimmtheit in seiner spezifischen auch biologischen Natur reflektiert werden müssen. Dies erfordert eine Reflexion auf die Bedeutung des Naturbegriffs selbst in seinem Verhältnis zur Rationalität.

Natur, Physis, ist nicht von ungefähr ein Begriff, den die Griechen als philosophischen erkannt und in das Denken eingebracht haben. Mit ihm ist zugleich nämlich eine besondere Art und Weise elaborierten Rationalitätsverständnisses initiiert. Es fand in der Dialektik des Sokrates seinen ersten Höhepunkt. Bei ihm wird die Selbstreflexion, die Innerlichkeit als die den Menschen auszeichnende Daseinsform verstanden. Natur und Geist, Natur und Freiheit, Natur und Ratio treffen sich im Menschen in unauflöslicher dialektischer Spannung, die dem Nichtwissen, symbolisiert in der Natur als Ausdruck der Undurchdringlichkeit und des Unhintergehbaren, den epistemologischen Vorrang vor dem Wissen gibt. Für die Natur des Menschen als Vernunft und Freiheit bedeutet dies, dass Natur in diesen Entitäten der Vernunft und Freiheit nicht nur als ihr Anderes, sondern als ihr Eigenes im Anderen begegnet und so den Spiegel für jedwede Form der Erfassung von Selbst und Anderem darstellt.

Werden diese Verhältnisbestimmungen zwischen Natur und Rationalität anerkannt, dann übernimmt Natur eine doppelte Funktion, die für die Selbstbestimmung des Menschen präsent bleiben sollte. Sie dient sowohl als Repräsentantin des bleibenden Anderen als auch – in der damit gegebenen Alterität – der Bestimmung der Identität. Beides, Identität und Alterität, ist damit gleichursprünglich für den Vollzug der Selbsterfassung implizit vorausgesetzt und explizit herausgefordert. Diese Einsicht spielt für die Wahrnehmung und den Umgang mit Natur, insbesondere auch in der Technik, eine unverzichtbare Rolle. Sie scheint aber nur dann möglich zu sein, wenn wieder an die dialektische Spannung von Natur und Geist erinnert werden kann, wie sie das antike Naturverständnis vorausgesetzt hat. Dies aber erfordert das Inanspruchnehmen einer Dimension der Transzendenz. Zur Klärung steht daher die Frage der Bestimmung von Technik als Ausdrucksform unserer Freiheit an und der Konditionen, denen die technische Freiheit angesichts der Natur des Menschen unterliegt. Wie ist nun die technische Rationalität zu bestimmen, wenn sie einbezogen wird in eine Reflexion der so bestimmten Natur des Menschen? Diese Klärung, in welchem Verhältnis die Natur und Freiheit des Menschen zur Technik stehen, im-

[14] Vgl. Christian Illies, Philosophische Anthropologie im biologischen Zeitalter. Zur Konvergenz von Moral und Natur, Frankfurt a. M. 2006.

pliziert zunächst eine Klärung dessen, was Technik ist (2.1), um sodann zu verstehen, wie die neueren Technologien die Verhältnisbestimmung von Technik und Freiheit auf die Probe und die Normativität der Natur infrage stellen (2.2).

2. Technik als reale Ausdrucksform unserer Natur als Freiheit[15]

2.1 Die anthropologische Dimension der Technik zwischen Natur und Freiheit[16]

Technik ist ein Begriff, der sich immer auch als Gegenüber zur Natur, zum Natürlichen versteht. So unterscheidet Aristoteles den Begriff der Technik von dem der Natur. Natur ist dasjenige, was den Ursprung von Ruhe und Bewegung in sich hat. Technik hingegen hat dies vom Menschen her.[17] Technik ist Manipulation und bezeichnet damit nicht das, was von Natur aus ist. Grundsätzlich kennzeichnen wir mit Technik zunächst das, was vom Menschen gemacht ist.

Dabei lassen sich zwei Dimensionen von Technik unterscheiden, die beide das Naturverhältnis benennen, aber jeweils unter einem anderen Aspekt. Einmal ist Natur Objekt, Gegenstand der Technik, zum anderen ist Natur Hintergrund technischer Operationen und damit auch Grundlage der Technik. Zur ersten Dimension, die vor allem im alltagssprachlichen Verständnis von Technik repräsentiert ist, gehört die Werkzeugherstellung ebenso wie die Nutzung der Natur durch Technik, etwa bei der Wind- und Kernkraft, wie aber auch die Überformung der Natur durch technische Artefakte, sei es der Bau einer Brücke, sei es beim Menschen die Einsetzung von Implantaten zur tiefen Hirnstimulation. Mit anderen Worten: Die erste Dimension der Technik, die mit der Natur als Objekt umgeht, ist überall da gegenwärtig, wo sich menschliches Wissen und Können in den Dienst der Herstellung zweckmäßiger Artefakte nehmen lässt. Nicht so einfach und anschaulich lässt sich die zweite Dimension der Technik erläutern. Hilfreich ist es hier, die biologische Disposition des Menschen näher zu betrachten, so wie sie die bereits genannte Philosophische Anthropologie entwickelt hat.[18]

In aller Kürze seien die Grundzüge des Ansatzes der Philosophischen Anthropologie erinnert. Ausgehend von dem bereits bei Herder, aber auch schon bei Platon auftretenden Begriff des „Mängelwesens Mensch" hat der Mensch im Unterschied zum Tier aufgrund seiner Instinktarmut keine ökologische Nische. Der Mensch muss sich selbst durch Arbeit und Technik innerhalb der Natur sei-

[15] Siehe hierzu auch die Ausführungen zum Verhältnis von Natur und Technik in: Elisabeth Gräb-Schmidt, Art. Umweltethik, in: Handbuch der Evangelischen Ethik (HEE), hg. v. Wolfgang Huber, Torsten Meireis und Hans-Richart Reuter, München 2015.

[16] Vgl. hierzu Elisabeth Gräb-Schmidt, Die Herausforderungen der Neurowissenschaften als Anfrage an das Verhältnis von Ethik und Technik, in: Niemand ist eine Insel. Menschsein im Schnittpunkt von Anthropologie, Theologie und Ethik, hg. v. Christian Polke, Frank Martin Brunn, Alexander Dietz, Sibylle Rolf, Anja Siebert, Berlin 2011, 429–450, bes. 436–442.

[17] Aristoteles, Philosophische Schriften 6: Physik. Vorlesungen über die Natur, übersetzt von Hans Günter Zekl, Hamburg 1995.

[18] Vgl. oben Fußnoten 11 bis 13.

nen Platz schaffen, der ihm Sicherheit gewährt. Diese Suche nach Sicherheit zeigt sich zunächst in einer ganz urtümlichen Weise in allen Versuchen der äußeren Naturbeherrschung, sei es mittels Blitzableiter, sei es in der Nahrungssicherung durch Ackerbau und Viehzucht, sei es in der Energiegewinnung durch Kraftwerke. Nun kann man dabei aber entdecken: Es geht hier zwar um instrumentelle Technik und damit um die Technik, die der materiellen Sicherstellung des Lebens dient, aber eben in und mit dieser auch um den Umgang mit der Situation dieser Aufgabenbewältigung der Sicherstellung. Neben der Kompensation der Instinktarmut durch die Technik sieht daher auch bereits Gehlen die Aufgabe der Technik in der Bewältigung der Situation der Weltoffenheit des Menschen: Der Mensch ist „weltoffen" und muss mit dieser Situation der Weltoffenheit durch Entscheidungsmut umgehen. Das heißt, dem Menschen ist aufgrund des Mangels an Instinktsicherheit Entscheidungskompetenz zugemutet, die seine Freiheit voraussetzt. Die Freiheit ist einerseits verlockend, der Mensch kann wählen aus Möglichkeiten. Er kann manche Möglichkeiten vorziehen und andere zurückweisen. Andererseits ist er aber zugleich mit dieser Situation auch immer wieder überfordert. Aber auch mit dieser Überforderung muss der Mensch umgehen. Er tut dies nun mittels Verhaltensweisen verschiedenster Art, die jedoch alle dazu dienen, ihn und seine Stellung in der Natur abzusichern. Vornehmlich in den Dienst dieser Absicherung tritt dann auch die Technik. Dabei ist die Technik diesbezüglich eine späte Entwicklung. Denn zunächst bediente man sich für jene Absicherung magischer Praktiken. Diese wurden jedoch mehr und mehr durch die Technik abgelöst, wenn sich auch Rudimente jener Magie bis heute finden lassen.

Wenn wir die Technik unter dieser Aufgabe der Sicherstellung der Situation des Menschen in allen seinen Lebensbezügen betrachten, tritt also ihre zweite Dimension hervor. Diese sieht in und durch die Herstellung von Artefakten zugleich die Welt- und Kontingenzbewältigung. Diese zweite Dimension der Absicherungsstrategie gegenüber der Weltoffenheit des Menschen durch die Technik ist aber meist nicht im Blick, wenn von Technik die Rede ist. Technik lässt uns zunächst an Artefakte, an Werkzeuge bzw. an bestimmte Technologien, denken. Die damit immer mitlaufende Dimension der Technik, die, indem sie den Welt- und Selbstumgang des Menschen im Ganzen, die Sicherstellung seines Platzes in der Welt, mitbestimmt, direkt mit dem Selbstverständnis des Menschen zusammenhängt, sehen wir weniger. Aber gerade in dieser Dimension geht es um die Bewältigung der Kontingenz des Daseins.

Wichtig erscheint mir: Wir müssen diese Dimension der Selbstverständigungs- und Kontingenzbewältigung der Technik im Auge behalten, wenn wir die Technik für den Menschen bestimmen wollen. Technik hat zwar instrumentellen Charakter als Kompensation der Instinktarmut des „Mängelwesens"[19] Mensch,

[19] „Mit der Metaphorik vom Menschen als dem ‚nicht festgestellten Tier' bringt Nietzsche (1886/1968: 79) diese Position zum Ausdruck und beschreibt das, was schon bei Herder (1772) mit dem Mängelwesen Mensch gemeint war und dann von den Vertretern der philosophischen Anthropologie im 20. Jahrhundert, Arnold Gehlen (2004), Helmuth Plessner

aber in und mit diesem instrumentellen Bezug wird mit der Technik eben immer zugleich ein Weiteres verfolgt, nämlich die Stellung des Menschen in der Welt zu bestimmen. Beide Dimensionen dokumentieren nun aber auch die Überforderung und das mögliche Scheitern menschlicher Freiheit und die daraus resultierende mögliche Ambivalenz dieses Umgangs mit der Freiheit. Manifest symbolisch dargestellt ist diese Funktion der Technik also nicht nur im Turmbau zu Babel (Gen 11), sondern auch im Bau der Arche (Gen 6).

Vor allem hinsichtlich dieser zweiten, das Selbstverständnis des Menschen umgreifenden Dimension läuft die Technik Gefahr, dass die der Freiheit innewohnende Ambivalenz ihr zum Verhängnis zu werden droht. Beispielhaft soll dies dargestellt werden anhand der neueren Technologien, da wir dort gerade auf die Aufgabe der Naturbestimmung gestoßen werden durch das Ineinandergreifen beider Dimensionen der Technik, ihre instrumentelle und ihre Weltbewältigungsfunktion. Indem dieses Ineinandergreifen die Trennschärfe der Unterscheidung beider Dimensionen verwischt, hat dies Konsequenzen für die Bestimmung des Verhältnisses von Technik und Natur und damit für die Reflexion des Naturbegriffs selbst.

2.2 Der Angriff der neueren Technologien auf die normative Kompetenz des Naturbegriffs durch die Hybridisierung von Technik und Natur

In den Totalisierungsversuchen der Objektivierung der Natur hat der Naturbegriff zugleich seine normative Kompetenz verloren. Diese kam ihm zu in Antike und Mittelalter im Rahmen der kosmischen Ordnung und des Naturrechts. Sie kam ihm zu in der Neuzeit als Symbolisierung der Grenze der Vernunft, des Bereichs des Ursprünglichen, der Hintergrunddimension von Freiheit. Gerade diese Stellung der Natur geht unter den Bedingungen der neueren Technologien mehr und mehr verloren. Die Technik ist jetzt nicht mehr nur Naturgestaltung – was sie im Dienste der Werkzeugs- wie Weltgestaltung war – sondern sie greift nun in ihre eigene Grundlagendimension ein, indem die Technik selbst Grund und Grenze ihrer Entwicklung festlegt. Das Problematische ist also weniger einfach der technische Fortschritt als solcher, sondern dass sich in diesem der Fortschrittsgedanke selbst bricht und auflöst, indem sich in der Technik das Gegenüber zur Natur verwischt.

(1975) und Max Scheler (2005), übernommen wurde. Dabei geht dieser Begriff des Mängelwesens Mensch bereits auf Protagoras zurück (vgl. Picht 1980: 145) und zwar unter dem Aspekt fehlender Instinkthaftigkeit." (Gräb-Schmidt, a. a. O. Fußnote 15, 661) Die Literaturangaben im Zitat beziehen sich auf folgende Werke: Friedrich Nietzsche, Jenseits von Gut und Böse (1886), in: Nietzsche. Werke. Krit. Gesamtausg., 6. Abt., Bd. 2, hg. v. Giorgo Colli & Mazzino Montinari, Berlin/New York 1968; Johann Gottfried von Herder, Abhandlung über den Ursprung der Sprache, Berlin 1772; Georg Picht, Zum philosophischen Begriff der Ethik, in: Ders.: Hier und jetzt: philosophieren nach Auschwitz und Hiroshima, Bd. 1, Stuttgart 1980,137–161; die Angaben zu Gehlen, Plessner und Scheler finden sich oben in den Fußnoten 11–13.

Erst jetzt wird Technik radikal zur vielbeschworenen sogenannten „Hybris" des Menschen. Dies geschieht eben dadurch, dass sie das Vorgegebene selbst in seiner Unhintergehbarkeit zum Objekt macht und es damit der eigenen Beherrschung unterwirft. Genau diese Dimension der Beherrschung des vormals grundlegend Unbeherrschbaren, weil Unzugänglichen, scheint sich in den neueren Technologien anzubahnen. Es zeigt sich nicht zuletzt im Verhalten auch gegenüber der Natur des Menschen. Wie diese technische Vision in die ethische Selbstbestimmung des Menschen hineinreicht, können wir dabei genau sehen. Menschsein wird nicht mehr in seiner Kontingenz, Fragmentarität und Endlichkeit hingenommen. Wir können dies verfolgen, nicht zuletzt in den Versuchen, das Leben mittels technischer Hilfe zu verlängern, wie in den Unendlichkeitsvisionen Ray Kurzweils[20], die dem Versprechen einer technischen Verbesserung des Menschen, einer „Improving Human Performance"[21] folgen. Auch hier ist die Natur zunächst einfach Objekt. Allerdings führen nun die neuen Technologien dazu, dass die Optimierungsphantasien die Grenze des Lebens selbst betreffen, indem sie auf Unsterblichkeitsfantasien beruhen. Damit überschreitet die Technik ihren bisherigen Objektbezug, indem jetzt die Natur des Menschen, sein Wesen, seine Humanität selbst als technisch machbar erscheinen, wie es Peter Sloterdijk in seinen „Regeln für den Menschenpark"[22] als Drohszenarium gezeigt hat.

Hingegen hat „Natur" seit der griechischen Antike als entscheidender Begriff in ethischen, aber auch rechtlichen Debatten fungiert. Der Naturbegriff diente herkömmlich der Grenzsetzung - sowohl gegenüber der Technik als auch gegenüber der Kultur insgesamt. Er hatte insofern eine Normierungsfunktion. Diese Funktion ist etwa in den Begriff des Naturrechts eingegangen. Für unser westlich-abendländisches Denken ist diese Dimension des Naturbegriffs als normative Grenz- und Hintergrunddimension unverzichtbar geworden zur Orientierung der Selbst- und Weltverständigung.

Diese normative Grenz- und Hintergrundfunktion der Natur gerät nun jedoch durch die neueren Technologien in Gefahr. Die kulturprägenden Grenzen von Natur und Technik sind nicht mehr eindeutig bestimmbar, wenn technisch Gemachtes und natürlich Gewordenes ineinandergreifen, wenn sich die Unterscheidung von Natur und Technik etwa in der Biologisierung der Technik verflüssigt. Dieser Angriff auf den weiten Naturbegriff geschieht also vor allem durch eine sich anbahnende Hybridisierung von Natur und Technik, damit aber auch der beiden Dimensionen der Technik, indem in jener Hybridisierung die Differenz des Naturbegriffs, seine Objektfunktion auf der einen und seine Grenz- und Hintergrunddimension auf der anderen Seite, nicht mehr unterschieden

[20] Vgl. oben Fußnote 7.

[21] Vgl. Mihail C. Roco, William Sims Bainbridge (Hg.), Converging Technologies for Improving Human Performance. Nanotechnology, Biotechnology, Information Technology and Cognitive Science, Dordrecht/Boston/London 2003.

[22] Vgl. Peter Sloterdijk, Regeln für den Menschenpark. Ein Antwortschreiben zu Heideggers Brief über den Humanismus, Frankfurt a. M. 1999.

werden kann. Natur wird dort nicht nur im Blick auf Werkzeugherstellung zum Objekt des Gestaltens, sondern Technik greift auch auf deren Hintergrunddimension aus. Damit hat aber die Hybridisierung von Natur und Technik eine neue, für die normierende Funktion der Natur problematische Stufe erreicht, indem sie diese in die Omnipotenz der Technik eingezogen hat.

Jene Unterscheidung, die seit der Antike gültig war, scheint nicht mehr zu greifen. In jenen genannten Hybridformen von Natur und Technik werden die herkömmlichen Unterscheidungen von Natur und Technik selbst verwischt. Bisher war Natur einerseits Objekt- und andererseits Grenzbegriff der Technik. Durch die neueren Technologien wird hingegen eine Durchlässigkeit von Natur und Technik heraufbeschworen. Technik und Natur greifen ineinander. Man wird sagen können, die Natur wird technischer und die Technik biologischer. Hier stellt sich die Frage, ob damit der Anspruch der Natur, Hintergrund- und Grenzdimension zu sein, überstrapaziert oder gar aufgelöst wird. Jedenfalls scheinen sich diese beiden Dimensionen der Natur immer weniger trennscharf zu unterscheiden. Indem die technische Machbarkeit keine Grenzen kennt, droht nun auch die Grenz- und Hintergrunddimension der Natur in den Objektbereich vereinnahmt zu werden. Was bisher Grenze aller Objektwerdung war, wird nun selbst zum Objekt. Das aber heißt: Die sogenannte Hybridisierung wird jetzt also nicht einfach dadurch zur Gefahr, weil sie eine Hybridisierung von Natur und Technik ist, sondern weil sie eine Hybridisierung dieser beiden Technikdimensionen darstellt, die die Natur selbst ihrer Vielschichtigkeit beraubt. Indem die Objektivierung der Natur totalisiert wird, bringt dies den Naturbegriff als normativen Hintergrund- und Grenzbegriff unseres Menschseins geradezu zum Verschwinden. Das hat Konsequenzen für die Technik. Je weiter sich die Technik entwickelt, d. h., je umfassender Natur, selbst die menschliche Natur, zu ihrem Objekt wird, desto weniger ist Technik einfach als Gegensatz zum Natürlichen zu bestimmen. Das zeigt sich etwa in der Entwicklung neurobiologischer Forschung, die auch unter anthropologischem Gesichtspunkt beunruhigend ist.

Damit aber bestimmen die neuen Technologien nicht nur die Entwicklung der Technik, sondern den Schaffensraum der Freiheit selbst, insofern dieser seinerseits an die Natur als Grund und Gegenüber geheftet bleibt. Demgegenüber sagt Habermas zu Recht, wir müssen ein natürliches Fundament, eine „Naturwüchsigkeit" für unser Menschsein festhalten, wenn wir unsere Autonomie bewahren wollen.[23] Das Problem im Blick auf das Naturwüchsige ist aber: Mit der Biologisierung der Technik und der Verobjektivierung der Natur verschwimmen jene Grenzen des Technischen mit denjenigen des Naturwüchsigen. Man spricht von „enabling technologies" oder auch „Converging Technologies"[24]. Durch Hybridisierungen, d. h. durch Einführung von Implantaten in das Gehirn, wird dort

[23] Jürgen Habermas, Die Zukunft der menschlichen Natur. Auf dem Weg zu einer liberalen Eugenik?, Frankfurt a. M. 2005.

[24] Mihail C. Roco, William Sims Bainbridge (Hg.), Converging Technologies for Improving Human Performance. Nanotechnology, Biotechnology, Information Technology and Cognitive Science, Dordrecht/Boston/London 2003.

der Mensch in seinen gehirnphysiologischen körperlichen Funktionen beeinflusst. Dies ist neu und grundlegend und zwar genau darum, weil Natur ihres Vorgegebenheitsstatus beraubt und auch in ihrer Grund- und Grenzdimension objektiviert wird. Das aber hat jetzt zur Konsequenz, dass nicht nur beide Dimensionen der Technik, die instrumentelle Funktion und die Selbstbestimmungs- und Weltbewältigungsfunktion, ineinandergreifen, sondern dass sich auch beide Dimensionen der Natur, Objekt und Grenze der Technik zu sein, verwischen. Die Natur als biologische Basis hat diese Funktion der Grenzbestimmung verloren. Diese kann nicht mehr als „Naturwüchsigkeit" in Habermas'schem Sinne aufgefasst werden: „Natur" im Sinne der „Natürlichkeit" oder „Naturwüchsigkeit" fällt jetzt als Argument der Grenze weg. Fällt damit die Normativität der Natur als Grenze insgesamt der technischen Machbarkeit zum Opfer?

Auch wenn die Natur des Menschen selbst durch Technik ausgezeichnet ist, sind Natur und Technik nicht identisch. So ist etwa der größte Einwand gegen die künstliche Intelligenz als Drohszenarium der Ablösung des Menschen, der Postulierung seiner Antiquiertheit[25], also nicht die Frage, wie gut Maschinen denken, rechnen oder sogar fühlen können, um dem Menschen zu entsprechen, sondern dass sie einer Natur ermangeln, die als Hintergrundfolie die Fläche für Projektion und Reflexion der Freiheit abgibt, gerade auch der technischen Freiheit. Der wesentliche Unterschied ist markiert in der Freiheit. Es ist die Freiheit auch in der Technik, die durch Bezug zur Natur als Begründungsinstanz erhalten bleibt und die es ermöglicht, das Andere der Natur als das Andere der Technik für deren Gestaltungspotenziale selbst ins Spiel zu bringen. Damit bleibt das Wesen der Technik Freiheit. Diese regrediert aber, wenn sie nicht mehr im Gegenüber zur Natur verstanden wird, sondern im Machbarkeitswahn dieses Gegenüber selbst ausmendeln zu können vermeint. Eine solche Haltung verkennt, dass Natur im technischen Handeln zwar für uns Objekt wird, sie wird zum Bild (so nach Kant), dass aber die Tatsache, dass sie das durch unser technisches Handeln kann, mitbedacht werden muss. Genau dieses aber führt uns zu der Einsicht, dass Natur uns gerade dadurch zum Objekt werden kann, weil sie uns immer schon vorhergeht, uns immer schon umgibt, so dass wir uns auf sie beziehen, sie uns technisch anverwandeln können. Dies geschieht allerdings nur so lange, wie Natur als dieses uns Umgebende und Vorhergehende respektiert wird. Versuchen wir uns mittels der Technik der Natur als das Vorgegebene, als das uns Umgebende selbst habhaft zu werden, radieren wir mit der Vorgegebenheit der Natur zugleich die Natur selbst aus. Das aber tangiert unsere Gestaltungsfähigkeit und mithin unsere Freiheit. Denn jene Spannung zwischen möglichem Objekt in der Gestaltung der Natur und bleibendem Hintergrund in der Vorgegebenheit der Natur ist es, die in der Reflexion von Natur und Freiheit die Technik selbst aus sich heraussetzt. Identität und Freiheit, Verantwortung durch

[25] Vgl. Günther Anders, Die Antiquiertheit des Menschen, Band 1: Über die Seele im Zeitalter der zweiten industriellen Revolution, München: C. H. Beck 1956, Band 2: Über die Zerstörung des Lebens im Zeitalter der dritten industriellen Revolution, München: C. H. Beck 1980.

und für die Technik, lassen sich ohne Spannungsverhältnis, ohne Reflexionsgestalt dieser Differenz im Naturbegriff selbst nicht aufrechterhalten.

3. Eine neue Normativität des Naturbegriffs? – Natur als Ursprungsraum der Freiheit

Wir haben gesehen: Die normative Grenzbestimmung der Natur hat sich verflüchtigt, indem sich die unhintergehbare Grenze, die bisher der Naturbegriff letztlich immer noch symbolisierte, durchlässig geworden ist. Die aristotelische Gegenüberstellung von Natur und Technik greift jedenfalls nicht mehr, wenn wir die Natur in beiden Dimensionen, der Objekt- wie der Grenzebene, der Technik verfügbar machen und Natur nicht mehr als korrigierendes Gegenüber betrachtet werden kann. Damit erledigt sich das Problem der Bestimmung des Verhältnisses von Natur und Technik aber nicht. Es wird vielmehr neu zum Problem. Ist diese neue Konstellation des Verschmelzens von Natur und Technik ethisch zu bewältigen und wenn ja, wie, wenn herkömmliche Grenzbegriffe nicht mehr greifen? Beachtet werden muss, dass hier zugleich irreversible Gefahren für das Selbstverständnis des Menschen und seiner Freiheit entstehen, indem jetzt Freiheit mit Machbarkeit verwechselt wird. In der reflexiven Einholung der Natur durch die Technik löst sich nämlich in eins genau dieses Selbst auf. So ist in der Vollendung der Technik als Beherrschung und Durchsichtigmachen der Natur nicht nur die Natur, sondern mit dieser auch das steuernde Selbst aufgelöst worden, das zu seiner Steuerung eines reflexiven Anhalts an einem Gegenüber, an einem Grenzbegriff bedarf. Dies hat sich aber im Prozess der Technisierung selbst zum Verschwinden gebracht. Wenn die Natur so selbst zur Technik wird, wird damit auch die Spannung zwischen Natur und Technik, die den Möglichkeitsraum der Freiheit darstellt, aufgehoben, eingezogen. Mit der Einziehung der Natur als Natur in die Technik löste sich die Natur des Menschen auf und verkäme zur Selbstmaschinisierung des Menschen, wenn es denn ein solches Selbst, das steuern könnte, dann noch gäbe.

Damit deutet sich aber zugleich an: Letztlich ist der Angriff auf den Naturbegriff darauf zurückzuführen, dass die Technik selbst nur eindimensional wahrgenommen wurde, nämlich in ihrer Dimension des Herstellens von Artefakten die Natur als Objekt begreift und nicht in ihrer Weltbewältigungsfunktion, die die Natur als Grenz- und Hintergrunddimension festhält. Selbst dort, wo die Artefaktherstellung dieser zweiten Funktion dient, ja gerade da, geht sie verloren, indem nun eben jene unhintergehbare Grenz- und Hintergrundbestimmung selbst als herstellbar begriffen wird. Genau gegen solche Herstellbarkeit richtet sich Habermas' Begriff der „Naturwüchsigkeit". Aber durch die jetzt durch die Technik entstandene Problematik des Naturbegriffs kann dieser Begriff des Naturwüchsigen selbst das mit ihm Intendierte nicht mehr angemessen zum Ausdruck bringen. Dafür müssten wir den Naturbegriff in seiner herkömmlich doppelten Funktion als Objekt und als Grenze im Auge behalten können. Gerade das wird durch die neuen Technologien aber verhindert. Wir müssen also einen anderen Weg einschlagen. Das Problem kann nicht mehr gelöst werden im herkömmlichen Sinne der Kritik des unzulässigen Übergriffs auf das Natürliche – also in der Frage: Wo tasten wir die Natur an? –, sondern es geht um die Bewältigung des Verlusts der Grenze des Unverfügbaren. Das Unverfügbare wird herkömmlich symbolisiert in der „Natur“ (vgl. Habermas). Nun ist diese Unverfügbarkeit aber nicht einfach durch die Natur gegeben. Auch der Begriff „Naturwüchsigkeit“, wie ihn Habermas verwendet, kann hier Missverständnisse hervorrufen. Es kommt jetzt darauf an, ein Unverfügbares zu bewahren. In seiner Lesart wäre das aber eine biologistische Verengung des Unverfügbaren. Die Gefahr dabei war jedoch immer, dass in dieser Symbolisierung die Natur mit ihrer biologischen Basis verwechselt wurde. Die Natur hat in ihrer Vorgegebenheit allenfalls diese Unverfügbarkeit symbolisiert.

Die Natur als biologische Basis hat diese Funktion der Grenze verloren, nicht jedoch das mit ihr symbolisierte „Unverfügbare“. Es gilt jetzt, jenes Symbolische neu zu bestimmen. Hier kommt nun wieder ein weiter, als geistig und nicht als biologisch bestimmter, Naturbegriff ins Spiel. Freiheit und Personalität des Menschen hängen an dieser Unverfügbarkeitsdimension, die herkömmlich mit Natur symbolisiert wird, jetzt aber ebenfalls als vorgegebener, unverfügbarer, aber geistig bestimmter Möglichkeitsraum für die Freiheit aufgefasst werden muss. Genau so, als geistig bestimmter Naturbegriff, kann er weiterhin die unhintergehbare normative Kriteriologie ethischen Handelns bilden. Natur muss jetzt bestimmt werden als Ursprungsraum der Freiheit.

Wird Natur als Ursprungsraum der Freiheit begriffen, dann spiegelt sich in der Technik die mitschöpferische Qualität des Menschen. Sie wird aber des „mit“ des Schöpferischen eingedenk bleiben müssen, das sich in jenem Spannungsverhältnis zwischen Natur als Ursprungsraum der Freiheit und Technik ausdrückt, um das Schöpferische selbst nicht zu verlieren und zur Maschine degradiert zu werden. Dies kann nur verhindert werden, wenn die Technik selbst an diesen Ursprungsraum erinnert und so der Gefahr ihrer eindimensionalen Wahrnehmung eingedenk bleibt. Indem dann die normative Grenze selbst als Möglichkeitsraum bestimmt ist, wird jedoch unsere Entscheidungsaufgabe erschwert: Wir haben jetzt selbst zu entscheiden, was wir als „Natur“ im Verhältnis zur Technik festhalten müssen oder wollen. Dies ist die Aufgabe. Dieser können wir nur nachkommen, wenn die Dimension des Selbsterlebens wieder in den Blick rückt, in der unsere Gewissheiten über Sinn und Ziel des Daseins wurzeln, d. h., wenn wir ein Sensorium für unser Inneres, m. a. W. die Seele, entwickeln. Dieses Sensorium entspricht einer Selbstreflexion, die ihrerseits an den Spannungsbogen von Natur und Freiheit im Menschen gebunden ist, der ihr vorgegeben ist und auf den wir in unserem Innern aufmerksam werden. Die freiheitliche Kraft des Menschen bleibt – anders als bei Gott – auf ein unhintergehbares Spannungsverhältnis zum Vorgegebenen verwiesen, das der Mensch nicht gemacht hat und das er auch nicht machen soll, sondern das allem seinem Machen vorhergeht.

Wir werden also auf die unverfügbare Dimension des Daseins geführt, wenn es um Freiheit geht. Aber der Ort der Unverfügbarkeit ist jetzt nicht mehr einfach die Natur als Natürliches, sondern als Ursprungsraum der Freiheit der Ort des Selbsterlebens, das Innere des Menschen, seine Seele. Der Unverfügbarkeit dieser Innerlichkeit der Seele als Ursprungsraum der Freiheit korrespondieren die Zeitlichkeit und das Vertrauen als das Unverfügbare, in dem die Natur in weitem Sinne sich ausdrückt.

4. Natur als Freiheit: Zur fundamentalethischen Relevanz der Neubestimmung des Naturbegriffs. Ausblick auf die technik- und verantwortungsethischen Konsequenzen unter den Bedingungen einer neu begriffenen Natur (des Menschen)

4.1 Die Neubestimmung des Naturbegriffs

Eine Erweiterung und Neubestimmung des Naturbegriffs für die Gegenwart soll den Aporien und Vereinseitigungen, die durch die neuzeitliche Vernunft und die moderne Technik entstanden sind, entgegentreten können. Dies ist nicht nur aus ethischer Sicht der Verantwortung etwa angesichts der genannten Gefahren moderner Technologie im Blick auf den Menschen angezeigt, sondern vor allem aus prinzipientheoretischer und anthropologischer Sicht der Bestimmung der Vernunft und Freiheit des Menschen. Als entscheidend für diese Neubestimmung erweist sich eine Erweiterung des Erfahrungsbegriffs hin auf die innere Erfahrung des Selbsterlebens, die den Ursprungsraum der Freiheit kennzeichnet.

Einfach lassen sich die Aporien, die die neuzeitliche Vernunft erzeugt hat, nicht überwinden. Die Verabschiedungen des Gottes- und Weltbezugs, die Immanuel Kant für die Wissenschaft ausgesprochen hat, sind nicht durch technische Lösungen zu ersetzen. Einsicht in diesen Sachverhalt, wenn auch nicht in den Zusammenhang der Bedingung der Möglichkeit seiner Überwindung, bahnte sich im 20. Jahrhundert an, etwa in der Etablierung der neuen Frage nach der praktischen Philosophie und deren Versuche des Rückgewinns der Sicht auf das Ganze, sei es in Form der Frage nach dem Guten bei Moore[26], sei es in Form der Frage nach Gerechtigkeit als Tugend bei MacIntyre[27] oder sei es in dem Versuch, dieses Desiderat selbst durch einen erweiterten technischen Vernunftbegriff zu erfüllen, wie in der Frage der Gerechtigkeit als Verfahrensgerechtigkeit bei Rawls[28]. Aber diese Versuche reichen nicht aus. Vielmehr ist ein Erfahrungs- und Naturverständnis erforderlich, das das Ganze zu denken ermöglicht bzw. das für dieses die notwendige Hintergrunddimension theoretisch zur Verfügung stellen kann.

Im Anschluss an Heidegger[29], aber zuvor schon an Kierkegaard[30] und auch W. Benjamin[31], konnte diese relationale Hintergrunddimension der Selbst- und

[26] Vgl. George Edward Moore, Principia Ethica, übers. und hg. v. Burkhard Wisser, erw. Ausgabe, Stuttgart 1996.

[27] Vgl. Alasdair C. MacIntyre, Der Verlust der Tugend. Zur moralischen Krise der Gegenwart, übers. v. Wolfgang Rhiel, Frankfurt a. M. 1995.

[28] Vgl. John Rawls, Eine Theorie der Gerechtigkeit, 9. Aufl. Frankfurt a. M. 1996.

[29] Vgl. Martin Heidegger, Sein und Zeit, 15., anhand der Gesamtausg. durchges. Aufl. mit den Randbemerk. aus d. Handex. des Autors im Anh., Tübingen 1979.

Welterfassung als Zeitlichkeit bzw. Geschichtlichkeit verstanden werden. Es ist die Zeitlichkeit als Geschichtlichkeit mit der das Dasein an seine Transzendenz gebunden bleibt, die auch ein neues Verständnis der Natur ermöglicht. In Erkenntnis der Zeitlichkeit und mit dieser der Geschichtlichkeit des Seins wird auch Natur verzeitlicht. Als das, was von sich aus – und damit auch ewig – ist, wird Natur als zeitliches Sein und damit in ihrer Veränderlichkeit neu zu denken möglich. Sie ist nicht mehr Geschichte und Freiheit, Vernunft und Geist gegenübergesetzt, sondern diese selbst bestimmend, und zwar in ihrer Veränderlichkeit. Veränderlichkeit wäre damit nicht, wie in der Antike, der Wahrheit des Seins entgegengesetzt und auch nicht, wie in der Neuzeit, auf einen Bereich der Empirie im Sinne der Erscheinung zu reduzieren, sondern in ihr läge die Erkenntnis des Seins, die die Erfahrung der Geschichtlichkeit ist, die allererst den Menschen als ζῷον λόγον ἔχον, als geschichtliches Wesen erkennen lässt.[32] Mit dieser Weichenstellung der Zeitlichkeit des Seins, wie Heidegger sie vorgenommen hat, ist ein Schritt hin zur Integration des neuzeitlichen in das antike Denken vorgenommen. So lässt Heidegger etwa nicht das Subjekt das *fundamentum inconcussum* der Erkenntnis sein, sondern er unterwirft dieses selbst dem Sein, versteht dieses geschichtlich und löst dabei zugleich das Seiende vom Bann des Abgeschnittenseins vom Sein, um es für die Widerfahrnisse seines Seins in der Zeit zu öffnen. Damit könnte ein Modell der Philosophie heraufgeführt werden, das auch wieder in der Lage sein kann, eine Ethik zu entwerfen. Denn eine solche ist nicht ohne Wirklichkeitsbezug, der ein normatives Element garantieren kann, wiederzugewinnen. Dieser Wirklichkeitsbezug wird jetzt über die Zeitlichkeit hergestellt, deren Anforderungen im Vertrauen begegnet werden kann.

4.2 Die transzendente Dimension des neuen Naturverständnisses im Horizont der Zeit und die Bedeutung des Vertrauens

Es ist die Zeitlichkeit des Seins, die nicht von ungefähr im Denken und Wissen vernachlässigt wurde. Sie ist es, die der Logik des Erkennens nicht standhalten, oder besser: der durch sie nicht entsprochen werden kann. Unter der Voraussetzung einer zeitlichen Natur ist Natur nicht mehr nur das Unveränderliche, eingeschrieben in die Laufbahn der Gestirne. Sie ist auch nicht das Naturgesetz, sei es das eines unveränderlichen des Kosmos, sei es das der Vernunft, das diese Gesetze aufbaut, um es durch das Experiment zu bestätigen. Natur ist nicht das Zeitlose in den Operationen der Vernunft, der Zeit und Geschichte enthoben und

30 Vgl. Sören Kierkegaard, Der Begriff Angst, übersetzt und mit Glossar sowie einem Essay „Zum Verständnis des Werkes" hg. von Liselotte Richter, 5. Auflage, Reinbek b. Hamburg 1967; Ders., Philosophische Brocken, übers. und mit Glossar, Bibliogr. sowie einem Essay „Zum Verständnis des Werkes" hg. v. Liselotte Richter, Reinbek b. Hamburg 1964.

31 Vgl. Walter Benjamin, Über den Begriff der Geschichte, in: Ders., Illuminationen, Ausgewählte Schriften, Frankfurt a. M. 1980, 250–261.

32 Kultur wäre ein Aspekt dieses Verständnisses von Natur, das wesentlich zu diesem Verständnis von Natur als Geschichte hinzugehört.

damit als Struktur gegenwärtig. Ein zeitliches Verständnis der Natur gliedert sich vielmehr in gewisser Weise an dasjenige einer *natura naturans* an, das aber nicht statisch unserer Erkenntnis einfach vorgegeben ist.

Gleichwohl bleibt Natur vorgegeben, aber als veränderliche und mit durch unser Tun entstehende. Mit einem solchen Verständnis zeitlicher Wirklichkeit gewinnt daher der Verantwortungsbegriff seine besondere Bedeutung, indem mit der Zeitlichkeit die Struktur der Wirklichkeit nur als Aufgegebene angemessen erfassbar wird. Unsere diesbezügliche Tatkraft ist hier jedoch nicht diejenige der Technik, die bei Aristoteles der Natur als das, was von sich aus ist, gegenübergestellt ist, als dasjenige, das durch uns gemacht ist.[33] Im Unterschied zu diesem technisch Gemachten, im Sinne der Poiesis, des Herstellens, das aus etwas, aus etwas Stofflichem, erzeugt ist, ist Natur jetzt als ein Werden zu verstehen, das unter den Bedingungen der Zeitlichkeit dem Vollzug unserer Freiheit folgt, wobei dieser Vollzug für die Natur als Natur selbst nicht gleichgültig ist. Natur und Geschichte rücken damit zusammen, ebenso wie Natur und Vernunft. Das bedeutet nicht, dass Vernunft und Geschichte selbst nur innerhalb der Natur ihre Bewährung finden, quasi in ihr genetisch angelegt sind, sondern sie rücken zusammen, weil Natur selbst nicht unabhängig von Vernunft und Geschichte sich darstellen kann. Sie ist selbst wandelbar, der Zeit unterworfen und wandlungsfähig. Diese Wandlungsfähigkeit darf aber andererseits auch nicht verwechselt werden mit willkürlicher Setzung im Sinne des Konstruktivismus. Natur ist nie mit dem Vollzug unserer Freiheit identisch, sondern sie ist wandelbar im Sinne einer Realität, die ihrerseits gebundene, nämlich zeitlich und geschichtlich gebundene, Realität ist. In dieser zeitlich qualifizierten Natur wird Zeit zur Signatur des Seins selbst.

Mit solchem zeitlichen Naturverständnis, das Zeit als Sein bestimmen kann, können damit auch die Parameter metaphysischen Denkens neu bestimmt werden, die den Traditionslinien der alten Metaphysik ebenso eingedenk sein können wie denen des metaphysischen Bruchs. Das heißt: Wirklichkeit kann unter den Bedingungen der Metaphysikkritik festgehalten werden als zeitlich-freiheitliches Sein einer werdenden Natur. Eine durch zeitliche Natur bestimmte Wirklichkeit ist dann weder wie in der Antike an Erinnerung der Ideen gebunden oder an das teleologische Werden im Prozess eines vorausgesetzten Ziels, noch wie in der Neuzeit an die Einschränkung auf die Konstruktionsprinzipien der Vernunft. Weder also ist die Wirklichkeit das ewige, unveränderliche Sein, noch das unseren Kategorien folgende Derivat der Realität als Erscheinung. *Wirklichkeit ist jetzt vielmehr ein von ihren Voraussetzungsbedingungen nicht losgelöster Modus der Offenheit für ihr Bestimmtwerden.* Eine solche Offenheit entspricht jedoch nicht der Freiheit des technischen Konstruierens im Rahmen empirisch kontrollierter und berechneter naturgesetzlicher Richtlinien. Sie ist vielmehr deswegen offen, weil sie den Menschen als Beteiligten für den Ausgang des Prozesses der Wirklichkeitsbestimmung einbindet und zur Rechenschaft zieht.

[33] Vgl. Aristoteles, Philosophische Schriften 6: Physik. Vorlesungen über die Natur, übersetzt von Hans Günter Zekl, Hamburg 1995.

Wirklichkeit ist der Raum gegenwärtiger Möglichkeiten, die als Möglichkeiten die Zukunft und damit die Zeit und als Gegenwärtige den Raum ernst nehmen, und zwar indem Wirklichkeit die Bedingungen der Möglichkeit an unser Verhältnis zur Vergangenheit - und d. h. immer unserer Schuld gegenüber der Vergangenheit - bindet. Erst in deren Licht können die realen Möglichkeiten der Gestaltung, auch und gerade der technischen, ergriffen werden, die nun aber nicht wiederum durch die Vergangenheit bedingt sein dürfen, was einem Vernichten der Möglichkeiten gleichkäme, sondern die aus der Zukunft kommen und mithin eschatologisch, d. h. frei bestimmt sind. Diese Möglichkeiten sind also nicht technisch berechenbar und planbar und mithin nicht antizipierbar, müssen aber gerade deshalb bei technischen Planungen berücksichtigt werden.

Das ist das Verständnis der Wirklichkeit unter dem Vorzeichen des Seins als Zeit. Die Natur dieser Wirklichkeit ist nicht mehr das unveränderliche Wesen der Substanz, sondern sie ist jetzt das veränderliche der Verantwortung. Verantwortung wird damit zu demjenigen Begriff, der dem zeitlichen Wesen des Seins in dessen Prozeduralität Rechnung trägt. Insofern ist das Wesen dieser Wirklichkeit selbst Verantwortung. Es ist das „Antwortgeben" als Rechenschaft über die Vergangenheit im Antworten auf den Ruf aus der Zukunft, der die Gegenwart in ihrer Spannung des Jetzt, d. h. in dessen Janusköpfigkeit des Nichtmehr und Noch-nicht, hält. Wirklichkeit gewinnt das Wesen der Zeitlichkeit, indem sie immer Verwirklichung der Gegenwart ist. Das ist nun aber nicht die Verwirklichung im Sinne der Entelechie des Aristoteles, sondern sie vollzieht sich als Gegenwärtige in der offenen Ausschau zukünftiger Möglichkeiten angesichts der Geschichte. Diese Möglichkeiten sind wiederum nicht statisch gedacht als Hineinragen der Ewigkeit in die Zeit, sondern die Zeit gewinnt selbst ewige Geltung. Das Veränderliche ist damit die Signatur des Wirklichen. Dieses Wirkliche ist garantiert durch eine Wahrheit, die sich zwar weiterhin korrespondenztheoretisch in der Übereinstimmung des Intellekts mit der „Sache", der *res*, zeigt. Aber diese *res* ist nicht einfach etwas Vorfindliches, sondern sie ist selbst veränderlich im und aufgrund des Vorfindlichen der Schuld. Sie ist veränderliches Werden im Ergreifen der Möglichkeit angesichts des Horizontes der Schuld.

Damit aber steht die Kategorie der Schuld in der Geschichte im Raum. Sie bemisst sich an unserem Verhältnis zur Wirklichkeit. Ihr Kriterium ist die Wahrheitsfähigkeit der Wirklichkeit, die sich am Entscheidungsvermögen der Freiheit bewährt. Die Frage, ob es Schuld gibt, setzt die Unterscheidung von wahr und falsch voraus, die erforderlich ist, um handeln zu können. Das will heißen: Es kündigt sich hier eine Wirklichkeit an, die sich daran bemisst, Maßstab und Garant der Übereinstimmung des Handlungsvollzugs mit den Bedingungen seiner Möglichkeit als Wirklichkeit zu sein. Das heißt, diese Wirklichkeit vollzieht sich als Urteil.[34] Sie bestellt den Menschen ein, aber nicht als Richter wie die kantische Vernunft, sondern als Gerichteten im Sinne des Jüngsten Gerichts.

[34] Vgl. hierzu Søren Kierkegaard, Entweder – Oder, unter Mitwirkung von Niels Thulstrup und der Kopenhagener Kierkegaard-Gesellschaft hg. v. Hermann Diem und Walter Rest, München 2. Auflage 1978 (1. Auflage 1975), 704–914, bes. 704–728. Zur Analyse und Interpre-

Unter diesen Voraussetzungen ist Natur jetzt aber nicht mehr das Sich-Gleichbleibende im Wandel, sondern veränderliches Werden als (vertrauensvoller) Vollzug des sich je und je selbst Verortens im Raum der Zukunft als Gegenwart angesichts vergangener Schuld. Dieses Sich-selbst-Verorten ist die Geschichte des Menschen unter den Bedingungen der Zeitlichkeit des Seins. Hier meldet sich nun aber eine grundlegende Schwierigkeit, die als Konsequenz der Metaphysikkritik die unhintergehbare Bedeutung der Transzendenz ins Spiel bringt. Diese Wirklichkeit erfordert in ihrem offenen Antizipieren eine Haltung, die nicht durch den Menschen selbst herstellbar ist. Sie erfordert die Haltung des Vertrauens, auch des Vertrauens auf die Vergebung von Schuld. Mit anderen Worten: Natur wird durch diese Freiheit und Schuld einschließende Geschichte zur Heilsgeschichte. Insofern ist Freiheit an Vertrauen gebunden, das die Schuld in der Geschichte unter dieser Voraussetzung des Vertrauens annehmen kann. Denn Natur unter solcher Rücksicht auf das Verständnis von Vertrauen kann mit dem offenen Horizont der Zukunft als Möglichkeitsraum der Freiheit gerechnet werden. Vertrauen ist nun aber der Begriff, der nicht ohne Überzeugung in die Wirklichkeit als Wahrheit sich entfalten kann, der mithin auf die verlorene Ganzheitsdimension zurückgreift, die nun nicht mehr in dem zugänglichen Sein abgebildet ist, sondern sich in unserem Innern zeigt, in dem sich mithin die Transzendenzdimension abbildet. Aufgrund dieses Gegründetseins in der Transzendenz ermöglicht es Vertrauen, Freiheit wahrzunehmen, zu ergreifen, den Sprung in die Offenheit der Zukunft zu wagen. Vertrauen ist ein solcher Begriff, der die transzendente Dimension des Menschen in Anspruch nimmt, diese voraussetzt, indem er nur so den Menschen als eingebunden in ein Ganzes begreifen kann. Damit ist Vertrauen letztlich der Begriff, der das abgebrochene Bindeglied ersetzt, der den durch die Neuzeit entstandenen Bruch zwischen Empirie und Erfahrung, Natur und Geist wieder überbrücken kann. Die transzendente Dimension des Vertrauens ermöglicht die Einbindung der Zeit, der Zeitlichkeit des Werdens der Geschichte und Freiheit, in das Verständnis der Natur. Damit ist der Grund für die Erweiterung des Naturverständnisses gelegt. Indem Geschichte die Natur qualifiziert, ist Realität als Schuld wahrzunehmen und zeigt sich Substanz als Verantwortung. Im Sinne der Überwindung von Metaphysik und Metaphysikkritik löst sich mithin der Begriff von Natur nicht auf, sondern er untersteht selbst dem Wandel, der durch die Parameter von Sein als Zeit, Substanz als Verantwortung, Wirklichkeit als Schuld und Freiheit als Ergreifen des Vertrauens in die Vergebung von Schuld angezeigt wird.

tation dieses Abschnittes siehe Elisabeth Gräb-Schmidt, Das Versteckspiel des Lebens und der Ernst der Authentizität, in: Hermann Deuser (Hg.), Klassiker Auslegen. Søren Kierkegaard: Entweder – Oder, Berlin 2015.

4.3 Ausblick auf ein universales kosmisches Verständnis von Natur im Horizont von Zeitlichkeit und Geschichte in verantwortungsethischer Absicht

Veränderung, Zeit, Geschichte erhalten so fundamentaltheoretischen und -ethischen Rang. Zunächst zum fundamentalethischem Rang: Wird Dasein als Zeitlichkeit erfasst, dann ist gerade die Geschichte relevant, weil durch ihre Bewältigung sich allererst eben der Möglichkeitsraum für die Zukunft öffnet, der jedenfalls durch die (schuldhaften) Verflechtungen der Vergangenheit mitbestimmt wird und gerade damit Freiheit ermöglicht. Verantwortung ist dann auch nichts anderes als Antwort geben, Antwort, die aber nicht einfach auf die Vergangenheit gerichtet ist, sondern auf einen Ruf aus der Zukunft reagiert, der in der Gegenwart erfahren wird und der die Möglichkeiten angesichts der Vergangenheit eröffnet.

Fundamentaltheoretisch neu ist damit, dass die Kategorie des Raums, des Orts, nicht nur Fixiertes, Unveränderliches, Notwendiges, Faktizität repräsentiert, sondern dass auch die Kategorie des Raums sich über die Erfahrungsqualität der Gegenwart auf zeitliche Dimensionen erstreckt. Indem der Raum Veränderungen unterliegt, gehört er der Zukunft an, und so kann die Gegenwart tatsächlich als Veränderung und d. h. als Wirklichkeit der Freiheit erfahren werden. Durch den so veränderten raum-zeitlichen Wirklichkeitsbegriff gewinnt auch die Erfahrung wieder ihre weite – sozusagen transempirische oder besser durch das Transzendente informierte – Bedeutung zurück, ohne die Stringenz, die die empirische Erfassung der Welt erfordert, zu verlieren. Erfahrung kann durch einen offenen, durch Veränderungen offenen, zeitlichen Horizont für den Raum je und je neu qualifiziert werden. Als Erfahrungswirklichkeit gewinnt sie daher ein Aussehen, das an den universalen kosmischen Begriff der Physis der Antike erinnert, jedoch erweitert über die Veränderlichkeit und Zeitlichkeit des Raums als selbst in Relationen stehend. Zugleich steht ihrer Bestimmung empirischer Verifikation unter den genannten Bedingungen des Raums und der Zeit nichts im Wege.

Mit der Zeitlichkeit und Geschichtlichkeit des Raums der Gegenwart kommt allerdings eine Konsequenz ins Spiel, die eine Verschränkung fundamentaltheoretischer und fundamentalethischer Dimension mit sich führt. Faktisch präsentiert sich Wirklichkeit für den Menschen als Schuld. Nicht von ungefähr ist es immer wieder ein Streit innerhalb der Geschichtswissenschaft, ob Schuld in der Geschichte anzuerkennen oder abzulehnen ist. Damit verrät sich keine Bagatelle, sondern damit wird auf die grundlegende Wahrnehmung des eigenen Seins verwiesen, ob die eigene Zeitlichkeit als Geschichtlichkeit und so als mit Freiheit und Schuld behaftet anerkannt wird, oder ob sie als konditioniert, den Systemzwängen unterworfen und damit als tatenlos und geschichtslos angesehen wird. Die Anerkennung der Zeit für das Sein, d. h. für dessen Wandelbarkeit, aber bedeutet Anerkennung der Schuld, die sich eben in der Zeit am Verhältnis zur Geschichte zeigt.

Damit wird Verantwortung zum Siegel der Geschichtlichkeit der Natur oder der Natur als Geschichte. Eine Wandlung des Naturbegriffes wird ermöglicht durch seine transzendente Unverfügbarkeitsdimension. Ein so gewonnenes, vertikal erweitertes Naturverständnis kann sich an das kosmische der Antike anschließen, jedoch präzisiert im Lichte von Freiheit und Geschichte. Ein neu gewendeter Begriff der Natur wird einer sein müssen, der wieder beides umfasst, das Veränderliche wie das Gesetzmäßige, dem insofern die Weite eines Wahrnehmungsbegriffs entspricht, der offen ist für das Sich-Zeigen der ἀλήθεια der Physis. Die Physis selbst ist diejenige, die sich auf die Weite des Ganzen erstreckt. Sie kann nicht begriffen werden, wohl aber kann in der Erfahrung ein Anhaltspunkt ihrer Erfahrung gewonnen werden. Damit kündigt sich die transzendente Dimension des Naturverständnisses an. Sie verweist auf das Vertrauen, ohne das der Mensch seine Freiheit und seine Verantwortung nicht aufrechterhalten kann. Genau hier kommt nun jene Innerlichkeitsdimension des Selbsterlebens ins Spiel, die für einen qualifizierten Freiheitsbegriff steht, der die Unverfügbarkeitsdimension symbolisiert und diese an die Erfahrung rückbindet. Diese Konstellation des Bezugs der Erkenntnis zur inneren Erfahrung verweist uns auf eben jene erkenntnistheoretisch ungewöhnliche Kategorie des Vertrauens als diejenige Kategorie, die das Unverfügbare, präsent in der Unendlichkeitsdimension des Erlebens, plausibilisieren kann.[35] Nur durch diese Konstellation wird Verantwortung möglich. Denn nur mit Vertrauen können wir die Zukunft in den Blick nehmen und nur in diesem Vertrauen unsere Zeitlichkeit und Geschichtlichkeit verantwortlich, d. h. im aufrichtigen Umgang mit Schuld annehmen und gestalten.

Verantwortung für die Natur – auch die Natur des Menschen – erweist sich mithin als gebunden an ein solches vertikales Verständnis der Natur, das die Freiheit – auch die Freiheit der Technik – gebunden weiß an die Beweggründe der Innerlichkeit, der Seele, die sich selbst letztlich immer kosmisch verstehen kann und die ein grundlegendes Vertrauen zur Conditio qua non für die Handlungsfähigkeit des Menschen in Anschlag bringt.

Unter Rücksicht auf die transzendente Dimension erhält Natur als Natur dann ihren Status aus den mitschöpferischen Potenzialen menschlicher Bildungskraft, zu deren Aufgaben es gehört, diesen Status der Natur immer wieder neu zu bestimmen, ohne diesen unserer Verfügbarkeit zu unterwerfen. Natur ist als Natur des Menschen immer eingebunden in diesen Spannungsraum von Vorgegebenheit und Gestaltung. Natur ist für den Menschen in dieser Spannung präsent, die mit der Technik unterschiedlichen Ausformungen und Gewichtungen unterliegt. Unhintergehbar ist dann nicht die Natur in biologischem oder erdgeschichtlichem Sinne, sondern die Natur als der unverfügbare Raum unseres reflexiven Bezogenseins auf sie. Natur wäre insofern weder das Andere der Vernunft noch das Andere der Technik. Sie wäre für beide der bleibende konstitutive Bezugspunkt ihrer Gestaltung im Modus der Selbstreflexion des freiheitlichen Subjekts, wobei dieses sich selbst auf einen ihm vorgegebenen Gestaltungsraum richtet.

[35] Dies ist auch die Quintessenz des Homo-Mensura-Satzes des Protagoras, der keineswegs menschliche Hybris bezeichnet, sondern im Gegenteil – ganz modern – die Begrenztheit und Perspektivität menschlichen Erkenntnisvermögens vorweggenommen hat.

Dieser stellt jedoch nicht ein gegebenes Objekt dar, sondern einen Raum, der aus der Zukunft kommt. Natur wird so in ihrer Verzeitlichung auch des Raums zu dem Ermöglichungs- und Bewährungsraum von Freiheit. Genau darum, weil sie selbst als solche Zeit und Raum Umgreifende das Wesen der Freiheit und Geschichte ausmacht, können sich die Grenzen des Naturbegriffs unendlich verschieben, aber niemals auflösen, soll die Freiheit und Selbstbestimmung des Menschen als Fähigkeit erhalten bleiben.

In diesem weiten Sinne steht Natur insofern für das Mahnzeichen der Relationalität oder einer relationalen Rationalität in ihrer kulturellen Selbsterfassung, sei es auf der Ebene des Kosmologischen, dieses erfassen zu können im Ausgriff der Naturwissenschaften, sei es auf der Ebene des Materiellen in dessen Anverwandlung durch die Technik, sei es in den Reflexionen der Selbstbezüglichkeit in der Ethik. Natur wird daher nur dann in ihrer umfassenden Bedeutung wahrgenommen, wenn sie als dieses relationale Gegenüber begriffen wird, auf das wir unsere Reflexionen und Selbstreflexionen ebenso wie unsere Gestaltungen richten. In diesen konkretisiert sich das, was wir als Kultur begreifen. Kultur ist dann die Bezeichnung für die Auseinandersetzung mit Natur durch entweder Einverleibungen oder Abstoßungsbewegungen, wobei gilt, dass die Natur in Bezug auf uns selbst reflexiv wird. In dieser Reflexivität der Natur wurzelt deren bleibende Bedeutung als Gegenstand aber auch als Voraussetzungsbedingung unseres gestaltenden Weltverhältnisses. Nichts anderes sagt der Titel, dass es die Freiheit ist, die die Natur des Menschen kennzeichnet und die hinüberweist auf einen Geist und Freiheit umfassenden kosmischen Naturbegriff.

Eilert Herms

Natur *ist* Gnade

Vorschlag für eine kohärente Rede von „Natur" und „Gnade" in der christlichen Theologie

In der christlichen Theologie, ihrer evangelischen ebenso wie ihrer katholischen Spielart, ist die Rede von „Natur" und „Gnade" von zwei Disjunktionen geprägt, die mir unsachgemäß zu sein scheinen. Das ist einerseits die Unterscheidung dessen, was „Natur" genannt wird, von dem, was „Gnade" genannt wird, und andererseits die Unterscheidung dessen, was der Ausdruck „Natur" aus der Sicht des Glaubens und in der Theologie bezeichnet, von dem, was er außerhalb des Glaubens und der Theologie bezeichnet. Demgegenüber gilt meines Erachtens Folgendes: Die Theologie entfaltet das Wirklichkeitsverständnis des christlichen Glaubens, das diesem durch die Christusoffenbarung erschlossen ist. Im Lichte dieses Wirklichkeitsverständnisses präsentiert sich die Welt-der-Menschen, also die *eine* Welt, die Glaubenden und Nichtglaubenden gemeinsam ist, als das Realisat des einheitlichen – nämlich auf die Realisierung seines einheitlichen eschatischen Heilsziels gerichteten, unirritierbaren – Wollens und Wirkens des dreieinigen Gottes. Für den Glauben und die Theologie gibt es nichts Reales außerhalb des schöpferischen Lebens Gottes und nichts Reales, was nicht Realisat seines heilszielstrebigen Wollens und Wirkens wäre. Für den Glauben und die Theologie ist alles Reale Manifestation seines wirksamen Heilswillens, also seiner Gnade – notabene: auch das zornige Gericht Gottes über die Sünde. Für den Glauben und die Theologie ist also schon das im-Werden-Sein der Welt-der-Menschen, ihr Geschaffen- und Erhaltenwerden durch den Schöpfer (welches alles, was innerhalb der Welt im Werden ist, einschließt) Ausdruck und Manifestation der Gnade Gottes. Somit muss aber auch alles, was der Glaube und die Theologie als „Natur" ansprechen, aus ihrer Sicht schon als eine Erscheinungsweise der Gnade Gottes angesprochen werden – und erst recht ebenso alles, was die Nichtglaubenden und die Reflexionsgestalten von außerchristlichen Glaubensweisen (einschließlich aller Reflexionsgestalten des Glaubens an die menschliche Vernunft) „Natur" nennen mögen. Das heißt keineswegs, dass die herkömmliche christliche und theologische Redeweise, welche unterscheidet a) zwischen dem, was sie „Natur" nennt, und dem, was sie „Gnade" nennt, und b) zwischen dem, was sie „Natur" nennt, und dem, was außerhalb des Glaubens und der Theologie „Natur" genannt wird, nicht tatsächlich unterschiedliches Reales im Blick hätte. Aber diese nicht erfolgreich zu bestreitenden Unterschiede im Realen müssen aus christlicher Sicht eben samt und sonders als *Unterschiede im einheitlichen Gesamtbereich der Verwirklichungsgestalten der Gnade Gottes* durchschaut werden. Wo immer die Rede von Gottes „Gnade“ einen besonderen Bereich des Realen bezeichnet, kann entweder nicht mehr in kohärenter Weise davon die Rede sein, dass nichts außerhalb Gottes, seines Wollens und Wirkens, real ist, oder nicht mehr davon, dass sein Wollen und Wirken, sofern sie Ausdruck seines Wesens sind, in sich selbst einheitlich, will sagen: auf ein einheitliches eschatisches Heilsziel gerichtet sind. – Das Folgende ist zu lesen als Ergänzung und Zuspitzung dessen, was ich schon vor längerer Zeit zum Thema ausgeführt habe.[1]

1. „*Natur* ist *Gnade*“. *Die anthropologische und theologische Bedeutung der Aussage.*

In der christlichen Theologie des Westens hat sich die Thematisierung des Verhältnisses zwischen „Natur“ und „Gnade“ unter dem Einfluss Augustins zugespitzt auf die anthropologische Frage nach den notwendigen und hinreichenden Bedingungen, unter denen die einzelnen Menschen ihre ihnen durch den Schöpfer gesetzte Bestimmung, die ewige Seligkeit im ewigen Leben in Gott, erreichen.

Das ist nach gemeinchristlicher Einsicht jedenfalls nicht möglich, ohne dass ihr Lebensvollzug von der Herrschaft der Sünde befreit wird und denjenigen Charakter der Heiligkeit erlangt, der ihnen durch das Christusgeschehen eröffnet und gewiesen ist. Diese Wende ist – so die These Augustins – im Leben keines einzelnen Menschen möglich, ohne dass in seinem Inneren das Gnadenwirken Gottes in Christus durch den Heiligen Geist zur Herrschaft gelangt. Voraussetzung dieser These ist die Einsicht Augustins, dass unter infralapsarischen Bedingungen nicht nur kein Mensch im Stande ist, diese Wende aus eigener Kraft und von sich aus zu vollziehen, sondern dass er dies – worauf Augustin gegen weniger eindeutige und optimistischere Auffassungen des Ostens insistierte – auch nicht „angesichts der Gnade“, etwa angesichts des Gedächtnisses des Christusgeschehens in seiner Vergegenwärtigung im Kultus, vermag, sondern ausschließlich unter der Bedingung, dass das Gnadenhandeln Gottes in Christus durch den Heiligen Geist an seinem Inneren verwandelnd wirksam geworden und in seinem Inneren selbst zur Herrschaft gelangt ist. Das ist seit dem Konzil von Karthago (418) die Rahmenvorgabe für alle Diskussionen kirchlicher Theologie im Westen zum Thema. Jede Entfaltung dieser Rahmenvorgabe schließt den lehrmäßigen Nachvollzug von zwei Sachunterscheidungen ein:

- einerseits den Nachvollzug der Unterscheidung zwischen dem Zustand des Menschen vor und nach dem Wirksamgewordensein der Gnade an seinem Inneren und
- andererseits den Nachvollzug der Unterscheidung zwischen zwei Aspekten des Gnadengeschehens, nämlich zwischen dem Bestimmtsein des menschlichen Innersten durch die Gnade, welches das *Werk* des Gnadenhandelns Gottes ist,

[1] E. Herms, Gnade, in: Ders., Offenbarung und Glaube, 1992, 1–19.

und diesem Gnadenhandeln Gottes in Christus durch den Heiligen Geist als seinem (Gottes) eigenen *Wollen und Wirken* selbst.

Somit bewegen sich alle Anschlussdebatten auf zwei Ebenen:

- einerseits auf der Ebene der *Anthropologie*; hier ist einerseits zu klären, wie sich der durch die Gnade geschaffene Zustand des Menschen von seinem bisherigen Zustand unter der Herrschaft der Sünde unterscheidet, aber zugleich andererseits auch, wie sich dieser Zustand des Lebens unter der Sünde verhält zu seiner diesem Zustand vorausgehenden ursprünglichen Verfassung als Gottes Geschöpf; und
- andererseits auf der Ebene der *Theologie*; hier ist zu klären, wie sich zu einander verhalten das Handeln, das Wollen und Wirken, Gottes in der Schöpfung der Welt des Menschen einerseits und sein Handeln in Christus durch den Heiligen Geist andererseits.

Ich werfe zunächst einen Blick auf die anthropologische Debatte (1.1), dann auf die theologische (1.2), um dann zu zeigen, dass beide Debatten nur zu einem befriedigenden Ende gebracht werden, wenn die Titelthese dieses Aufsatzes vertreten wird – mit konkretisierenden Konsequenzen sowohl für die Bestimmung des Verhältnisses auf anthropologischer als auch auf theologischer Ebene (1.3).

1.1 Unstrittig ist in der evangelischen und katholischen Orthodoxie, dass die geschaffene Verfassung des Menschen als geschaffene innerweltlich-leibhafte, also auch nicht anders denn als Individuum in Gemeinschaft reale, *Person* die reale Bedingung für alle möglichen Varianten ihres Gebildetseins ist, die ihr im Verlauf ihres Weges zu dem ihr bestimmten Ziel zu eigen werden.

Dieses geschaffene Personsein der Menschen wird angesprochen als die geschaffene imago des schaffenden Personseins Gottes. Das Wesen dieses geschaffenen Personseins ist bestimmt durch die Spannung zwischen seinem *Personsein* und seinem *Geschaffensein*:

- Sein Wesen als geschaffenes *Personsein* besteht darin, als sein selbstgewisses Freisein und damit radikal passiv erlittenes Bestimmtsein zur Selbstbestimmung (Selbstbestimmung = in Freiheit, die ihrer selbst gewiss ist, vollzogene eigene realisierende Wahl zwischen zur Realisierung anstehenden möglichen eigenen Bestimmtheiten durch eigenes realisierendes Wählen) vor der Grundalternative zu stehen, seine Selbstbestimmung im eigenen, innerlichen Ausgerichtetsein auf sein wahres, ursprüngliches (ursprünglich = durch den Ursprung selbst gesetzt) und somit (weil der Ursprung selbst ewig ist) ewiges Ziel vorzunehmen oder im Ausgerichtetsein auf andere, vergängliche Ziele.
- Sein Wesen als *geschaffenes* Personsein besteht darin, die Entscheidung zwischen dem Ausgerichtetsein auf sein wahres ewiges weltübersteigendes Ziel und dem Ausgerichtetsein auf ein unwahres vergängliches innerweltliches Ziel aus eigenem Vermögen nicht treffen zu können. Das hält die evangelische ebenso wie die katholische Orthodoxie dadurch fest, dass sie das in der Güte des Schöpfungswerkes implizierte anfängliche Ausgerichtetsein des geschaffenen Ebenbil-

des des schaffenden Personseins auf das wahre ewige weltübersteigende Ziel als die „ursprüngliche Gerechtigkeit" (iustitia originalis) anspricht[2], die als solche dem geschaffenen Personsein so radikal passiv zuteilwird wie sein Personsein überhaupt, also durch den Schöpfer selbst.

Die Unterschiedenheit von geschaffenem Personsein einerseits und anfänglicher faktischer Ausgerichtetheit seiner Selbstbestimmungsaktivität auf ihr wahres ewiges Ziel andererseits ist, obwohl doch beide vom geschaffenen Personsein als Werk des schaffenden Personseins radikal passiv erlitten werden, deshalb dennoch geboten, weil das eine (das geschaffene *Personsein* des Menschen) die unverlierbare Bedingung aller möglichen Bestimmtheiten ist, die das menschliche Personsein als *geschaffenes* im Zuge seines Gebildetwerdens zum vollendeten Partner des schaffenden Personseins sukzessive durchläuft, während das andere auf die Ebene eben dieser sukzessive zu durchlaufenden Gestalten seines Gebildetseins gehört, und zwar als die Anfangsgestalt, die als solche dazu bestimmt ist, überwunden zu werden. Wobei sachlogisch klar ist: Zur Überwindung bestimmt sein kann die Anfangsgestalt des Gebildetseins der Person nicht in materialer Hinsicht, also nicht, sofern sie das Ausgerichtetsein auf das wahre Ziel des geschaffenen Personseins ist, sondern nur in formaler Hinsicht, also nur, sofern sie die zwar *im* Zentrum des geschaffenen Personseins, *in* seiner unmittelbaren Selbsterschlossenheit (seinem Innersten, seinem Herzen) reale, aber eben noch nicht das *durch* das geschaffene Personsein selbst vollzogene reale Ausgerichtetsein auf das wahre Ziel ist.

Die erste *durch* die eigene Selbstbestimmungsaktivität des geschaffenen Personseins realisierte Bildungsgestalt seines Innersten ist vielmehr die unter der Bedingung der Wehrlosigkeit gegenüber der Verführung durch die geschaffene Situation, in der das geschaffene Personsein sich vorfindet, vollzogene Verwechslung zwischen einerseits dem schaffenden Personsein und seinem Freisein und andererseits dem geschaffenen Personsein und dessen geschaffenem Freisein (Gen 3,5; Röm 1,21) samt darin begründeter Ausrichtung statt auf das unvergängliche Ziel des schaffenden Personseins vielmehr auf die vergänglichen innerweltlichen Ziele des schaffenden Personseins, also der Verlust der iustitia originalis. In der Rede von der „Erbsünde" hält die Orthodoxie beider Zweige westlicher Theologie ihre Einsicht fest, dass es sich hierbei um das Gattungsschicksal des geschaffenen Personseins handelt.

Zum Gattungsschicksal gehört nach übereinstimmender Auffassung auch, dass der dadurch erzeugte Widerspruch des selbstbestimmten Lebens in Ausrichtung auf das durch Selbstbestimmung gewählte unwahre (irreale) Letztziel zu dem wahren (realen) Letztziel zum Scheitern dieses so fehlgerichteten Lebens führt; zu einem Scheitern, an dem die Menschen leiden, das sie aber – in Un-

[2] In der katholischen Tradition terminologisch als „similitudo Dei" von der „imago Dei" unterschieden. Dass diese Terminologie in der evangelischen Tradition nicht heimisch geworden ist, ändert nichts daran, dass auch hier die „iustitia originalis" Gabe Gottes ist, die als verlierbare vom unverlierbaren geschaffenen Personsein des Menschen zu unterscheiden ist und unterschieden wird.

kenntnis des Grundes dieses Scheiterns: ihrer Verkennung des wahren Zieles vom Wollen und Wirken des schaffenden Personseins und ihres verblendeten Irrstrebens - dem Schöpfer zum Vorwurf machen (Theodizeeproblem).

Erst und ausschließlich die vom schaffenden Personsein selbst durch das Wirken des Mensch gewordenen Schöpferlogos den Menschen am eigenen Leibe zu erfahren gegebene Wahrheit über ihren Status als geschaffenes Personsein lässt sie uno actu zweierlei zugleich innewerden: a) des Grundes ihrer Unseligkeit in der Ausgerichtetheit ihres Lebens auf ein selbst gewähltes und selbst zu realisierendes Ziel und dessen, was sie kraft dieser selbstgewählten Fehlausrichtung dem schaffenden Personsein faktisch schuldig geblieben sind, und b) des *konkreten* Zieles des Schöpfers, das darin besteht, das geschaffene Personsein zu vollendeter Partnerschaft mit dem schaffenden Personsein zu führen - zu einer Partnerschaft also, die erst erreicht ist, wenn das geschaffene Personsein den ihm geltenden Willen des schaffenden Personseins zur Gänze kennt, anerkennt und sich ihm gänzlich hingibt, indem es sein eigenes Wollen und Wirken selbst auf das Ziel des göttlichen Wollens und Wirkens ausrichtet. Dieses Ziel (des schaffenden Personseins) ist: das zu vollendeter Partnerschaft - nämlich zum eigenen Innesein und zur selbstbewusst-freiwilligen Anerkennung des eigenen Status als geschaffenes Personsein, zur Anerkennung seiner darin gründenden radikalen Angewiesenheit auf das schaffende Personsein und auf dessen ursprüngliche Bereitschaft zur Vergebung aller Schuld, die das geschaffene Personsein sich aufgrund seiner Schwäche als geschaffenes gegenüber dem schaffenden Personsein zugezogen hat - beförderte geschaffene Personsein in die vollendete Gemeinschaft des ewigen Lebens des schaffenden Personseins in diesem aufzunehmen. Dieses konkreten Ziels des göttlichen Willens - dass nämlich Gott alles geschaffene Personsein seinem Schuldigwerden überlassen hat, um sich allen geschaffenen Personseins zu erbarmen (Röm 11,32) - ist das geschaffene Personsein erst durch die unter der Einwirkung Christi am eigenen Leibe erfahrene Befreiung von der Verkennung Gottes und seiner selbst zur Erkenntnis der Wahrheit über sich selbst und Gott inne geworden. Und erst kraft dieses konkreten Inneseins des göttlichen Willenszieles vermag das geschaffene Personsein nun seinerseits in vollendeter personaler Partnerschaft mit dem schaffenden zu leben: indem es nämlich jetzt - anders als am Anfang - kraft des am eigenen Leibe erlebten wahren Verhältnisses zwischen ihm und Gottes Wollen und Wirken *auch in seinem Innersten durch sich selbst ausgerichtet* auf dieses wahre Wollen und Wirken Gottes und sein Ziel lebt und stirbt (in die vollendete Gemeinschaft mit Gott in dessen ewigem Leben eingeht). - Auch dies ist in der evangelischen und katholischen Orthodoxie unstrittig.

In beiden Traditionen wird auch übereinstimmend dieses Bestimmtsein des menschlichen Personzentrums (Innersten, Herzens) zum Fühlen der eigenen Geschöpflichkeit, des eigenen Schuldiggewordenseins und des ewigen Vergebungswillens Gottes als Werk der Gnade Gottes gesehen und angesprochen. In beiden Traditionen wird - mit Augustin - festgehalten, dass erst und ausschließlich dieses Werk der Gnade in uns unsere eigene Abwendung vom Leben in Ungerechtigkeit und die Hinwendung zum neuen Leben in Gerechtigkeit möglich macht.

Allerdings hat schon die Reformation klarer, als es bei Augustin der Fall war, gesehen und ausgesprochen, dass das Werk der Gnade in uns nur deshalb die Kraft zum neuen Leben ist, weil es in sich selbst den Charakter einer Verwandlung der Selbst- und Gottes*gewissheit* hat und Grund unserer Liebe zu Gott nur ist, indem es die *Gewissheit* der Liebe Gottes zu uns ist.[3] Inzwischen ist aber auch in Texten des zentralen Lehramts der römisch-katholischen Kirche klargestellt, dass Liebe in der Gewissheit des Glaubens *gründet* und nicht etwa den Glauben (sofern er Gewissheit und nicht nur fides historica ist) vollendet.[4]

Beide Traditionen haben auch terminologisch in ähnlicher Weise die Differenz zwischen der Bestimmtheit des menschlichen Innersten durch dieses Werk der Gnade und den vorangegangenen Bestimmtheiten seines Innersten dadurch festgehalten, dass sie diese Letzteren als die Herzensbestimmtheiten des *natürlichen* Menschen angesprochen haben, oder als die Herzensbestimmtheiten, die dem Menschen kraft seiner *Natur* eignen.

Diese Redeweise ist freilich nur in einer einzigen Hinsicht klar: Sie bezeichnet alle Bestimmtheiten des menschlichen Innersten, die dessen Bestimmtsein durch das „Gnade" genannte Geschehen vorangehen. Sie ist aber in zweifacher Hinsicht klärungsbedürftig:

Erstens bezeichnet sie offenbar drei von Grund auf verschiedene Sachverhalte: nämlich a) die aus primärer Verkennung des wahren Verhältnisses des schaffenden Personseins zum geschaffenen und des geschaffenen zum schaffenden resultierende Fehlausgerichtetheit des menschlichen Herzens (also des Zentrums des geschaffenen Personseins), die – weil die vorwillentlichen Bedingungen allen Wollens betreffend – nicht durch eigenes Wollen und Wirken des Menschen überwunden werden kann; b) die ursprüngliche von Gott gesetzte Ausgerichtetheit des menschlichen Herzens auf sein wahres (ewiges, weltübergreifendes) Ziel, die iustitia originalis, die jedoch kraft des Falles verloren, nämlich durch selbstgewählte Fehlausgerichtetheit ersetzt ist; c) das geschaffene Personsein als solches, das die bleibende *Bedingung für alle möglichen geschichtlichen Bestimmtheiten* des menschlichen Innersten ist.

Zweitens bleibt bei der einfachen Entgegensetzung des Bestimmtseins des menschlichen Innersten durch die Gnade gegenüber allen ihm vorausgehenden Bestimmtheiten des menschlichen Innersten das reale Verhältnis zwischen diesen vorausgehenden Bestimmtheiten und der nachfolgenden Bestimmtheit unklar. Positionen, welche behaupten, bei der Bestimmtheit durch die Gnade handle es sich um ein völlig anderes Reales als bei den vorangegangenen Bestimmt-

[3] Vgl. E. Herms, Gewißheit in Luthers „De servo arbitrio", in: Ders., Phänomene des Glaubens, 2006, 56–80.

[4] Katechismus der Katholischen Kirche, 1997, Nr. 1814; Benedikt XVI., Enzyklika „Deus caritas est"; zum letztgenannten Titel vgl. E. Herms, Die ökumenische Bedeutung der Enzykliken Benedikts XVI., in: W. Thiede (Hg.), Der Papst aus Bayern. Protestantische Wahrnehmungen, 2010, 151–176, bes. 163–165.

heiten, ziehen den Vorwurf auf sich, dass damit erstens die geschichtliche Identität der Person unbegreifbar wird und zweitens das natürliche und das begnadigte Leben füreinander wechselseitig belanglos werden. Positionen, welche umgekehrt behaupten, die Bestimmtheit des menschlichen Innersten durch die Gnade bewege sich auf dem Boden der vorangehenden Bestimmtheiten, können den Vorwurf auf sich ziehen, dadurch die völlige Neuheit und Voraussetzungslosigkeit der Bestimmtheit des menschlichen Herzens durch die Gnade zu verzeichnen, das Wirken der Gnade von Bedingungen der „Natur" abhängig zu machen oder gar das Werk der Gnade zu „naturalisieren".

Vor einer Stellungnahme zu diesen anthropologischen Fragen ist ein Blick auf die theologische Seite der Problematik zu werfen.

1.2 Übereinstimmend sieht die kirchliche evangelische und katholische Theologie des Westens, dass jedenfalls die Bestimmtheit des menschlichen Herzens durch die Gnade als Werk Gottes nur die Manifestation von dessen eigenem Wollen und Wirken ist. Und ebenfalls übereinstimmend sehen alle Spielarten dieser kirchlichen Theologie, dass das Wollen und Wirken Gottes nicht auf dieses Wirken am menschlichen Herzen beschränkt ist, sondern jedenfalls auch umfasst: a) dasjenige geschichtliche Wollen und Wirken Gottes, dessen Werk das Auftreten und die Wirksamkeit Jesu ist, sowie die Entstehung und Erhaltung der Gemeinschaft der Glaubenden (der Kirche) und b) darüber hinaus das Wirken Gottes im Auftreten des alten Gottesvolkes und dessen Sendung und Geschick im Kontext der umgebenden Völker, also das Wirken Gottes in der gesamten Heilsgeschichte, die dem Auftreten Jesu und der Sammlung und Sendung des neuen Gottesvolkes vorangeht, sowie schließlich c) das Wollen und Wirken Gottes als des Schöpfers aller Welt und des Herrn der Geschichte überhaupt.[5]

Offenkundig sind diese Werke Gottes verschieden. Fragt sich also, wie sich diese verschiedenen Werke Gottes zueinander verhalten und wie sie sich als unterschiedliche Manifestationen seines Wollens und Wirkens zu diesem Wollen und Wirken selbst verhalten, zu seiner Einheit und zur Einheit seines schaffenden Personseins.

Übereinstimmung besteht darin, dass das im Auftreten Jesu und in der Schaffung und Erhaltung der Glaubensgemeinschaft manifeste Wollen und Wirken Gottes von seinem auf die Erleuchtung des menschlichen Innersten gerichteten Wollen und Wirken begleitet ist und ins Ziel getragen ist. Jedenfalls wird, was

[5] Ehrlicherweise muss eingestanden werden, dass es einflussreiche Spielarten evangelischer Theologie gibt, die Zweifel daran wecken, ob sie diese Weite des Wollens und Wirkens Gottes festhalten und nicht vielmehr faktisch dazu tendieren, das Wollen und Wirken Gottes auf das menschliche Herz einzuschränken – unter bereitwilliger Hinnahme der These, dass die Annahme eines darüber hinausgehenden Wollens und Wirkens Gottes in der Welt nur Ausdruck der Glaubensvorstellungen des frommen Herzens ist. Dann liest man 2 Kor 4,6 nicht mehr als Ausdruck der Intention, dass der Gott, der es überhaupt Licht werden ließ, auch im Herzen Licht geschaffen hat, sondern als Ausdruck der Intention, dass das Lichtmachen Gottes überhaupt in nichts anderem besteht als darin, im Herzen Licht zu machen.

sich im Auftreten Jesu, in der Schaffung und Erhaltung der Glaubensgemeinschaft und in der Erleuchtung der Herzen manifestiert, als Manifestation eines einheitlichen Wirkens des göttlichen Gnadenwillens angesehen.

Auch darin besteht Übereinstimmung, dass der in der Sendung Jesu, in der Schaffung und Erhaltung des neuen Gottesvolkes und in der Schaffung des Glaubens der Einzelnen wirksame Gnadenwille Gottes derselbe ist, der sich auch schon in der vorchristlichen Heilsgeschichte, nämlich der Berufung, der Sendung und dem Geschick des alten Gottesvolkes auswirkt.

Und zwar wird der schon in der Geschichte des alten Gottesvolkes wirksame göttliche Gnadenwille insofern für identisch gehalten mit dem in der Sendung Jesu, der Gründung des neuen Gottesvolkes und der Erleuchtung der Herzen der Einzelnen wirksamen göttlichen Gnadenwillen, als sich beide derjenigen Gnadenabsicht des Schöpfers verdanken, mit der dieser auf den Fall reagiert: nämlich der Gnadenabsicht, die Menschheit aus den Fängen der Trugmacht zu befreien, ihnen die unter dem Einfluss der Trugmacht angesammelte Schuld zu vergeben und sie durch beides wieder in die gehorsamsfähige Gemeinschaft mit ihm zu bringen (Gen 3,15); und sofern diese einheitliche, der gefallenen Menschheit geltende Gnadenabsicht ihr Ziel erst im Gnadenwirken durch Christus und die Kirche an den Herzen der Einzelnen erreicht.

Nicht völlige Einmütigkeit herrscht jedoch darüber, ob dieses auf den Fall reagierende Gnadenwollen und -wirken Gottes in Wahrheit identisch ist mit dem Wollen und Wirken, das sich in früheren Werken Gottes manifestiert, ja ob diese früheren Manifestationen des Wollens und Wirkens Gottes überhaupt sämtlich Ausdruck seiner Gnade sind:

Immerhin ist jedenfalls die Begabung des geschaffenen Menschen mit der iustitia originalis (also der imago mit der similitudo) unzweifelhaft als ein Werk des göttlichen Gnadenwillens und Gnadenwirkens anzuerkennen. Aber ist das hierin manifeste Gnadenwollen und -wirken des Schöpfers identisch mit dem nach dem Fall einsetzenden? Jedenfalls reagiert es ja nicht wie dieses auf den Fall. Schlechthin identisch wäre das schon in der Gabe der iustitia originalis manifeste Wollen und Wirken der Gnade mit dem nach dem Fall einsetzenden und auf ihn reagierenden nur dann, wenn dieses in sich selbst auch schon von der Absicht getragen wäre, erst durch Reaktion auf den Fall sein uranfängliches Ziel zu erreichen – was einschließt, auch den Fall selbst schon als ein Vorkommnis innerhalb des einen göttlichen Gnadenwollens und -wirkens anzusehen. Dem aber scheint zu widersprechen, dass Gottes wesentliche Güte, die Güte seines Wollens und Wirkens und aller seiner Werke, die Urheberschaft an der Sünde ausschließt. Folglich scheint die Absicht, die dem ersten und ursprünglichen Gnadenwirken Gottes *vor* dem Fall, der Gabe der iustitia originalis, zugrunde liegt, *insofern* abzuweichen von der Absicht des Gnadenwirkens *nach* dem Fall, als sie noch nicht auf den Fall bezogen war – unbeschadet der Tatsache, dass das erste Gnadenwirken in der Verleihung der iustitia originalis auf dasselbe Endziel gerichtet ist (und es auch erreicht) wie das auf den Fall reagierende Gnadenwirken. Es ergibt sich eine *relative* Differenz des auf den Fall reagierenden Gnadenwillens und -wirkens Gottes zu seinem ersten vermöge der *Bezogenheit* nur des zweiten auf den Fall, die dem ersten noch fremd ist, was einzuschließen scheint, dass er ein in der ursprünglichen Gnadenabsicht Gottes noch nicht enthaltener widriger Zwischenfall ist, dessen Überwindung dann das auf ihn reagierende Gnadenwollen und -wirken dient.

Immerhin sind für diese – besonders, aber nicht nur in der katholischen Orthodoxie vertretene – Sicht die Verleihung der iustitia originalis und die Reaktion auf die durch den Fall geschaffene Situation, die auf deren Überwindung zielt, *insofern* beide eine Manifestation des *einen* göttlichen Gnadenwollens und -wirkens als beide auf dasselbe Endziel gerichtet sind: die Teilhabe des Menschen an der ewigen Seligkeit.

Wie aber steht es um den der Verleihung der iustitia originalis vorausgehenden Akt, den Akt der Schaffung des Menschen als imago Dei, als geschaffenes Personsein, welches geschaffenes Abbild des schaffenden Personseins Gottes ist? Dass es sich hierbei (Schaffung des Menschen als imago Dei einerseits, Verleihung der iustitia originalis andererseits) um zwei verschiedene Akte handelt, schließt nicht aus, dass sie Manifestationen desselben, nämlich von derselben Gnadenabsicht getragenen, Gnadenwirkens Gottes sind. Aber: Würde nicht dann, wenn schon der Akt der Schaffung des Menschen zur imago die Verwirklichung derselben Absicht wäre wie dann die Gabe der similitudo (iustitia originalis) die völlige Ungeschuldetheit der Letzteren, ihre absolute Gratuität, hinfällig? Würde Letztere dann nicht nur zu einer Konsequenz des ersten Aktes (der Erschaffung des Menschen als imago, als geschaffenes Personsein), der nicht mehr völlig unbegründet und ungeschuldet wäre, sondern nur noch eine Exekution von Anforderungen, die schon im ersten Akt gesetzt sind? So könnte man, um die absolute Gratuität der Verleihung der similitudo (und damit die Hinordnung auf die ewige Seligkeit) zu wahren, die Schaffung der imago noch nicht als eine Manifestation desjenigen Gnadenwollens und -wirkens beschreiben, das sich dann erst in der Verleihung der similitudo manifestiert – und man hat sie so beschrieben.[6]

1.3 Jeder Versuch, in dieser Debattenlage begründet Stellung zu beziehen, muss bei den Fragen ansetzen, die sich auf der *theologischen* Ebene (also auf der Ebene des Redens über Gott) stellen. Es ist nämlich nicht erfolgreich zu bestreiten, dass sich in der Bestimmtheit des *menschlichen* Herzens, dem Werk der Gnade Gottes, die Verwirklichung der Gnadenabsicht Gottes manifestiert. Alle Aussagen über das Verhältnis der Bestimmtheit des *menschlichen* Personzentrums durch die in Christus durch den Geist wirksame Gnade gegenüber seinen früheren Bestimmtheiten müssen sich zurückführen lassen auf Aussagen über das Gnadenwollen und -wirken *Gottes* selbst. Die anthropologische Aussagenebene (die

[6] Nämlich Pius XII. in der Enzyklika Humani generis von 1950 (DS 3891): Man dürfe nicht verneinen, dass Gott intelligente Wesen, also eine imago seiner selbst, schaffen kann, ohne sie auf das Letztziel der ewigen Seligkeit hinzuordnen.

Ebene des Redens über den Menschen) ist in der theologischen (in der Ebene des Redens über Gott) begründet.

1.3.1 Auf die auf dieser – soeben unter 1.2 behandelten – Ebene offenen Fragen ist wie folgt zu antworten:

Erstens: Das – in Christus durch den Geist der Wahrheit offenbare – Wesen, Wollen und Wirken des schaffenden Personseins Gottes ist in sich selbst absolut einheitlich und absolut verlässlich. Diese absolute Einheitlichkeit und Verlässlichkeit des Wesens, Wollens und Wirkens Gottes sind manifest in *allen* seinen Werken – unbeschadet ihrer Verschiedenheit, die sich aus dem Unterschied ihrer Stellung im Ganzen der Realisierung des Willenszieles Gottes ergeben.

Zweitens: Das schließt ein, dass schon die Schaffung von Wesen, die als geschaffene Personen die imago des schaffenden Personseins Gottes sind, an dieser Einheitlichkeit und Verlässlichkeit des Wollens und Wirkens Gottes Anteil hat. Schon die Schaffung von geschaffenen Personen ist Manifestation der Verlässlichkeit von Gottes Wollen und Wirken, wenn a) dieses geschaffene Personsein treues Abbild des schaffenden Personseins ist und nicht sein Zerrbild, und wenn b) auch das durch die Schaffung des geschaffenen Personseins manifeste Verhältnis des schaffenden Personseins zum geschaffenen Personsein verlässlich ist, also nicht auf Widerruf, sondern auf Bestand und wesensgemäße – nämlich der Eigenart dieses Verhältnisses als eines interpersonalen und zwar radikal asymmetrisch interpersonalen Verhältnisses entsprechende – Vollendung hin gesetzt ist. Ausgeschlossen ist, dass Gott Teufel schafft.

Drittens: Alle Phasen der Entwicklung dieses Verhältnisses gehören in die Einheit der Verwirklichung der Zielgestalt dieses Verhältnisses hinein, dessen Verwirklichung schon mit der Setzung dieses Verhältnisses begonnen hat: nämlich mit der Setzung der Bedingungen, unter denen *alle möglichen* Bildungsgestalten dieses Verhältnisses stehen.

Viertens: Es liegt in der Eigenart dieses gesetzten Verhältnisses, dass von der Setzung und dem Gesetztsein dieses Verhältnisses als eines solchen, das dazu bestimmt ist, seine vollendete Bildungsgestalt zu erhalten, die erste Bestimmtheit seiner Bildungsgestalt unterschieden wird; denn nicht diese, wohl aber das Gesetztsein des Verhältnisses ist die Bedingung für *alle möglichen* Bildungsgestalten dieses Verhältnisses auf Seiten des geschaffenen Personseins. Und es liegt ebenso in der Eigenart des gesetzten Verhältnisses, das die erste positive Bestimmtheit des geschaffenen Personseins als das Ansich seines realen Ausgerichtetseins auf sein wahres Ziel – eben die von Gott gewollte Vollendungsgestalt des Verhältnisses – ihm von Gott ins Herz (ins Zentrum seines geschaffenen Personseins) gegeben wird.

Fünftens: Der Fall und seine Überwindung sind kein Zwischenfall, sondern bereits durch die Eigenart des gesetzten radikal asymmetrischen interpersonalen Verhältnisses und sein Bestimmtsein zu vollendeter Bildungsgestalt und die Verlässlichkeit dieser Eigenart begründet. Die durch das Durcherleben dieses Dramas geschaffene Gerechtigkeit des Lebens – und Sterbens – in der Gewissheit des

Glaubens an die im Mensch gewordenen Schöpferlogos durch den Geist offenbare Gerechtigkeit – nämlich Einheitlichkeit und Verlässlichkeit des Wollens und Wirkens – Gottes ist nicht die wiederhergestellte iustitia originalis des Geschöpfes, sondern die Reifegestalt der iustitia des Geschöpfes. Erst diese ist seinem geschaffenen Personsein gemäß und ihm durch die bildende Ökonomie Gottes zuteilgeworden.

1.3.2 Dementsprechend sind dann auch die Bildungsgestalten des menschlichen Personzentrums, bevor und nachdem an diesem die die Schuld des Menschen und das Erbarmen Gottes offenbar machende Gnade Gottes in Christus durch den Geist wirksam geworden ist, sämtlich Werk des im Ganzen (einheitlich) und verlässlich auf das ewige Leben des geschaffenen Personseins in Seligkeit hinstrebenden Gnadenwillens Gottes. Freilich unterschiedliche Werke mit unterschiedlicher Funktion im Gesamtprozess.

Werk des Gnadenwillens Gottes ist nicht die Selbstbestimmung des Menschen in seinem durch Missverstehen seiner selbst und Gottes bedingten Irrstreben, wohl aber das Scheitern dieser irrstrebenden Selbstbestimmung und das Leiden an ihr. Denn ohne dies beides gibt es kein Innesein des eigenen geschaffenen Personseins in seinem wahren – radikal asymmetrischen – Verhältnis zum schaffenden Personsein. Also auch kein Leben in Gerechtigkeit und keine Seligkeit für das geschaffene Personsein.

Das menschliche Leben in der Bestimmtheit seines Innersten durch das Wirken der Gnade Gottes in Christus durch den Geist ist eben dieses – Leben im Bestimmtsein durch die Gnade – nur, weil ihm gewiss ist, dass schon sein ganzes bisheriges Leben Leben unter der Gnade war – so wie alles menschliche Leben Leben unter der Gnade war und ist: Leben unterwegs auf das ihm von Anfang an aus Gnade bestimmte Ziel. Der ungeschuldete Charakter der Gnade, ihre völlige Unverfügbarkeit verschwindet damit nicht. Es ist nur gewiss, dass diese Züge *schon* dem eignen, was die geschaffene „Natur" des Menschen ausmacht: geschaffenes innerweltlich-leibhaftes, bildungsbedürftiges und im Prozess des Gebildetwerdens seines Innersten begriffenes Personsein.

So weit die Beseitigung der ersten Disjunktion, derjenigen zwischen Gnade und Natur im menschlichen Leben. Der Glaube und die Theologie können nicht anders, als schon die „Natur" genannte Lage als Manifestation der Gnade des Schöpfers anzusprechen. Für den Glauben und die Theologie ist schon die Natur Gnade. Das gilt, wenn das, was hier „Natur" heißt, als Werk, als Realisat des Willens des schaffenden Personseins zur vollendeten Gemeinschaft des geschaffenen Personseins mit ihm betrachtet und im Horizont der Einheit und Verlässlichkeit dieses schaffenden Wollens gesehen wird.

2. „*Natur* ist *Gnade*“. *Die kosmologische Bedeutung der Aussage.*

Wie verhält sich das, was innerhalb der theologischen Debatte „Natur“ genannt wird, zu dem, was außerhalb der Theologie „Natur“ heißt? Fragen wir zunächst nach dem Realen, welches außerhalb der Theologie „Natur“ genannt wird (2.1), dann, wie sich dieses Reale zu dem verhält, was innerhalb der Theologie „Natur“ genannt wird (2.2). Bei der Beantwortung dieser zweiten Frage wird sich zeigen, dass die Theologie nicht anders kann, als sich am Glauben an Gott, den Schöpfer, und an der diese Gewissheit explizierenden orthodoxen Lehre zu orientieren, und dass sie deshalb auch die Anthropologie nur innerhalb der Kosmologie entfalten kann. Damit wird sich zeigen (2.3): Die Aussage „Natur *ist* Gnade“ gilt für die Theologie im umfassenden, ausnahmslosen Sinne. Nur auf diesem Wege hält sie an der *Einheit* der uns als innerweltlich-leibhaften Personen zu-verstehen gegebenen Realität und an der Einheit der Wahrheit fest. Das aber ist nur möglich, wenn nicht nur das „eschatologische Büro“ nicht „geschlossen“ wird,[7] sondern ebensowenig das „protologische“.[8]

2.1 Was heißt außerhalb der Theologie „Natur“?[9] Der Ausdruck bezeichnet jedenfalls einerseits geordnete Prozesse des Werdens und andererseits die relativ beständige Eigenart des durch sie Gewordenen. Dabei stehen zunächst nur solche Prozesse und Prozessresultate im Blick, die nicht die Realisierung menschlicher Willensziele sind. Was „physei“ geschieht bzw. geworden ist, steht dem,

[7] Vgl. E. Troeltsch, Glaubenslehre, 1925, 36.

[8] Hierzu erinnere ich an die Bedenken I. Kants gegen die Rede von einer „Schöpfung“ der Welt der Menschen. Vgl. Ders., Die Religion in den Grenzen der bloßen Vernunft, 1793, 215 f. („… die göttliche, heilige, mithin bloß freie Wesen angehende Gesetzgebung“ lässt sich „mit dem Begriffe einer Schöpfung derselben [sc. der freien Wesen: E. H.] […] nicht vereinbaren, sondern man muß jene als schon existierende freie Wesen betrachten, welche nicht durch ihre Naturabhängigkeit vermöge ihrer Schöpfung, sondern durch eine bloß moralische, nach Gesetzen der Freiheit mögliche Nötigung, d. i. eine *Berufung* [Kursivierung E. H.] zur Bürgerschaft im göttlichen Staat [sc. des „ethischen gemeinen Wesens“ oder des „Reiches Gottes“: E. H.] bestimmt werden“). Als „Schöpfung“ vermochte Kant lediglich die nach Gesetzen aus innerweltlicher Kausalität erfolgende Entstehung von Galaxien anzusprechen (so in: Ders., Allgemeine Naturgeschichte oder Theorie des Himmels, 1755, dort etwa: Teil II, Hauptstück 7: AA I 360). 1797 ergänzt Kant die Feststellung von 1793 durch Hinweis auf eine Möglichkeit, dem Begriff der Schöpfung freier Wesen (und ihrer Welt) eine nicht widersprüchliche Fassung dadurch zu geben, dass „in moralisch-praktischer, mithin nicht-sinnlicher Absicht die reine Kategorie (sc. der Kausalität: E. H.) (ohne ein ihr untergelegtes Schema [verstehe von Zeit und Raum: E. H.]) im Schöpfungsbegriffe gebraucht wird“ (Ders., Metaphysik der Sitten, 1. Teil § 28). Auch diese Passage beschränkt allerdings die Zulässigkeit der Rede von Schöpfung auf das sogenannte Reich der Notwendigkeit. Der für Kants Position charakteristische ontologische und kosmologische Dualismus (zwischen dem von ihm sogenannten „Reich der Notwendigkeit“ und dem „Reich der Freiheit“) bleibt erhalten und eine einheitliche Protologie somit ausgeschlossen.

[9] Ich stütze mich im Folgenden auf das Material, das zusammengetragen ist in: F. P. Hager / T. Gregory / F. Kaulbach, Art.: Natur, in: HWPh VI 421–478.

was „techne“ bzw. „nomoo“ geschieht bzw. geworden ist, gegenüber und ist ihm vorgegeben. Der so umgrenzte Bereich der „physis“ umfasst sowohl das geordnete Werden und Gewordene im Bereich des Leblosen wie vor allem im Bereich des Lebendigen (und als solchen „Beseelten“; wobei das Seelische als das sich selbst Bewegende etwa für Aristoteles *nicht* ipso facto auch schon das Geistige einschließt). Allerdings wird nur geordnetes Werden und Gewordenes innerhalb der Welt als „physis“ bezeichnet, nicht jedoch der diese Ordnung des Werdens bestimmende und beherrschende „himmlische“ Bereich: „Physis“ ist in der Antike auf den sublunarischen Bereich beschränkt und der durch den Fixsternhimmel und seinen Urheber garantierten Ordnung unterworfen. Innerhalb dieses Bereiches werden sowohl die verschiedenen Klassen einzelner geordneter Werdeprozesse und deren Resultate „Natur“ genannt als auch das Ganze dieses sublunarischen Werdens, das auch als einheitliche Wirkmacht intuiert und angesprochen werden kann.

Schon früh stellt sich die Frage nach dem Verhältnis zwischen dieser blind prozedierenden „Natur“ und dem selbstbewusst Willensziele realisierenden Prozedieren des Menschen. Platon, Aristoteles und die Stoa legen aufeinander aufbauende Antworten auf diese Frage vor. Für Platon ist das „technische“ - also selbstbewusst Willensziele realisierende - Prozedieren, wie es innerhalb der Welt für das menschliche Leben wesentlich ist, auch der Grund für das geordnete natürliche Prozedieren in der Welt, nämlich das selbstbewusst Willensziele realisierende Prozedieren des Demiurgen. Aristoteles sieht umgekehrt, dass das „technische“, selbstbewusst Willensziele realisierende Prozedieren in der Welt die gesamte Ordnung der Natur voraussetzt, die ihrerseits jedenfalls nicht als das Werk eines technisch vorgehenden Weltbaumeisters aufgefasst werden kann. Die Stoa weitet die Rede von „physis“ so aus, dass der Ausdruck sowohl erstens die eigenartige Verfassung des gewordenen Seins des Menschen bezeichnet als auch zugleich zweitens das Ganze des geordneten innerkosmischen Werdens wie dann auch drittens die Allnatur, deren Welt bildender und Welt durchdringender Logos in der festen Geordnetheit allen Geschehens dessen unwiderstehliche *Schicksalhaftigkeit* („heirmamene“) begründet und in dem unirritierbaren Hinstreben auf die Lebensmöglichkeiten des Menschen („pronoia“) dessen *Güte*. Hier wird das Zusammenfallen von „physis“ und „techne“ im Wesen der Allnatur als „kunstvoll wirkendem Feuer“ behauptet. Und hier ist erstmals *„physis“* zur Bezeichnung der *Einheit der Welt und ihres Grundes* ausgeweitet - unter Einschluss der Situation des Menschen. Dies allerdings um den Preis, dass die Bedingungen von Selbstbestimmung durch die Realisierung selbstbewusst gewählter Willensziele nicht durchgeklärt sind. Nur auf dem Boden des Ungeklärtbleibens dieser Bedingungen kann einem Element (dem Feuer) „technisches“ (kunstvoll bildendes, logoshaftes) Prozedieren zugesprochen werden.

Die neuzeitliche und moderne Rede von „Natur“ setzt die Polysemie der antiken Rede von „physis“ fort. Allerdings mit zwei neuen Akzenten und einer revolutionären Konsequenz:[10]

a) Die Entdeckung des Kopernikus beseitigt die statischen Fundamente und Grenzen der bisherigen Auffassung von „Natur“ als geordnetes Werden auf der Erde unterhalb des Fixsternhimmels. In der Erforschung von „Natur“, die von dieser Entdeckung ihren Ausgang nimmt, wird Natur zunehmend klar präsent als das Universum eines gesetzmäßigen Werdens, das als seinen Effekt nichts anderes hervorbringt als besondere Bereiche eines untergeordneten Werdens nach untergeordneten Gesetzen, die jeweils notwendig, aber nicht hinreichend bedingt sind durch das jeweils „ältere“ gesetzmäßige Werden. „Natur“ wird zur Bezeichnung des Kontinuums der innerkosmischen Evolution des asymmetrischen Gefüges von unterschiedlichen Weisen des gesetzmäßigen Werdens, in welchem „jüngere“ von jeweils „älteren“ in dem Sinne zu unterscheiden sind, dass die Erstgenannten (etwa die Weise des Werdens von lebendigen Organismen) jeweils umgriffen und notwendig bedingt sind von den zuletzt genannten Weisen des gesetzmäßigen Werdens (etwa den Weisen des gesetzmäßigen Werdens von chemischen Konstellationen – umgriffen und notwendig bedingt durch Weisen des gesetzmäßigen Werdens von physikalischen Konstellationen).

b) Das schon in der Antike thematisierte Verhältnis zwischen den verschieden strukturierten Weisen des Prozedierens der „physis“ auf der einen, der „techne“ auf der anderen Seite – also das Verhältnis zwischen blindem, regel- bzw. gesetzesbeherrschtem Prozedieren und einem Prozedieren in der Weise selbstbewusster Selbstbestimmung durch verantwortliche Wahl und Realisierung von Willenszielen – rückt in Neuzeit und Moderne ins Zentrum der Debatte. Der Gegensatz spitzt sich zu auf das Gegenüber von zwar regel- bzw. gesetzesbeherrschtem, aber „blindem“ Prozedieren auf der einen Seite und einem Prozedieren in der Weise selbstbewusster Selbstbestimmung durch verantwortliche Realisierung von Zielen des eigenen Wollens auf der anderen. Was dem blinden Prozedieren unterliegt, erleidet alle seine Veränderungen durch die Auswirkung von externen Einflüssen nach nicht durch es selbst gewählten Wirkregeln; was in der Weise der selbstbewussten Selbstbestimmung prozediert, erfährt Veränderungen durch die Realisierung selbstgewählter Ziele und kann auch Regeln seines eigenen Prozedierens selbst wählen und etablieren. Weil dies Prozedieren sich als selbstbewusste Selbstbestimmung vollzieht, ist es ipso facto gestützt auf Gründe, über die Auskunft gegeben werden kann (in diesem Sinne ist es „rational“ und „verantwortlich“).

[10] Dieser „dreifache Ausgang“ der Auffassung von „Natur“ in Neuzeit und Moderne wird in dem oben genannten großen begriffsgeschichtlichen Artikel nicht mehr systematisch herausgearbeitet.

Die Situation des Prozedierens von Menschen zeigt: Einem blinden Prozedieren zu unterliegen, schließt nicht einfach aus, auch in der Weise selbstbewusster Selbstbestimmung zu prozedieren. Vielmehr präsentiert sich das Prozedieren von Menschen als ein solches, welches eingebettet und damit notwendig bedingt ist durch blinde biotische, chemische und physikalische Prozesse, sich nur innerhalb ihrer vollzieht. Hinreichend bedingt ist es jedoch immer erst durch das Prozedieren in selbstbewusster Selbstbestimmung, also durch das Realisieren eigener Willensziele. Menschliches Prozedieren vollzieht sich als selbstbewusste Selbstbestimmung unter der Bedingung des Erleidens von blinden biotischen, chemischen und physikalischen Prozessen in der Weise des verantwortlichen Umgangs mit ihnen - und deshalb auch immer unter Bedingung des Erleidens der Einwirkungen des Prozedierens anderer Menschen, das ebenfalls Prozedieren in selbstbewusster Selbstbestimmung unter der Bedingung des Erleidens von blinden biotischen, chemischen und physikalischen Prozessen ist.

Weil für die Eigenart des Prozedierens von Menschen selbstbewusste Selbstbestimmung grundlegend ist, rückt die Frage nach der Bedingung von deren Möglichkeit ins Zentrum, also die Frage nach der Verfassung und Konstitution von Selbstbewusstsein. Ich unterstelle als erwiesen, dass jeder Versuch, Selbstbewusstsein durch Selbstreflexion zu erklären, scheitert, weil er in einen unendlichen Regress führt. Selbstbewusstsein ist der nicht durch Selbstreflexion konstituierte Möglichkeitsgrund für Selbstreflexion.[11] Wodurch ist dieser - also Selbstbewusstsein als dieser Möglichkeitsgrund von Selbstreflexion - konstituiert? Jedenfalls durch ein Widerfahrnis, welches jeder Selbstreflexion als ein zuvor erlittenes vorangeht. Welcher Art ist dieses - das Selbstbewusstsein konstituierende und damit Selbstreflexion und Selbstbestimmung ermöglichende - Widerfahrnis?

Zwei naheliegende Antworten scheiden aus. Nämlich erstens die Antwort: Selbstbewusstsein als die hinreichende Möglichkeitsbedingung von Selbstreflexion und Selbstbestimmung wird durch das Erleiden blinder biotischer, chemischer und physikalischer Prozesse konstituiert. Das Erleiden derartiger Prozesse ist zwar die notwendige Bedingung der selbstbewussten Selbstbestimmung von Menschen, aber nicht ihre hinreichende Bedingung; also auch nicht die hinreichende Bedingung für die Realität von Selbstbewusstsein als Bedingung der Möglichkeit von Selbstreflexion und Selbstbestimmung.

Zweite ausscheidende Antwort: Selbstbewusstsein als die Möglichkeitsbedingung von Selbstreflexion und Selbstbestimmung wird durch das Erleiden von Prozessen der selbstbewussten Selbstbestimmung anderer Menschen konstituiert. Auch das Erleiden solcher Prozesse ist nur eine notwendige und nicht die hinreichende Bedingung der selbstbewussten Selbstbestimmung von Menschen; also ebenfalls nicht die hinreichende Bedingung für die Realität von Selbstbe-

[11] Selbstbewusstsein so gesehen - also als der nicht durch Selbstreflexion gesetzte Möglichkeitsgrund für Selbstreflexion - ist „*un*mittelbar": nämlich *nicht* durch Selbstreflexion *vermittelt*.

wusstsein als die hinreichende Bedingung der Möglichkeit von Selbstreflexion und Selbstbestimmung.

Und das heißt: Selbstbewusstsein als der Möglichkeitsgrund für Selbstreflexion und Selbstbestimmung wird nicht durch das Erleiden von Einflüssen derjenigen Prozesse konstituiert, in welche das Prozedieren von Menschen, ihr Prozedieren in der Weise selbstbewusster Selbstbestimmung, eingebettet ist, also nicht durch blinde biotische, chemische oder physikalische Prozesse und nicht durch soziale Prozesse. Vielmehr ist dieses Prozessganze selbst überhaupt nur für Menschen da in der Weise, dass es für sie Gegenstand desjenigen Umgangs mit ihm ist, den es mit ihnen im Vollzug seines Prozedierens in der Weise der selbstbewussten Selbstbestimmung zu machen hat. Die Einheit des asymmetrischen Bezogenseins von menschlichem Prozedieren in der Weise von selbstbewusster Selbstbestimmung auf das blinde biotische, chemische und physikalische Prozedieren und dieses blinden Prozedierens auf das menschliche Prozedieren in der Weise von selbstbewusster Selbstbestimmung ist unhintergehbar und unübersteigbar.[12] Der konstituierende Grund für Selbstbewusstsein als Möglichkeitsgrund von Selbstreflexion und Selbstbestimmung kann nur *der konstituierende Grund der Einheit dieses asymmetrischen Verhältnisses sein*.

c) Damit tritt die Möglichkeit, den Ausdruck „Natur" in der erstmals durch die Stoa eingeführten weitesten Bedeutung für die Einheit von Welt und ihren Grund zu verwenden, unter eine neue Bedingung:

Diese Möglichkeit entfällt keineswegs. Und möglich bleibt es auch heute, wie in der Antike, mit dem Ausdruck „Natur" die Einheit der Welt *und* ihres Grundes anzusprechen und dabei lediglich das Ganze der blinden biotischen, chemischen und physikalischen Prozesse anzusprechen, in die unsere selbstbewusste Selbstbestimmung eingebettet, durch die sie also notwendig bedingt ist.

Aber dieser Gebrauch von „Natur" zur Bezeichnung des Weltganzen ist abstrakt. Er ignoriert, dass dies „Natur" genannte Ganze überhaupt nur gegeben ist in der Bezogenheit auf (nämlich als notwendige Bedingung für) ein Prozedieren in selbstbewusster Selbstbestimmung, wie es die Eigenart unseres Prozedierens ist. Somit verkennt auch die Gleichsetzung jenes „Natur" genannten Ganzen der blinden biotischen, chemischen und physikalischen Prozesse samt ihres Grundes mit der realen Welt, dass die reale Welt etwas anderes, und zwar *mehr* ist als nur dieses „Natur" genannte Ganze. Vielmehr ist *die reale Welt nicht weniger als der reale Raum aller möglichen Weisen des eben beschriebenen asymmetrischen Bezogenseins*

[12] Asymmetrisch ist dieses Verhältnis, weil die blinden biotischen, chemischen und physikalischen Prozesse in anderer Weise auf das menschliche Prozedieren in selbstbewusster Selbstbestimmung bezogen sind als diese auf jene. Die Ersteren sind notwendige Bedingungen für die Zweiten, erst diese sind hingegen die nicht nur notwendigen, sondern auch hinreichenden Bedingungen für alle Effekte der Ersteren innerhalb des menschlichen Lebens. Alle Wirkungen der blinden biotischen, chemischen und physikalischen Prozesse innerhalb des menschlichen Lebens sind erst hinreichend bedingt durch die Art und Weise, wie dieses mit ihnen umgeht, sie versteht.

von blinden biotischen, chemischen und physikalischen Prozessen und einem Prozedieren in selbstbewusster Selbstbestimmung aufeinander.

Nicht ausgeschlossen ist, auch die in dieser ihrer Komplexität in den Blick gefasste Realität von Welt mit dem Ausdruck „Natur“ zu bezeichnen, der damit aber eine weitere Bedeutung erlangt. Denn dann bezeichnet der Ausdruck „Natur“ auch das, was nicht einfach in der Weise unserer selbstbewussten Selbstbestimmung prozediert, sondern diesem unseren Prozedieren „techne“ und „nomoo“ so vorgegeben ist, dass dieses unser personales Prozedieren allererst aufgrund jener Vorgegebenheit möglich ist, in dieser Vorgegebenheit den Grund seines Realismus hat und somit auch an der Respektierung dieser Vorgegebenheit das Kriterium seiner Angemessenheit (Wahrheit). Auch unter diesen semantischen Bedingungen bleibt die – etwa von der Stoa formulierte – Einsicht wahr, dass das gute Leben das „zen kata physin“ ist. Aber unter den hier geklärten semantischen Bedingungen ist die uns vorgegebene „Natur“ im Ganzen dann eben etwas anderes als nur das Ganze der blinden biotischen, chemischen und physikalischen Prozesse, vielmehr: das reale Dauern der asymmetrischen Bezogenheit dieser Prozesse auf das Prozedieren in selbstbewusster Selbstbestimmung und dieser Prozesse auf jene.

Ein klassischer Fall dieses Gebrauchs des Ausdrucks „Natur“ findet sich in Schleiermachers zweiter Rede über die Religion, wo es heißt: „Die Religion atmet da, wo die Freiheit selbst schon wieder Natur geworden ist, jenseits des Spiels seiner besonderen Kräfte und seiner Personalität fasst sie den Menschen, und sieht ihn aus dem Gesichtspunkte, wo er das sein muss, was er ist, er wolle oder wolle nicht (nämlich ein Wesen, zu dem sich das Universum so verhält, dass dieses Wesen sich zum Universum verhalten kann und muss: Hinzufügung E. H.)“.[13]

„Natur“ in diesem weiten Sinne kann dann die Einheit von Welt-samt-ihrem-Grund bezeichnen, und dies wiederum so, dass dabei entweder angenommen wird, dass die Welt absolut und ihr eigener Grund ist, oder so, dass angenommen wird, die Welt und ihr Grund bilden zwar eine unlösliche Einheit, sind aber in dieser Einheit unterschieden. Gegen die erste Annahme spricht die kontingente Realität von Welt in ihrer Bestimmtheit. Im Fall der zweiten Annahme würde die Verwendung von „Natur“ für beides, die Welt und ihren Grund, eine Äquivokation schaffen. Also empfiehlt es sich, „Natur“ im weiten Sinne zur Bezeichnung der Welt im Unterschied zu ihrem Grund zu gebrauchen.

Ein solcher Gebrauch von „Natur“ ist außerhalb der Theologie möglich und anzutreffen.

2.2 Wie verhält er sich zu dem, was innerhalb der Theologie „Natur“ heißt? Wie im ersten Teil gezeigt, verweist die theologische Rede von „Natur“ auf das Werk Gottes des Schöpfers: also auf die Situation des Menschen des geschaffenen Ebenbildes des schaffenden Personseins Gottes inmitten der in sich selbst zwar

[13] F. D. E. Schleiermacher, Über die Religion. Reden an die Gebildeten unter ihren Verächtern, 1799, 51 f.

geordneten, aber blinden biotischen, elementarischen und physikalischen Prozesse; und das heißt: Die theologische Rede von „Natur" verweist auf das Ganze der geschaffenen Welt als den realen Raum aller möglichen Ausgestaltungen der asymmetrischen Bezogenheit geordneter, aber blinder Prozesse auf das menschliche Prozedieren in selbstbewusster Selbstbestimmung und dieser auf jene.

Folglich kann die Theologie gar nicht anders, als die außerhalb der Theologie anzutreffende Rede von „Natur" - wenn diese die vorstehend angedeutete Konkretheit besitzt, also nicht irgendeiner semantischen Engführung unterliegt - als Bezeichnung desselben zu verstehen, was auch innerhalb ihrer „Natur" heißt: nämlich das Werk Gottes des Schöpfers, das der Raum für alle möglichen Phasen der Bildungsgeschichte der von ihm gewollten vollkommenen, von Missverständnissen freien Gemeinschaft mit seinem geschaffenen Ebenbild ist.

Dann aber muss die Theologie auch dieses Ganze als Realisat des Schöpferwillens - der als Wille zur vollkommenen, also auch versöhnten Gemeinschaft seines geschaffenen Ebenbildes mit ihm ipso facto Gnadenwille ist - auch als Realisat der Gnade des Schöpfers ansprechen, also sagen: Natur (im kosmischen Sinne) *ist* Gnade. Hat sie das getan? Kann sie es heute noch tun?

Sie hat es getan in der von Augustin bis in die hochmittelalterliche Scholastik reichenden Auffassung der geschaffenen Welt des Menschen als der durch die dauernden Eingriffe Gottes regierten Natur- und Weltgeschichte, die als solche - also in der Ausgeliefertheit an sein souveränes Schalten und Walten - das Buch seiner Schöpfertaten ist.

Kann diese Gleichsetzung von „Natur" im außertheologischen Sinne und Natur im theologischen Sinne auch heute noch durchgehalten werden? Dagegen scheint zweierlei zu sprechen.

Erstens die Tatsache, dass das, was außerhalb der Theologie „Natur" heißt - sei es im enggeführten Sinne des Inbegriffs der gesetzmäßigen, aber blinden biotischen, chemischen, physikalischen Prozesse, sei es im konkreten Sinne der vorgegebenen Welt als des Raums aller möglichen Ausgestaltungen des asymmetrischen Verhältnisses zwischen blinden biotischen, chemischen und physikalischen Prozessen und dem Prozedieren der Menschen in selbstbewusster Selbstbestimmung -, von denjenigen, die sich mit dieser „Natur" genannten Realität beschäftigen, also von Naturwissenschaftlern und Philosophen unterschiedlichster weltanschaulicher Orientierung, nicht als Realisat der Gnade Gottes betrachtet wird.

Dieser Einwand ist jedoch nicht stichhaltig. Denn zwar ist es in der Tat so, dass die Naturwissenschaftler ihren „Natur" genannten Gegenstand nicht unter dem Gesichtspunkt betrachten, ob und wieweit er Ausdruck des Gnadenwirkens des Schöpfergottes ist. Und erst recht wäre es sachlich abwegig, von der naturwissenschaftlichen Erforschung der „Natur" zu erwarten, dass sie von sich aus, also als ein naturwissenschaftliches Forschungsergebnis, in der Natur, die sie auf die in dieser waltenden Gesetze durchforschten, einen Hinweis auf Gott und sein Gnadenwirken finden *könnte*.

Ebenso verfehlt ist es, von Philosophen etwas anderes und gegebenenfalls mehr zu erwarten als das Vordringen zu einem konkreten Begriff von Welt als dem Raum aller möglichen Ausgestaltungen des asymmetrischen Verhältnisses zwischen gesetzmäßigen aber blinden biotischen, chemischen und physikalischen Prozessen und dem Prozedieren in selbstbewusster Selbstbestimmung sowie eine entsprechend konkrete Fassung der *Frage* nach dem Weltgrund.

Aber dies alles ändert nichts daran, dass die Theologie, die auf dem Boden der durch das Evangelium gegebenen Antwort auf diese Frage steht und somit auch den konkreten Begriff von Welt als realem Raum aller möglichen Ausgestaltungen der asymmetrischen Bezogenheit zwischen gesetzmäßigem blindem Prozedieren und Prozedieren in selbstbewusster Selbstbestimmung vertritt, ihrerseits *ein theologisches Verständnis der Naturwissenschaft und der Philosophie als einer menschlichen Tätigkeit in dieser Welt* vorzulegen hat. Die Theologie tritt keinem Naturwissenschaftler und keinem Philosophen zu nahe, wenn sie behauptet, dass beide einen sachorientierten Umgang mit dem Ganzen bzw. einem einzelnen Aspekt dieser Natur bzw. Welt pflegen, von der die Theologie behaupten muss, dass sie das Realisat der Gnade des Schöpfers ist.

Zweiter Einwand: Das konkrete Verständnis von Welt schließt die Erkenntnis ihrer Isomorphie und ihrer eigenen Dauerhaftigkeit ein, und das die neuzeitliche bzw. moderne Naturwissenschaft leitende Verständnis der gesetzmäßigen, aber blinden biotischen, chemischen und physikalischen Prozesse schließt die Zuverlässigkeit der Naturgesetze ein. Kann und muss auch diese in der heutigen Rede von „Welt" und „Natur" eingeschlossene Selbständigkeit, Dauerhaftigkeit, Gesetzmäßigkeit allen Geschehens in der – konkret verstandenen – Welt als Realisat der Gnade des Schöpfers verstanden werden?

Ja, sie kann und muss so verstanden werden. Jedenfalls soweit beide Annahmen nicht mit der Annahme der Absolutheit der Welt verbunden sind. Nur diese zuletzt angesprochene Annahme ist mit dem christlichen Weltverständnis unvereinbar. Wird diese Annahme vermieden, ist die Selbständigkeit, Dauerhaftigkeit und Gesetzmäßigkeit der Welt ipso facto nur eine relative, nämlich durch den Grund von Welt – wie immer der bestimmt werden mag – gewährte. Und jedenfalls ist gerade diese gewährte Selbständigkeit, Dauerhaftigkeit und Gesetzmäßigkeit der Welt aus christlicher und theologischer Sicht eine *Gewährung aus Gnade*.

Und dies keineswegs nur im formalen Sinne der Ungeschuldetheit, der Gratuität, der Gewährung, sondern auch im materialen Sinne einer dem Menschen *zugute*kommenden Gewährung. Denn es ist ja schon unter Menschen so, dass die vollkommene Liebe etwa von Eltern zu ihren Kindern sich nicht in deren dauernder paternalistischen Umsorgung äußert, sondern in der Gewährung zuverlässig geordneter Verhältnisse, in denen die Kinder zur Selbständigkeit heranreifen können. Wie viel mehr ist die Vorstellung von der Liebe des schaffenden Personseins Gottes zu unserem geschaffenen Personsein von jeder Vorstellung eines paternalistischen Umsorgens freizuhalten. Die Selbständigkeit, Dauerhaftigkeit und Gesetzmäßigkeit der Welt und der Natur sind Realisat der Gnade

Gottes, weil sie das Medium des Bundes des Schöpfers mit uns sind, in dem sich der Charakter dieses Bundes ausdrückt: seine absolute Verlässlichkeit mit dem Ziel unserer reifen Selbständigkeit als geschaffener Partner in der Gemeinschaft Gottes mit uns.

2.3 Zusammenfassend zeigt sich: Zu sagen „Natur *ist* Gnade", ist die Bedingung dafür, dass der Glaube und die Theologie die Einheit der realen Welt und die Einheit der Wahrheit zur Sprache bringen können. Diese Rede schließt ein, dass die Theologie vom Menschen nur angemessen reden kann, wenn sie von der Welt angemessen redet. Denn nur wenn sie diesen Zusammenhang nicht auflöst, redet sie angemessen von Gott.

Weiters verhindert die vorgeschlagene Redeweise abwegige Vorstellungen von Gottes Gnade, als sei diese ein Realisat des Wollens und Wirkens Gottes *über* dasjenige Realisat seines Wollens und Wirkens *hinaus*, das „Natur" zu nennen ist, oder gar gegen dieses Realisat seines Wollens und Wirkens. Vielmehr gilt: Gott liebt die Menschen auf ihre Selbständigkeit hin; und auf dieses Ziel hin liebt er *alle*. Er will, dass allen Menschen geholfen werde und sie zur Erkenntnis der Wahrheit kommen (1 Tim 2,4). Darum wählt er die *Natur als den Weg seiner Gnade*. Gottes Gnadenwirken ist vom Anfang bis zum Ende *rein natürlich*. Und die natürliche Bildungsgeschichte des Menschen ist eben die von der Theologie im „ordo salutis" beschriebene. Theologie wird unbeirrt daran festhalten, dass Abweichungen von dieser Sicht *unnatürlich* sind. Es ist aus christlicher Sicht unnatürlich, die Bildung des Menschen zum vollkommenen Erkennen seiner selbst und Gottes und zum Versöhntsein mit Gottes Wegen anders zu erwarten als im Durchlaufen des Dramas von Verblendung, Leben im Selbstmissverstand und Befreitwerden vom Selbstmissverstand durch das Ergriffenwerden von der durch Christus vollmächtig bezeugten Logik der Schöpfung (Gottesherrschaft). Erst diese Rede hat und behält den realen, nämlich prozessualen, geschichtlichen, und zwar genau bildungs- und heilsgeschichtlichen Charakter von Gottes Gnadenhandeln im Blick: seine zielstrebig gestufte nicht nur „pädagogische", sondern „anthropagogische" Dynamik, seine „Ökonomie", wie die Alten sagten, oder eben die „Ordnung" des Heilsgeschehens, den „ordo salutis", von dem die alte reformatorische Theologie zu handeln wusste.[14]

[14] Hierzu vgl. E. Herms, Die Wirklichkeit des Glaubens. Beobachtungen und Erwägungen zur Lehre vom ordo salutis, in: Ders., Offenbarung und Glaube, 1992, 138–167.

Martina Kumlehn

Lesarten des „Buches der Natur“

Naturdeutungen in kultur- und religionshermeneutischer Perspektive

1. *Lesarten des „Buches der Natur“ – Naturdeutung als Spiegel der Kultur*

> „Das volle warme Gefühl meines Herzens an der lebendigen Natur, das mich mit so vieler Wonne überströmte, das rings umher die Welt mir zu einem Paradiese schuf, wird mir jetzt zu einem unerträglichen Peiniger, zu einem quälenden Geist, der mich auf allen Wegen verfolgt. Wenn ich sonst vom Felsen über den Fluß bis zu jenen Hügeln das fruchtbare Thal überschaute und alles um mich her keimen und quellen sah; […], wie faßte ich das alles in mein warmes Herz, fühlte mich in der überfließenden Fülle wie vergöttert, und die herrlichen Gestalten der unendlichen Welt bewegten sich allbelebend in meiner Seele. […] Ach damals, wie oft habe ich mich mit Fittigen eines Kranichs, der über mich hinflog, zu dem Ufer des ungemessenen Meeres gesehnt, aus dem schäumenden Becher des Unendlichen jene schwellende Lebenswonne zu trinken, und nur einen Augenblick, in der eingeschränkten Kraft meines Busens, einen Tropfen der Seligkeit des Wesens zu fühlen, das alles in sich und durch sich hervorbringt. […] Es hat sich vor meiner Seele wie ein Vorhang weggezogen, und der Schauplatz des unendlichen Lebens verwandelt sich vor mir in den Abgrund des ewig offenen Grabs. Kannst Du sagen: Das ist! Da alles vorübergeht? […] Da ist kein Augenblick, der nicht dich verzehrte und die Deinigen um dich her, kein Augenblick, da du nicht ein Zerstörer bist, sein mußt; […] mir untergräbt das Herz die verzehrende Kraft, die in dem All der Natur verborgen liegt; die nichts gebildet hat, das nicht seinen Nachbar, nicht sich selbst zerstörte. Und so taumle ich beängstigt. Himmel und Erde und ihre webenden Kräfte um mich her: Ich sehe nichts, als ein ewig verschlingendes, ewig wiederkäuendes Ungeheuer.“[1]

Goethes Werther nimmt die Natur metaphorisch in starken semantischen Spannungsfeldern wahr: als Paradies und Grab, Lebensquell und Vergänglichkeit, als lebensschaffende Kraft, die er in allem voraussetzt, und als Zerstörungskraft, die

[1] Johann Wolfgang von Goethe, Die Leiden des jungen Werther, 1. Buch, Brief am 18. August, in: Goethes Werke, Weimarer Ausgabe, Abt. 1, Bd. 19, 1–191, 73–76.

alles wieder verschlingt. Er fühlt das eigene Sein in der Fülle des Seins und erfährt zugleich unausweichliche Schuld als Voraussetzung des Seins in der Natur. Je nach biografischer Situation und seelischer Gestimmtheit, nach Wahrnehmungsperspektive und variierendem Deutungshorizont erscheint ihm diese Natur, der er zugleich angehört und gegenübersteht, ganz und gar widersprüchlich. Die Figur des Werther markiert damit im ästhetischen Raum den Sachverhalt, dass nach Kant keine metaphysische Einsicht in das Wesen der Natur an sich mehr erwartet werden kann, sondern dass die jeweiligen Erkenntnisbedingungen mit zu reflektieren sind: „Natur kann nicht mehr schlicht und naiv (‚dogmatisch') als Inbegriff der außer uns existierenden und nicht von uns gemachten Dinge verstanden werden. Was Natur *ist*, läßt sich nur noch angemessen bestimmen im Blick darauf, wie wir Natur *erkennen*."[2] Hat Kant dabei vor allem die subjektiven Bedingungen wissenschaftlicher Naturerkenntnis im Blick, lässt sich in kulturhermeneutischer und ästhetischer Perspektive diese transzendentalphilosophische Grundeinsicht ebenfalls reformulieren.

Die Natur ist zwar das dem Menschen Vorausgehende, das, was er nicht selbst gemacht hat, und damit immer auch das prinzipiell Entzogene, aber zugleich kann er ihrer nur innewerden, sich zu ihr verhalten, indem er auf die Wahrnehmungs-, Ausdrucks- und Gestaltungsmodi seines Bewusstseins zurückgreift, die zugleich die Quelle seiner Kulturtätigkeit sind. Die Naturwahrnehmung selbst ist demnach immer schon kulturell vermittelt und variiert je nach kulturellem Umfeld. Von daher wird Natur als relativer Begriff einsichtig, der sich immer nur im Verhältnis zu anderen – vorrangig zu dem der Kultur – bestimmen lässt. Anders gesagt: Natur lässt sich nur in der nahezu paradoxen Struktur begreifen, dass sie als Gegenpol, ja als Negation der Kultur verstanden werden muss und doch in einem unauflöslichen Wechselverhältnis mit ihr steht: „Ohne Kultur kann über Natur nicht gesprochen werden. Sprachlich kann aber eine Natur ohne Kultur, jedoch keine Kultur ohne Natur vorgestellt werden. Kultur geht kontinuierlich und historisch irreversibel aus Natur hervor und bleibt auf Natur angewiesen. Der Mensch ist von Natur ein Kulturwesen. Menschliche Kultur hat im astronomischen Maßstab nur geringe Dauer. Sie wird wieder zu kulturloser Natur werden."[3] Unabhängig von den Setzungen, die auch dieser kulturtheoretischen Bestimmung insbesondere im Schlussteil der impliziten kosmologischen Perspektive inhärent sind, bleibt festzuhalten, dass der Mensch das „das Nichtnatürliche hervorbringende Naturwesen"[4] ist.

Naturbetrachtungen aus der Perspektive der Kulturwissenschaften verorten sich zwischen den Extrempolen eines Naturalismus, der die Kultur ganz dem Oberbegriff der Natur subsumiert, und einem Kulturalismus, der nicht zuletzt

[2] Gereon Wolters, Immanuel Kant, in: Gernot Böhme (Hg.), Klassiker der Naturphilosophie. Von den Vorsokratikern bis zur Kopenhagener Schule, 203–219, 211.

[3] Gregor Schiemann, Natur – Kultur und ihr Anderes, in: Friedrich Jaeger/Burkhard Liebsch (Hg.), Handbuch der Kulturwissenschaften, Bd. 1: Grundlagen und Schlüsselbegriffe, Stuttgart/Weimar 2011, 60–75, 60.

[4] A. a. O., 63.

im konstruktivistischen Sinne behauptet, eine vom Menschen unbeeinflussbare Wirklichkeit lasse sich nicht nachweisen. Der dazwischenliegende Raum kann von vielfältigen Verhältnisbestimmungen gefüllt werden, die Natur und Kultur je eigene Charakteristika zuweisen, und sie zugleich aufeinander beziehen.

Aus der Perspektive wechselseitiger Durchdringung von Natur und Kultur in der menschlichen Naturerfahrung und -deutung lassen sich die sich verändernden Bedeutungszuschreibungen und damit auch die jeweiligen Formen des Umgangs mit den Naturphänomenen in hermeneutischer Absicht vielfältig nachzeichnen. Allein anhand eines Durchgangs durch die Naturlyrik verschiedener Epochen könnte eine eigene Kulturgeschichte der Naturwahrnehmung rekonstruiert werden. Signifikant wären exemplarisch z. B. die Vergänglichkeitsklage in der Barocklyrik, der ungebrochene Fortschrittsoptimismus der Aufklärung in der Gedichtsammlung „Irdisches Vergnügen in Gott" von Barthold Heinrich Brockes und die romantische Sicht auf die Natur, die einerseits selbst in Chiffren spricht wie bei Novalis oder als Sehnsuchtsort erscheint wie bei Eichendorff. In diesen ästhetisch kulturellen Zugängen wird Natur zugleich „gefunden und erfunden".[5] „Als ästhetisch wahrgenommene entsteht die Natur demnach erst unter den Augen und in der Seele des Künstlers und Reisenden, wobei, um die romantische Redeweise von Novalis beizubehalten, die Augen wohl nur sehen können, was die Seele zu sehen bereit ist."[6] Zugleich gilt, dass „die sinnliche, die ästhetische Wahrnehmung von Natur … immer durch Ideen, durch Vorstellungen präformiert"[7] ist. Da jedoch die Spannweite der unterschiedlichen Codes, in denen Natur entdeckt, beschrieben und „bearbeitet" wird, eine denkbar weite ist, lässt sich sagen, dass wir „auch zur Natur in einer nachbabylonischen Situation stehen. Dem Diversen der Sprachen, Wahrnehmungen und Erkenntnisse ist nicht zu entkommen"[8].

In der Vielfalt möglicher Stimmen führt Werther mit besonderem Nachdruck vor Augen, was es heißt, als Mensch die vorgegebene Welt als Raum aller „möglichen Ausgestaltungen des asymmetrischen Verhältnisses zwischen blinden biotischen, chemischen und physikalischen Prozessen und dem Prozedieren der Menschen in selbstbewusster Selbstbestimmung"[9] zu begreifen bzw. er führt vor, welche Zumutung in dieser unauflöslichen Spannung liegt. Denn in der Selbstreflexion als Ausdruck seiner „selbstbewussten Selbstbestimmung" wird ihm das Wesen der Welt, das Wesen der Natur gerade fraglich und damit zugleich seine Stellung in ihr und seine eigene Natur. Im Zuge dieser selbstreflexiv vermittelten

[5] Vgl. Mathias Morgenroth, Natur, in: Kristian Fechtner, Gotthard Fermor, Uta Pohl-Patalong, Harald Schroeter-Wittke (Hg.), Handbuch Religion und Populäre Kultur, Stuttgart 2005, 216–223, 218.

[6] Ruth Groh/Dieter Groh, Weltbild und Naturaneignung. Zur Kulturgeschichte der Natur, Frankfurt a. M. ²1996, 94.

[7] A. a. O., 95.

[8] Hartmut Böhme, Geleitwort, in: Hans Werner Ingensiep/Richard Hoppe-Sailer (Hg.), NaturStücke. Zur Kulturgeschichte der Natur, Ostfildern 1996, 11–15, 13.

[9] So Eilert Herms in seinem Beitrag in diesem Band (S. 68).

Naturwahrnehmung verschärft sich für den modernen Menschen im Spiegel der naturwissenschaftlich vermittelten unvorstellbaren Dimensionen des Mikro- und Makrokosmos sowie im Zuge der Psychoanalyse neben der Wahrnehmung der Ermächtigung des Menschen als Herrscher über die Natur die Wahrnehmung seiner Entmächtigung und Ohnmacht, die existentielle Einsicht in seine eigene Relativität und Begrenztheit, die Erkenntnis, nicht „Herr im eigenen Haus zu sein" bis hin zu Gefühlen der Verlorenheit und der Melancholie der Verlusterfahrung von unmittelbarem Naturerleben: „Der Mensch leidet darunter, nicht so Natur zu sein wie andere Natur, nicht so unmittelbar und unbegründet da sein zu können, wie anderes da ist. Es ist dies der Sachverhalt seiner *Kontingenz.*"[10] In der Auseinandersetzung mit der Natur und seiner eigenen Natur begegnet der Mensch unausweichlich sich selbst und der Frage nach dem Grund von Selbst und Welt. Selbsttranszendierungsprozesse verschiedener Reichweite sowie eine mögliche Offenheit für die Frage nach der großen Transzendenz können sich in diesem Spannungsfeld der vermittelten Selbstwahrnehmung des Menschen als natürlichem Kulturwesen verschränken.

Für Poeten stellt sich zudem die Frage, wie sich Produktivität und Kreativität der Natur zur Produktivität und Kreativität des Künstlers verhalten und wie entsprechend die Erschaffung der natürlichen Welt und die menschliche Schaffenskraft miteinander in Beziehung stehen. Gerade Goethe wollte die Kunst auf gar keinen Fall als Nachahmung der Natur verstehen, wie zuletzt auch Safranski wieder betont hat: „Was die These der Naturnachahmung betrifft, so erklärt Goethe selbstbewusst, daß die Kunst mit ihren Gebilden eine neue Natur schafft, eine künstliche, unvergleichliche, originelle, überraschende. Sie braucht sich nicht messen zu lassen an dem, was es schon gibt, sondern sie sollte nach ihrer eigenen, inneren Wahrheit beurteilt werden. Goethe setzt also gegen das Prinzip der Nachahmung das Prinzip des schöpferischen Ausdrucks."[11] Dieses Selbstbewusstsein koppelt sich aber gerade bei Goethe mit einer Multiperspektivität und Vielstimmigkeit im Umgang mit der Natur, die deren Geheimnissen in sorgfältiger Beobachtung und Beschreibung möglichst genau auf die Spur kommen will. Nicht nur bei der Suche nach der Urpflanze und einer botanischen Systematik, sondern auch im Kontext der Bergwerksarbeit in Ilmenau im Spannungsfeld von Geologie und Technik und insbesondere im Rahmen der italienischen Reise gewinnt diese Dynamik teilnehmender Beobachtung und beobachtender Teilhabe an der Natur eine zentrale Bedeutung. Am 23. Mai 1786 schreibt Goethe an Frau von Stein: „Wie lesbar mir das Buch der Natur wird kann ich dir nicht ausdrücken, mein langes Buchstabiren hat mir geholfen, ietzt rückts auf einmal, und meine stille Freude ist unaussprechlich." Und wenig später ist er glücklich, auch das mühsame Buchstabieren hinter sich lassen zu können, weil er fähig gewor-

[10] Hans Blumenberg, Beschreibung des Menschen, Frankfurt a. M. 2006, 634. Vgl. dazu auch George Steiner, Warum Denken traurig macht: zehn (mögliche) Gründe, Frankfurt a. M. ^{6}2012.

[11] Rüdiger Safranski, Goethe. Kunstwerk des Lebens, München 2013, 129.

den sei, „das Buch der Natur gleichsam vom Blatte zu lesen".[12] Er stellt dann auch seine Kunst, insbesondere seine Zeichnungen in Rom durchaus in den Dienst der Vermittlung seiner Naturanschauung. „Ergebnis der römischen Erfahrung wird, daß zu Kunstwerken weniger Unmittelbarkeit möglich ist als zur Natur. Diesen Vorrang hat Goethe in der Metapher des Wortes – diesmal nicht des lesbaren, sondern des hörbaren ausgesprochen: *Es ist viel Tradition bei den Kunstwerken, die Naturwerke sind immer wie ein erstausgesprochenes Wort Gottes.*"[13]

Die Tradition der Metapher, im Buch der Natur zu lesen, hat Hans Blumenberg – wie vor ihm in anderer Weise schon Ernst Curtius – in einem kulturgeschichtlichen Abriss eindrücklich an wesentlichen geistesgeschichtlichen Etappen hinsichtlich ihrer Entwicklung und ihrer Variationen entfaltet. Seiner Metaphorologie entsprechend begreift Blumenberg die „Lesbarkeit der Welt"[14] bzw. in spezifischer Form subsumiert die „Lesbarkeit des Buches der Natur" als absolute Metaphern, die auf umfassende Sinnstiftung angelegt sind, auf das Ganze der Welt ausgreifen und aufgrund des Sinnüberschusses nicht durch einen Begriff zu ersetzen sind. Nun stellt Blumenberg jedoch seine Rekonstruktionen zur unterschiedlichen Semantik und zum unterschiedlichen Gebrauch dieser Metapher in bestimmten Phasen der Geistes- und Kulturgeschichte unter das Vorzeichen, dass sie zwar einerseits der „Inbegriff des Sinnverlangens an die Realität"[15] sei, dass sich jedoch andererseits in ihrem Horizont immer auch der Verlust von holistischen Sinnstiftungen abbildet, indem verschiedene Lesarten der Welt aufeinander folgen, die je und je auf Desiderata der vorhergehenden reagieren. „Deshalb ist der metaphorische Komplex ‚Lesbarkeit der Welt' auch ein Leitfaden der Nüchternheit. Der Sprung in die Utopie läßt sich in allen Phasen der Vergeblichkeit studieren: auf die Beherrschung der Natur zu verzichten, um ihre Vertraulichkeit zu gewinnen, die wahren Namen der Dinge zu kennen statt nur die exakten Formeln für ihre Herstellung, die hieroglyphische Erinnerung zu erneuern, statt sich dem Vergessen der Prognosen hinzugeben, den Ausdruck statt des Chemismus zu erfahren, den Sinn statt der Faktoren zu kennen – das alles sind Wünsche, die auch dadurch nicht sinnlos werden, daß sie nicht als Verheißungen für Erfüllungen genommen werden dürfen."[16]

Eindrücklich geht Blumenberg den Motiven nach, die zu der spannungsreichen semantischen Kopplung von Lesbarkeit und Welt bzw. Buch und Natur

[12] Beide Goethe-Zitate wiedergegeben nach Hans Blumenberg, Die Lesbarkeit der Welt, Frankfurt a. M. 1986, 216.

[13] A. a. O., 216 f.

[14] Blumenberg, Die Lesbarkeit der Welt, a .a. O.; vgl. dazu auch Hans Blumenberg, Paradigmen zu einer Metaphorologie, Frankfurt a. M. 1998; Anselm Haverkamp und Dirk Mende, Metaphorologie. Zur Praxis von Theorie, Frankfurt a. M. 2009; Philipp Stoellger, Metapher und Lebenswelt. Hans Blumenbergs Metaphorologie als Lebenswelthermeneutik und ihr religionsphänomenologischer Horizont, Tübingen 2000.

[15] Hans Blumenberg, Die Lesbarkeit der Welt, 11.

[16] Hans Blumenberg, Über dieses Buch, in: Ders., Die Lesbarkeit der Welt.

führen konnten.[17] Angesichts der Feindschaft zwischen Buch als Surrogat oder gar Unnatur im Gegenüber zur Natur müssen die Antriebe umso dringlicher gewesen sein, „die diese Verbindung von Buch und Natur hergestellt haben. Es sind vielleicht nur zwei. Einmal Konkurrenz mit dem einen Buch, seiner Autorität, seiner Ausschließlichkeit, seinem Bestehen auf Inspiration. Zum anderen Faszination durch die Macht, die das Buch in sich selbst dadurch aufbringt, daß es Herstellung von Totalität leistet."[18] Immer wieder rekurriert Blumenberg auf die Versuche, den Anspruch der biblischen Offenbarung mit dem adäquaten Wahrnehmen von Welt und Natur und ihren „Offenbarungsgehalten" zu verbinden. Er sieht wie andere Rekonstruktionen zur Entwicklung einer „theologia naturalis" die dogmatische Grundspannung von Schöpfung und Erlösung seit Augustin als zentrales Movens, um mit der Metapher „Buch der Natur" gnostische Dualismen abzuwehren und die Schöpfung trotz der Erlösungsbedürftigkeit und der Theodizeeproblematik als gut und an sich sinnvoll zu rechtfertigen.[19] Als Gegenpol dieser Entwicklung und Extrem in der anderen Richtung kennzeichnet er exemplarisch den Pelagianismus: „Sobald es auf Abwehr von Dualismen nicht mehr ankam und die Natur die ganze Qualität der Gottheit in ihrer Selbstausschüttung zu absorbieren begann, mußte sie antichristlich werden und wurde es. Jeder Pelagianismus tendiert, wie weit der Weg auch sein mag, darauf, die Qualität der Schöpfung unlimitiert zu steigern, und damit auf einen Pantheismus wie den der Giordano Bruno und Spinoza. Hier freilich muss sich die Metapher wieder aufheben. Es gibt nichts mehr zu lesen, wenn Bedeutung und Bedeutetes identisch werden."[20]

Jenseits der von Blumenberg so rekonstruierten Grenzbestimmungen finden sich im Kontext des christlichen Glaubens freilich verschiedenste Weisen, im „Buch der Natur" zu lesen, wobei eben auch für ihn gilt, was oben allgemein festgehalten worden ist: Schon in die biblischen Schriften sind einerseits bestimmte Lesarten des „Buches der Natur" eingeflossen, insbesondere in die verschiedensten Schöpfungstraditionen und die anthropologischen Erwägungen, andererseits können sich wandelnde Lesarten im Buch der Natur auch die Lektüren der Schrift immer wieder verändern. Im Folgenden sollen exemplarisch einige Spuren im Spannungsfeld von Naturwahrnehmung und Frömmigkeit aufgenommen werden und diese in religionshermeneutischer Absicht am Beispiel des Umgangs und der religionsproduktiven Deutung von Gärten und Gärtnern konkretisiert werden.

[17] Zu den Grenzen der Buchmetaphorik heute vgl. z. B. Jürgen Hübner, Ist das Buch der Natur eine Zeitschrift? Assoziationen zu einer Metapher, in: Reinhold Bernhardt/Ulrike Link-Wieczorek (Hg.), Metapher und Wirklichkeit. Die Logik der Bildhaftigkeit im Reden von Gott, Mensch und Natur, Göttingen 1999, 298–310.

[18] Blumenberg, Lesbarkeit der Welt, a. a. O., 17.

[19] Vgl. dazu auch Dieter Groh, Schöpfung im Widerspruch. Deutungen der Natur und des Menschen von der Genesis bis zur Reformation, Frankfurt a. M. 2003, 300–307.

[20] Blumenberg, Lesbarkeit der Welt, a. a. O., 35.

2. *Formen christlicher Naturfrömmigkeit und religiöse Symbolik des Gartens*

War im ersten Abschnitt in kulturhermeneutischer Perspektive schon von romantischer Naturlyrik die Rede, bietet sich für die religionshermeneutische Perspektive korrespondierend an, mit Schleiermachers romantisch beeinflussten „Reden über die Religion" zu beginnen, um der Religionsproduktivität von Naturwahrnehmungen exemplarisch auf die Spur zu kommen bzw. von dort aus weitere Anschlussstellen an konkrete Ausprägungen einer natursensiblen Frömmigkeitskultur zu entfalten.

Interessanterweise greift Schleiermacher direkt auf Naturmetaphern zurück, um den geheimnisvollen Augenblick zu beschreiben, der Religion am Ort des Subjekts konstituiert und von dem es heißt: „Flüchtig ist er und durchsichtig wie der erste Duft womit der Thau die erwachten Blumen anhaucht […]"[21] Dieser unverfügbare Moment erscheint als Keimzelle und höchste Blüte zugleich, indem in ihm eine einzelne Begebenheit, eine einzelne Anschauung auf das Ganze von Selbst-, Welt- und Gottesverhältnis hin transparent wird. In Abgrenzung von Metaphysik und Moral darf Religion „nicht die Tendenz haben Wesen zu sezen und Naturen zu bestimmen, sich in ein Unendliches von Gründen und Deductionen zu verlieren, lezte Ursachen aufzusuchen und ewige Wahrheiten auszusprechen."[22] Der religiöse Weltzugang darf demnach nicht mit dem naturwissenschaftlichen verwechselt werden, der auf Erklärung aus ist und den Gesetzmäßigkeiten und Gründen des Naturzusammenhangs nachgeht. Vielmehr kommen im Modus religiöser Weltbegegnung Momente des Schauens, der Rezeptivität und des Empfangens, des Staunens und der Ehrfurcht zum Tragen: „Anschauen will sie das Universum, in seinen eigenen Darstellungen und Handlungen will sie es andächtig belauschen, von seinen unmittelbaren Einflüßen will sie sich in kindlicher Paßivität ergreifen und erfüllen laßen."[23] Der Mensch kommt nicht als Urheber und Akteur in den Blick, sondern als Teil der Schöpfung. Im Charakter des Geschaffenseins, des Sich-nicht-selbst-so-gesetzt-Habens ist er mit allen anderen Erscheinungsweisen der Natur verbunden. Religion „will im Menschen nicht weniger als in allen andern Einzelnen und Endlichen das Unendliche sehen, deßen Abdruk, deßen Darstellung […]. Die Religion lebt ihr ganzes Leben auch in der Natur, aber in der unendlichen Natur des Ganzen, des Einen und Allen; was in dieser alles Einzelne und so auch der Mensch gilt, […] das will sie in stiller Ergebenheit im Einzelnen anschauen und ahnden […] die Religion athmet da, wo die Freiheit selbst schon wieder Natur geworden ist, jenseit des Spiels seiner besondern Kräfte und seiner Personalität faßt sie den Menschen, und sieht ihn aus dem Gesichtspunkte, wo er das sein muß was er ist, er wolle oder wolle nicht."[24] Es geht um ein „Grundgefühl der unendlichen und

[21] Friedrich Schleiermacher, Über die Religion. Reden an die Gebildeten unter ihren Verächtern, in: KGA I,2, Berlin/New York 1984, 185–326, 221.
[22] A. a. O., 208.
[23] A. a. O., 211.
[24] A. a. O., 212.

lebendigen Natur", „deren Symbol Mannichfaltigkeit und Individualität ist"[25]. Schleiermacher greift in diesen Bestimmungen auf zwei verschiedene Facetten des Naturbegriffs zurück, indem er Natur zum einen mit Wesen gleichsetzt (und in diesem Sinne auch von der Natur der Religion spricht) und indem er Natur zum anderen als Sammelbegriff für alles einsetzt, was dem Menschen in der unendlichen Fülle der individuellen Erscheinungsformen unverfügbar als nicht von ihm gesetzt begegnet. In dieser Fülle der Natur lebt die Religion und bezieht sich spezifisch auf sie, indem sie das Einzelne zum Ganzen ins Verhältnis setzt. Dabei ist das Verhältnis von Universum und Natur noch einmal besonders zu bestimmen. Denn auch der Begriff des Universums ist facettenreich. Joachim Ringleben begreift den schillernden Begriff des Universums als „unfaßbare Totalität des Wirklichkeitsgeschehens"[26], das aus dem transzendenten Grund hervorgeht und dem alle Naturerscheinungen inhärent sind. Das Transzendente manifestiert sich im und am Immanenten als seinem Gegenteil, ohne dieses aufzuheben und ohne in ihm aufzugehen. Diese Äußerungen zeigen m. E. deutlich, dass Schleiermacher kein schlichter Pantheismus-Vorwurf zu machen ist. Es kommt nicht zu einer Identifizierung von Gott und Natur, und zwar weder so, dass Gott nur ein anderer Name für Welt wäre, noch so, dass die Welt und die Natur ihrerseits als göttlich verstanden und damit auch latent vergöttert würden. Nicht Repräsentanz des Göttlichen, sondern Transparentwerden für das Wirken des Göttlichen ist intendiert.[27] Dabei wird das Endliche, indem es im Modus des religiösen Weltzugangs als transparent für das Unendliche wahrgenommen und als solches gedeutet wird, in eine unaufhebbare Relation zum Unendlichen gesetzt, die wiederum eine bestimmte Art des sich Verhaltens im Gegenüber zur Welt und dem sich in ihr offenbarenden Universum aus sich heraus setzt. Dies ist eine Haltung des Empfangens, der vorgeordneten Passivität, die jeder antwortenden Spontaneität vorausgeht. „Alles Anschauen gehet aus von einem Einfluß des Angeschauten auf den Anschauenden, von einem ursprünglichen und unabhängigen Handeln des ersteren, welches dann von dem lezteren seiner Natur gemäß aufgenommen, zusammengefaßt und begriffen wird."[28] – „Jede Form die es hervorbringt, jedes Wesen dem es nach der Fülle des Lebens ein abgesondertes Dasein giebt, jede Begebenheit die es aus seinem reichen immer fruchtbaren Schooße herausschüttet, ist ein Handeln deßelben auf Uns; und so alles Einzelne als einen Theil des Ganzen, alles Beschränkte als eine Darstellung des Unendlichen hinnehmen, das ist Religion"[29].

Religion lässt sich demnach als dynamischer Kommunikations- und Interpretationsprozess verstehen, der ein neues Verhältnis zur endlichen Wirklichkeit

[25] A. a. O., 213.

[26] Joachim Ringleben, Die Reden über die Religion, in: Dietz Lange (Hg.), Friedrich Schleiermacher 1768–1834. Theologe – Philosoph – Pädagoge, Göttingen 1985, 236–258, 246.

[27] Vgl. dazu Gerhard Ebeling, Dogmatik des christlichen Glaubens, Bd. 1, Prolegomena und erster Teil: Der Glaube an Gott den Schöpfer der Welt, Tübingen 1987, 292.

[28] Schleiermacher, Über die Religion, a. a. O., 213 f.

[29] A. a. O., 214.

eröffnet, das vom Subjekt generalisiert wird, indem alle „Begebenheiten in der Welt als Handlungen eines Gottes" vorgestellt werden. Intendiert ist eine in besonderer Weise qualifizierte Sicht und deutende Reaktion auf die Wirklichkeit, die zwar auf das Ganze und seine sinnhafte Deutung ausgreift, sich dabei ihrer je begrenzten Aussagekraft jedoch stets bewusst ist. Dabei wirkt sich die vorgeordnete Passivität in keiner Weise lähmend aus, sondern setzt eine eigene Sprache der Frömmigkeit in Lob und Dank oder eben auch Klage aus sich heraus, die schließlich durch Denken und Handeln in den Dienst des antwortenden Zusammenfassens und Begreifens gestellt werden. Ebeling fasst dieses Antworten so zusammen: Es geht um ein Lob, „das die Welt nach allen Dimensionen hin transzendiert; ein Lob, dessen Grundgestalt das schweigende Staunen angesichts des Geheimnisses der Wirklichkeit ist und dessen nächstliegende Entfaltung aus dem Leben inmitten der Natur erfolgt. Das eigene Leben stellt zwar nur einen winzigen Tropfen der Natur dar. Dennoch spiegelt sich in ihm das ganze Wunder der Schöpfung."[30]

Naturfrömmigkeit in diesem Sinne meint also ein staunendes Innehalten, eine achtsame Wahrnehmung der vielfältigen, immer auch ambivalenten Erscheinungen der Natur. Dabei kann man festhalten, dass diejenigen Natur-Phänomene besondere religiöse Valenzen und Resonanzmöglichkeiten anzubieten scheinen, die „Grenzerfahrungen ermöglichen, sozusagen kleine innerweltliche Transzendenz-Erfahrungen vermitteln: Bis hierher und nicht weiter! Nah am unendlichen Himmel, auf dem Gipfel! Am Strand, am Rand der Lebenswelt. In der Wüste. Von der Übergröße der Natur bis ins Mark getroffen."[31] Ob die Kennzeichnung dieser Erfahrungen als lediglich „kleiner Transzendenzen" adäquat ist, erscheint fraglich, zumindest aber irreführend, denn die Erfahrung des „Erhabenen der Natur" und ihre ästhetischen und physikotheologischen Spiegelungen seit der frühen Neuzeit bzw. der kopernikanischen Wende verbinden sich ja gerade mit der Überschreitung des Wahrgenommenen hin auf die Frage nach seinem Grund und damit mit der Ehrfurcht vor diesem. So versteht beispielsweise Joseph Addison in einer Abfolge von Artikeln in der Zeitschrift „The Spectator" in den Jahren 1712–14 unter „Greatness" „eine ausgedehnte, mit einem Blick erfasste Landschaft, eine Wüste ebenso wie ein hochgetürmtes Gebirge, aufragende Felsen und jähe Abgründe oder das weite Meer. Auch er registriert, daß unsere Einbildungskraft sich gern der Herausforderung von Gegenständen stellt, die ‚too big for its capacity' sind, ihr Fassungsvermögen übersteigen. Unwillkürlich geben sie der Seele die Vorstellung eines allmächtigen Wesens ein, und die Gewißheit seines Daseins vermitteln sie ebenso überzeugend wie ein metaphysischer Beweis. Wiederum fungiert die Einbildungskraft als Vermittler des Übersinnlichen anhand des Leitgedankens der Unendlichkeit: *The*

[30] Ebeling, Dogmatik, Bd. 1, a. a. O. 292 f.
[31] Morgenroth, Natur, a. a. O., 218.

Imagination prompts the Understanding, and by the Greatness of the sensible Object, produces in it the Idea of a Being who is neither circumscribed by Time nor Space."[32]

Lange vor der Entfaltung einer Theorie des Erhabenen findet sich auch in der biblischen Tradition dieses Spannungsfeld des Staunens angesichts des Großen und Kleinen und der deutenden Überschreitung des Wahrgenommenen auf Gott als dem Anderen der Natur hin, der sie hervorbringt und ordnet, wie es z. B. Psalm 104 hymnisch verdichtet zum Ausdruck bringt: „Licht ist dein Kleid, das du anhast. Du breitest den Himmel aus wie einen Teppich; du baust deine Gemächer über den Wassern. Du fährst auf den Wolken wie auf einem Wagen und kommst daher auf den Fittichen des Windes, der du machst Winde zu deinen Boten und Feuerflammen zu deinen Dienern; der du das Erdreich gegründet hast auf festen Boden, daß es bleibt immer und ewiglich. Mit Fluten decktest Du es wie mit einem Kleide, und die Wasser standen über den Bergen. Aber vor deinem Schelten flohen sie, vor deinem Donner fuhren sie dahin. Die Berge stiegen hoch empor, und die Täler senkten sich herunter zum Ort, den du ihnen gegründet hast. Du hast eine Grenze gesetzt, darüber kommen sie nicht und dürfen nicht wieder das Erdreich bedecken." (Ps 104,2–9) Das Besondere der Dynamik von Ps 104 liegt jedoch darin, dass er Gott nicht nur in Verbindung mit Wind, Wasserfluten und Bergen sieht, sondern den Blick auf die Details im Kleinen lenkt und damit eine umfassende Wahrnehmungssensibilität für den Reichtum der Schöpfung schult.[33]

Bei Martin Luther spiegelt sich in der Auslegung des 1. Artikels des Glaubensbekenntnisses im Großen Katechismus dann genau diese dankbare Wahrnehmung der eigenen Geschöpflichkeit im umfänglichen Sinn und der Dank für die Erhaltung im Alltäglichen wider: „Das meine und gläube ich, daß ich Gottes Geschepfe bin, das ist, daß er mir geben hat und ohn Unterlaß erhält Leib, Seele und Leben, Gliedmaße klein und groß, alle Sinne, Vernunft und Verstand und so fortan, Essen und Trinken, Kleider, Nahrung, Weib und Kind, Gesind, Haus und Hof etc. Dazu alle Kreatur zu Nutz und Notdurft des Lebens dienen lässet, Sonne, Mond und Sternen am Himmel, Tag und Nacht, Luft, Feuer, Wasser, Erden und was sie trägt und vermag, [...] so sind wir ja schüldig, ihn darümb ohn Unterlaß zu lieben, loben und danken und kürzlich ihm ganz und gar damit zu dienen, wie er durch die zehen Gepot fordert und befohlen hat."[34]

[32] Groh/Groh, Weltbild und Naturaneignung, a. a. O., 133. Vgl. dazu die sehr eindrückliche kunstgeschichtliche Rekonstruktion zu Imagination und Deutung von „Wald, Wasser, Bergen" bei Simon Schama, Der Traum von der Wildnis. Natur als Imagination, München 1996. Der Gedanke der Erhabenheit wird bis in gegenwärtige Reflexionen der ökologischen Krise fortgeführt. Vgl. dazu z. B. Elmar Treptow, Die erhabene Natur. Entwurf einer ökologischen Ästhetik, Würzburg 2001.

[33] Vgl. z. B. Annette Krüger, Das Lob des Schöpfers. Studien zu Sprache, Motivik und Theologie von Psalm 104, Neukirchen-Vluyn 2010.

[34] Martin Luther, Großer Katechismus, in: BELK, Göttingen 1986, 543–733, 648 f. Dazu auch Albrecht Peters, „Ein Kirschkern kann uns wohl Mores lehren" Luthers Bild der Natur, in: Gerhard Rau/Adolf Martin Ritter/Hermann Timm (Hg.), Frieden in der Schöpfung. Das Naturverständnis protestantischer Theologie, Gütersloh 1987, 142–163.

Darüber hinaus legt die Frömmigkeitssprache protestantischer Lieddichter diese Art von Naturfrömmigkeit in ganz besonders eindrücklicher Weise aus. Dabei haben insbesondere die Jahreszeiten und die Vorgänge des Wachsens und Reifens dazu inspiriert, „die Vorgänge in der Natur zu belauschen, zu beobachten und ins Gebet zu nehmen".[35] Paradigmatisch steht dafür das hymnische „Geh aus mein Herz, und suche Freud" von Paul Gerhardt. In diesem Lied wird leitmotivisch die Gartenmetapher verwendet: „schau an der schönen Gärtenzier", „Narzissus und die Tulipan, die ziehen sich viel schöner an, als Salomonis Seide", „welch hohe Lust, welch heller Schein wird wohl in Christi Garten sein", „gib das der Sommer deiner Gnad in meiner Seele früh und spat viel Glaubensfrüchte ziehe" und „erwähle mich zum Paradeis". Konkrete Bilder und symbolische Übertragungen auf die innere Natur, Verschränkung von Naturfrömmigkeit und Christologie, wie sie auch Luther entspricht, und die eschatologische Paradies-Hoffnung bespiegeln sich gegenseitig. „Die Bibel leiht dem Dichter die Sprache, mit der er die Natur als Schöpfung Gottes beschreibt, besingt, lobt, bewundert, bedenkt, reflektiert. Das sind die Tätigkeiten, wenn wir der Natur elementar gegenübertreten. [...] Das ist das Geheimnis der biblischen Naturfrömmigkeit und der Naturfrömmigkeit der Kirchenlieder."[36] In dieser Weise finden in der Frömmigkeitssprache das „Buch der Bücher" und „das Buch der Natur" wieder zueinander. Sie stehen keineswegs unverbunden nebeneinander, sondern die in der biblischen Tradition entfaltete Daseinshermeneutik im Horizont des Gottesglaubens lässt auch im Buch der Natur auf eine entsprechende Weise lesen.

Interessant ist jedoch, dass über diese geprägte natursensible christliche Frömmigkeitskultur hinaus gerade der Garten auch in der Spätmoderne wieder als „Kraftquelle" und individuelle „spirituelle Ressource" entdeckt wird, wobei die Paradiessymbolik im Sinne einer Verheißung des versöhnten Miteinanders von Natur, Mensch und aller Kreatur eine große Rolle spielt. Aufgrund der Erfahrung, dass ein naturentfremdetes Leben mit Überschreiten der Biorhythmen, einem Übermaß an Arbeit, weitgehend künstlicher Nahrung usw. krank machen kann, wird der Garten neu als Ort erfahren und „inszeniert", wo Menschen im gestaltenden Umgang mit der Natur wieder zu sich selbst finden können. So ist in Rostock jüngst ein Weiterbildungsstudiengang „Gartentherapie" installiert worden.[37] Im Miteinander von Medizin, Botanik, Landschaftsbau und eben auch der Theologie werden Möglichkeiten therapeutischer Gartennutzung entfaltet. Man könnte jedoch auch sagen, dass gerade diese Weise der kulturellen Überformung das Stadium der Entfremdung gnadenlos spiegelt. Denn auf dem Wege der Professionalisierung muss das wieder eingeholt werden, was eigentlich zur elementaren Naturerfahrung der Menschen gehören konnte.

[35] Walther Eisinger, „Geh aus mein Herz, und suche Freud". Naturfrömmigkeit in Kirchenliedern, in: Rau/Ritter/Timm (Hg.), Frieden in der Schöpfung, 164–174, 170.

[36] A. a. O., 173.

[37] Vgl. www.weiterbildung.uni-rostock.de/zertifikatskurse/gartentherapie/, letzter Zugriff am 30.06.2015.

Dabei bietet sich die Deutung des Gartens als Schnittstelle zwischen kultur- und religionshermeneutischem Interesse besonders an, weil in der Gartengestaltung Natur und Kultur symbiotisch zusammenfinden. Natur wird gestaltet, gezähmt, ästhetisiert. Je nach Gartentheorie und -philosophie können Wildheit oder eben strenge Symmetrie, geordnete Farbgebung, umhegter Raum dominieren.[38] In der Aufklärung entstehen Vorstellungen vom Garten als privatem Rückzugsraum, der der Selbsterbauung dient und in der Verbindung mit der Natur auch emanzipative Anliegen im Protest gegen gesellschaftliche Ordnungen versinnbildlicht. So gilt dies z. B. für Rousseaus Schilderung eines idealen Gartens in seinem Roman „Julie ou la nouvelle Héloise", „der der sinnlichen Versenkung in die Natur dient, dabei aber ökonomisch ist, welches in seiner Radikalität wohl nie verwirklicht wurde, dennoch bedeutenden Einfluß ausübte, besonders auf die Gartentheoretiker Marquis Girardin und Morel. Rousseau macht deutlich, daß sein gänzlich wild scheinender Garten künstlich ist."[39]

Darüber hinaus war der Garten seit jeher ein Ort religiöser Symbolik und mythologischer Bedeutsamkeit.[40] Über die Anfänge der Gartenkultur im mesopotamischen Raum, wie sie im Gilgamesch-Epos überliefert sind, ist eben die Paradieserzählung vom Garten Eden der Genesis (Gen 2,8–17) paradigmatisch geworden. Sie trägt wie alle Paradiesvorstellungen eine doppelte Codierung in sich, nämlich einerseits als Raum der absoluten Lebensfülle, Lebenskraft und Lebensfreude und andererseits als umgrenzter, geschützter Raum im Gegenüber zu einer eher feindlich verstandenen Welt, in die hinein man dann vertrieben werden kann. Dieses Vertriebenwerden ist aber mit dem Prozess der Selbst- und Welterkenntnis verbunden, mit dem Essen vom verbotenen Baum der Erkenntnis, so dass diese Vertreibung im Zuge der Aufklärung selbst als Emanzipationsgeschehen, als Ermöglichung von Freiheit begriffen werden kann.[41] Allerdings bleibt eine tiefe existentielle Erfahrung von imaginiertem Verlust, eine Sehnsucht nach dem verlorenen Paradies, die sich religiös und ästhetisch vielfach artikuliert. „Wer in das Paradies (zurück-)gelangen will, muß einen ‚Himmelsschlüssel' finden, der ihm das von himmlischen Mächten bewachte Tor erschließt."[42]

[38] Vgl. z. B. Penelope Hobhouse, Der Garten. Eine Kulturgeschichte, London 2002; Hermann Glaser, Hinterm Zaun das Paradies. Illustrierte Ideengeschichte des Gartens, Berlin 2011; Sabine Frank, Mein Garten ist mein Herz. Eine Kulturgeschichte der Gärten in Deutschland, Köln 2011.

[39] Clemens Alexander Wimmers, Geschichte der Gartentheorie, Darmstadt 1989, 168.

[40] Vgl. Jürgen Ebach, Hans-Martin Gutmann, Magdalene Frettlöh, Michael Weinrich, „Schau an der schönen Gärten Zier ..." Über irdische und himmlische Paradiese. Zu Theologie und Kulturgeschichte des Gartens, Gütersloh 2007.

[41] Vgl. Christoph Bultmann, Die biblische Urgeschichte in der Aufklärung: Johann Gottfried Herders Interpretation der Genesis als Antwort auf die Religionskritik David Humes, Tübingen 1999.

[42] Peter Cornelius Mayer-Tasch, Der Garten Eden, in: Hans Sarkowicz (Hg.), Die Geschichte der Gärten und Parks, Leipzig 1998, 13–26, 14.

Gärten und ihre Gestaltung halten diese Sehnsucht wach, stehen stellvertretend für das noch ausstehende Verheißene. Das gilt auch für die islamische Gartenkunst, die an die Verheißungen des Korans hinsichtlich eines Paradiesgartens als „einem der Wirklichkeit in Zeit und Raum entrückten Ort immerwährender Glückseligkeit“[43] anzuschließen versucht. In anderer Weise nimmt das mittelalterliche Konzept vom „hortus conclusus“ die Gartensymbolik auf und verbindet sie mit Traditionen des Hohen Liedes (Hld 4,12: „Meine Schwester, liebe Braut, du bist ein verschlossener Garten, eine verschlossene Quelle, ein versiegelter Born.“). In allegorischer Deutung wurden dann der Garten auf die Kirche hingedeutet und die Quelle auf die Taufe, schließlich wurde das Gartenmotiv mit der Verkündigung der Jungfrauengeburt an Maria verbunden. „Seit Anfang des 15. Jahrhunderts spielte die Verkündigungsszene häufiger in einem blütenreichen Garten, wobei die Jungfrau von Dingen umgeben war, die alle im Zusammenhang mit der biblisch und theologisch entfalteten Heilsgeschichte standen.“[44]

In ganz anderer Weise, aber mit spezifischen Anklängen an die Paradiessymbolik und an die Sehnsucht nach Heilwerden und Heilsein kommt es spätmodern zu einer nicht nur nachchristlichen, sondern vor allem auch nachaufklärerischen Respiritualisierung des Gartens in Kombination verschiedener Elemente gerade auch aus den sogenannten Naturreligionen und einer esoterischen Aufladung, die hochsignifikant ist: So heißt es in dem Buch „Spirituelles Gärtnern“ des Schweizers Silvio Waser: „Der erwachende Mensch, also ein Mensch, der sich der grösseren Zusammenhänge und der unsichtbaren Welt immer mehr bewusst wird, kann durch bewusstes Handeln sehr schnell, sehr effizient wirken und viele Wunden, die der Mutter Erde zugefügt wurden, wieder heilen, bzw. die Heilung fördern. Die Helfer aus der geistigen Welt unterstützen gerne, man muss sie nur einladen und gute Bedingungen für sie schaffen.“[45] Zu diesen Helfern gehören dann energetische Hilfsmittel wie Heilsteine, Mandala-Formen, Heilsymbole, Gartenelfen-Essenzen, aber auch Segenshandlungen und Naturaltäre. Man kann dieses Phänomen als synkretistische oder magische Skurrilität abtun, aber eben auch als deutliche Problemanzeige im Rahmen einer durchrationalisierten Welt wahrnehmen, als Ausdruck der „Dialektik der Aufklärung“, auf die ja schon Herder im Rahmen seiner sinnen- und gefühlsbasierten Naturphilosophie in Abwehr einer auf das mathematische Kalkül verengten Rationalität reagiert hat,[46] als Ausdruck einer elementaren religiösen oder im weitesten Sinne spirituellen Bedürftigkeit.

[43] Rainer W. Kuhnke, Byzanz und die Islamischen Gärten, in: Hans Sarkowicz (Hg.), Die Geschichte der Gärten und Parks, a. a. O., 108–123, 112.

[44] Penelope Hobhouse, Der Garten, 104.

[45] Silvio Waser, Spirituelles Gärtnern. Wie man mit Paradies Gärten die Erde heilen kann, Winterthur [3]2013, 14.

[46] Vgl. z. B. Jürgen Barkhoff, „Zögling der Luft und aller Erdorganisationen Bruder“ Die Naturzugehörigkeit des Menschen bei Johann Gottfried Herder, in: Hans Werner Ingensiep/Richard Hoppe-Sailer (Hg.), NaturStücke, a. a. O., 124–134.

So gibt es denn auch - quasi als katholische Antwort auf die esoterische Variante - das Buch „Gott im Busch. Ein spirituelles Gartenbuch", in dem die symbolische Bedeutung des Gärtnerns in christlicher Perspektive entfaltet wird. Dort klingt es allerdings für protestantische Ohren, für intellektuelle allemal, ebenfalls befremdlich: „Wenn du so mit aller Aufmerksamkeit in deinem Garten lauschst, dann höre vielleicht von einem Baum, einer Blüte oder tief aus deinem eigenen Inneren ein leises Flüstern: ‚Dieser Garten hier, die Bäume, die Blüten: Das bist du! Du, Mensch, bist ein Acker. Ein Gottesacker! Göttin Gott hat Lust, in deinem Garten zu wohnen, und es ist deine Bestimmung, in deinem inneren und äußeren Garten Blüten und Früchte hervorzubringen zum Wohle deiner selbst und zum Wohle der Gemeinschaft, in der du lebst."[47] Jeder Gartengestaltungshinweis wird mit religiösen Sinnsprüchen verschiedenster Art angereichert wie „Der Heilige Geist ist ein Regenwurm, der umgräbt den Acker meines Herzens"[48]. Dazu ließe sich theologisch und metaphern- oder religionsästhetisch einiges sagen - auch im Rahmen von „Geschmacksurteilen", aber jenseits davon ist hier das Phänomen religions- und kulturhermeneutisch interessant, weil es die Suchbewegungen sowohl im Kontext des Verhältnisses zur Natur aufnimmt als auch eben die damit verbundenen religiös-spirituellen Suchbewegungen, die auf die christliche Religion explizit Bezug nehmen, aber eben die Deutungshorizonte doch auch spezifisch verschieben.

Jenseits dieser neuen Formen gehören jedoch auf dem Land nicht zuletzt im Rahmen der Volksfrömmigkeit bezeichnenderweise Erntedank und Hubertusmesse zu den höchsten Feiertagen, an denen sogar im konfessionslosen Umfeld Menschen in die Kirchen kommen, die sonst nicht kommen, weil hier über die Verbindung zu Elementen einer naturbezogenen Frömmigkeit existentielle Erfahrungen angesprochen werden können, in die man sich offensichtlich einfinden kann und will. Zudem finden Seelsorgegespräche nicht selten im Garten statt: Die Erfahrung eigener Lebendigkeit hängt für viele ältere Menschen genau daran, ob sie noch den eigenen Garten bearbeiten können, ob sie über den Winter kommen, um im Frühling mit dem erwachenden Garten auch wieder Lebensmut und -freude zu schöpfen. Seelsorger berichten von diesen Verknüpfungen: Der Gang durch den Garten und das Gestalten des Gartens, die Garten-Arbeit bieten mannigfach Gelegenheit, dem Geheimnis des Lebens auf die Spur zu kommen. Sie motiviert dazu, das Wunder des Daseins zu meditieren, lässt die Lebensressourcen und die Lebensgrenzen erkennen.

Interessant ist darüber hinaus, dass gerade die sogenannten Konfessionslosen signifikant auf Naturphänomene rekurrieren, wenn sie nach ihrem Verhältnis zur Religion befragt werden. Mit Beobachtungen zu diesem Kontext, die in besonderer Weise auch religiöse Bildungsprozesse herausfordern, soll der Beitrag schließen.

[47] Felix Rohner-Dobler, Gott im Busch. Ein spirituelles Gartenbuch, München 2007, 10.
[48] A. a. O., 143.

3. *„Teilchenglaube" und „Glück in der Natur": Naturdeutungen im Kontext religiöser Unbestimmtheit*

Monika Wohlrab-Sahr hat in ihren qualitativen Untersuchungen zur forcierten Säkularität gerade in der jungen Generation wieder eine verstärkt zu beobachtende Haltung eines Offenhaltens möglicher großer Transzendenzen als ‚agnostische Spiritualität' bezeichnet: „Damit soll eine Haltung bezeichnet werden, die einen Transzendenzbezug mehr oder weniger abstrakt aufrechterhält, ohne ihn verbindlich inhaltlich religiös zu füllen, und die sich dabei von religiösen wie von materialistischen Vereindeutigungen gleichermaßen absetzt."[49] Im Kontext einer so verstandenen Spiritualität spielt immer wieder das Verhältnis zur Natur und zur Naturwissenschaft eine große Rolle. So spricht ein Teilnehmer am Religionsmonitor 2008, der sich selbst als nichtreligiös bezeichnet, von einer „Spiritualität, wenn man es so nennen mag, im Rahmen der Physik und Chemie", verweist auf den Erhalt der Energie nach dem Tod und sagt: „Man kann es sehen und gucken, wo sind dann halt die tatsächlichen Wunder: Niemand, der über Wasser läuft, sondern dass aus einer kleinen Einzelle ein 30 Meter hoher Baum wird, das ist ein Wunder."[50] Energie und Teilchen spielen eine zentrale Rolle, und es geht auch in den sich selbst als nichtreligiös verstehenden Deutungen um den sinnhaften Gesamtzusammenhang von Leben: „[...] die Vorstellung ist bei mir und meinen Leuten, dass sich das Größte im Kleinen befindet, im kleinsten Teil. Das Kleinste wiederum auch das Größte zugleich ist, also – das Ganze wird zusammengehalten von einer bestimmten Energie."[51]

Von einem „Teilchenglauben" könnte man auch bei dem exemplarischen Fall sprechen, der in diesem offenen Feld besonders für eine Lesart religiöser Unbestimmtheit steht, wonach die explizite religiöse Dimension im weitesten Sinne als Leerstelle im eigenen Deutungshorizont erscheint und auch selbst keine Anschlussstellen im existentiellen Fragen identifiziert werden können. Bei ihm dürfte man auch im Sinne Wohlrab-Sahrs nicht mehr von einer „agnostischen Spiritualität" sprechen. Er steht vielmehr in besonderer Weise für die nachdrücklich betonte Haltung unter den ostdeutschen Konfessionslosen, wonach die Ablehnung von Religion zu einem als selbstbestimmt erlebten Deutungsmuster und Habitus geworden ist, der das materialistisch-rationalistische Selbst- und Weltverhältnis in der Weise fortführt und eine grundsätzliche Inkommensurabilität von Religion und Naturwissenschaft voraussetzt.[52] Auf die Frage nach dem Sinn

[49] Monika Wohlrab-Sahr/Ute Karstein/Thomas Schmidt-Lux, Forcierte Säkularität. Religiöser Wandel und Generationendynamik im Osten Deutschlands, Frankfurt a. M. 2009, 203.

[50] Nassehi, Religiöse Kommunikation: Religionssoziologische Konsequenzen einer qualitativen Untersuchung, in: Bertelsmann Stiftung (Hg.), Woran glaubt die Welt? Analysen und Kommentare zum Religionsmonitor 2008, Gütersloh 2009, 169–205, 186 f.

[51] A. a. O., 179 f.

[52] Vgl. dazu die These zur aktiven individuellen Aneignung und Anerkennung der ideologischen Vorgaben in diesem Kontext von Wohlrab-Sahr u. a., Forcierte Säkularität, 15–18. Zum Beitrag des Bildungssystems der DDR zur Konsistenz dieser Haltung vgl. auch Reimund

des Lebens antwortet er: Es gibt „wirklich nur Teilchen irgendwie und deren Kräfte gegeneinander“[53] – „und dadurch bewegen wir uns und so / also für mich gibt's kein Bewußtsein so ungefähr / aber irgendwie / wie gesagt / man kommt damit ein bisschen in Verzwickung / aber eigentlich / welche Verzwickung / na ja / daß ich ja eigentlich doch das machen kann / was ich will / aber letztendlich / ist es / ja / ich will nicht sagen ‚Vorherbestimmung‘ / aber man könnte es alles / würde man es noch mal alles machen / würde es genau so wieder passieren / also / ich mein' / man könnte es wirklich alles aufschreiben / wie's jetzt funktioniert / man könnte vorhersagen / wann der da langgeht und so weiter / würde man alle Gesetzmäßigkeiten wissen / man könnte es ausrechnen / ob man dazu in der Lage ist / nachher letztendlich die Formel da zu berechnen oder so / ist was anderes / aber meiner Meinung nach ist alles so aufgebaut“[54] – „denn Gehirnströme funktionieren mit Ladungen / also letztendlich ist alles physikalisch“[55].

Radikaler Naturalismus und Materialismus, die Suche nach einer Weltformel, die alle Gesetze so in sich aufnimmt, dass alles ausrechenbar und damit vorhersagbar wird, die Überzeugung, dass das Gehirn mit seiner materiellen Basis und seinen elektrochemischen Prozessen keinen Raum für ein eigenständiges Bewusstsein und schon gar nicht für einen freien Willen lässt, wie es die gegenwärtigen Debatten um die Hirnforschung auf anderem Niveau, aber in dem gleichen Spannungsfeld von Determinismus und Freiheit ausagieren,[56] geraten hier in „Verzwickung“ mit den lebensweltlichen Erfahrungen, die sich dieser Eindimensionalität widersetzen und vor allem dem Subjekt durchaus den Eindruck relativer Freiheit und die Notwendigkeit, Entscheidungsspielräume zu nutzen, vermitteln.[57] Aber diese aufleuchtenden Widersprüche, die unbestimmten Leerstellen im eigenen Deutungssystem werden nicht genutzt, um eine fragende Identität mit verschiedenen Weltzugängen auszubilden, sondern sie werden verdrängt und ausgeblendet. Überhaupt machen ihm alle Fächer wie Deutsch und Philosophie, die ihm Deutungen abverlangen und keine eindeutigen Lösungen anbieten, allergrößte Mühe. Er bestätigt damit die Einsicht Wohlrab-Sahrs, dass „Religiosität und (entsprechend Religionslosigkeit) keine ‚Ein-Punkt-Programme‘ sind, sondern komplexe Orientierungsbündel bzw. habituelle Figu-

Blühm, Die staatliche Bildungspolitik und die evangelische Kirche in der DDR, in: J. Ohlemacher (Hg.), Profile des Religionsunterrichts, Frankfurt a. M. 2003, 11–42.

[53] Holger Oertel, „Gesucht wird: Gott?“ Jugend, Identität und Religion in der Spätmoderne, Gütersloh 2004, 241.

[54] A. a. O., 243.

[55] A. a. O., 244.

[56] Vgl. dazu Jürgen Habermas, Religion in der Öffentlichkeit. Kognitive Voraussetzungen für den ‚öffentlichen Vernunftgebrauch‘ religiöser und säkularer Bürger, in: Ders., Zwischen Naturalismus und Religion. Philosophische Aufsätze, Frankfurt a. M. 2005, 119–154, 147 f.

[57] Vgl. zum Folgenden auch Martina Kumlehn, Religionspädagogik im Osten Deutschlands vor dem Hintergrund naturwissenschaftlich-materialistisch geprägter Rationalität, in: Michael Meyer-Blanck und Sebastian Schmidt, Religion, Rationalität und Bildung, Würzburg 2009, 205–216.

rationen".[58] Der Zugang zum Verstehen religiöser Deutungen wird erschwert, wenn der Sinn für fiktionale Möglichkeitsräume von Lebensdeutung gar nicht ausgebildet ist. Darin besteht in bildungstheoretischer Perspektive m. E. das eigentlich zutiefst Beunruhigende dieser Form einer naturalistisch-materialistischen Grundeinstellung. Denn sie kann eben die Ausbildung von Selbstreflexivität und die Wahrnehmung existentieller Fragen überhaupt tendenziell verhindern und damit letztlich auch die Fähigkeit, Perspektivenwechsel einzuüben und ein Verständnis für die plural verfassten Rationalitäten und Weltzugänge zu entwickeln, die für ein umfassendes Selbst- und Kulturverständnis unumgänglich sind und auch die Grundlagen philosophischer und religiöser Bildung berühren.[59] Diese Art der naturalistischen Verengung der eigenen Welt- und Selbstwahrnehmung sorgt dafür, dass gerade bei denjenigen, die sich besonders aufgeklärt wähnen, Aufklärungsprozesse im Sinne Kants gerade nicht in umfassender Mündigkeit stattfinden, weil die Ratio sich nicht mehr über sich selbst und ihre Grenzen aufklären lässt, sondern sich vorschnell auf eine Rationalitätsform, nämlich die naturwissenschaftliche Weltbeschreibung beschränkt und sich mit ihr identisch wähnt.[60] Wollte man mit diesem Jugendlichen ins Gespräch kommen, böten sich jedoch gerade die „Verzwickungen" des naturalistischen Kurzschlusses an, die kognitiven Dissonanzen, die sich daraus ergeben können. Er ist auf intellektueller Ebene anzusprechen, denn die Fragen nach dem Verhältnis von Naturgesetz und Kontingenz, von Freiheit und Determinismus, von Geist und Materie spielen in seinem Weltverstehensmodell eine große Rolle.

Wieder eher im Sinne einer offen suchenden Haltung, wie sie bei Wohlrab-Sahr charakterisiert worden ist, rekurriert dagegen das letzte Beispiel vorrangig auf die Natur als Ort möglicher transzendenzoffener Erfahrung.[61] Die Befragte stammt aus einer Kleinstadt an der Ostsee, gehört keiner Religionsgemeinschaft an, ist nicht religiös erzogen worden, hatte jedoch z. B. einen Großvater, der ihr Wundergeschichten erzählt hat, und eine Mutter, von der sie spät erfährt, dass sie abends betet. Sie bezeichnet sich selbst als „nicht-religiös", besucht aber den Religionsunterricht und gibt an, dass dieser sie zum Nachdenken anregt.[62] In Spannung zu ihrer Selbstaussage „nicht-religiös" überrascht in einer ersten Beobachtung, dass sie in der Reflexion über Lebenssinn und Glück durchaus auf religiöse Semantiken zurückgreift. Sie zeigt damit u. a. die Tendenz, die auch der Religionsmonitor 2008 herausgearbeitet hat, dass nämlich das intellektuelle Interesse an religiösen Fragen und Themen auch in der Gruppe der Konfessionslo-

[58] Monika Wohlrab-Sahr, Das stabile Drittel: Religionslosigkeit in Deutschland, in: Bertelsmann Stiftung (Hg.), Woran glaubt die Welt?, 151–168, 160.

[59] Zur Bildungskategorie des Perspektivenwechsels vgl. Bernhard Dressler, Performanz und Kompetenz. Überlegungen zu einer Didaktik des Perspektivenwechsels, in: Zeitschrift für Pädagogik und Theologie 1/2008, 74–88.

[60] Vgl. dazu Michael Domsgen, Religionsunterricht in Ostdeutschland: die Einführung des evangelischen Profils in Sachsen-Anhalt als religionspädagogisches Problem, Leipzig 1998, 476.

[61] Holger Oertel, „Gesucht wird: Gott?", a. a. O., 203–232.

[62] Vgl. a. a. O., 203.

sen, und zwar auch in der sich als explizit religionslos verstehenden Gruppe in nicht unerheblicher Weise präsent ist, aber das heißt eben nicht zwingend, „sich auf spirituelle Angebote einzulassen oder von religiösen Inhalten überzeugt zu sein".[63]

So äußert sich die Befragte folgendermaßen: „Ich denke auch / es kann auch durchaus sein / daß der Gott einfach das Leben ist / das in allen / das einfach in sehr vielen Dingen wiederzufinden ist / also ich kann gut verstehen / wenn Leute durch einen Wald gehen und einfach da sich besonders darüber bewusst sind oder besonders darüber im klaren sind / daß es einen Gott gibt / weil sie einfach merken / wie das Leben alle Dinge durchströmt / die Pflanzen / die Tiere / die da sind / und man fühlt sich so / ja / wie soll ich das sagen / man fühlt sich so existent irgendwie so / [...] also dieses Leben / das ist ja eigentlich wirklich unglaublich / daß es so was gibt / und daß man darin vielleicht diesen göttlichen Funken sehen könnte / der / weil / halt das Göttliche / das in allen Dingen steckt / es ist möglich / ich weiß es nicht/ [...] vielleicht bin ich auch einfach noch nicht so weit / das zu akzeptieren / was meine Sinne mir *eigentlich* sagen / denn sie sagen gerade / daß es phantastisch ist / was um mich herum ist / aber / ich glaube / ich kann das noch gar nicht so ganz fassen / vielleicht kommt das mit der Zeit / vielleicht glauben deshalb so viele ältere Menschen."[64]

In diesem Zitat zeigen sich Haltungen des Staunens, von Erfahrungen des unverfügbaren Verdanktseins des eigenen Daseins im Spannungsfeld von Leben, Natur und möglichem „göttlichen Funken" in allem, die Bezüge zu der geprägten Frömmigkeitssprache herzustellen erlauben. Formen der Naturfrömmigkeit werden gedanklich experimentell auf ihre punktuelle Tragfähigkeit hin befragt, auch wenn der Transzendenzbezug im Vagen bleibt, wobei quasi pantheistische Zugänge angedeutet sind. Zugleich begreift die 17-Jährige trotz der Selbstbeschreibung „nichtreligiös" ihr Leben hinsichtlich der Entwicklung von Religiosität bemerkenswerterweise nach vorne hin offen. Will man beispielsweise in religiösen Bildungsprozessen über Brücken gehen, die in einem solchen Gespräch angeboten werden, müssen auch diejenigen, die solche Prozesse anregen wollen, über eine differenzierte Wahrnehmungs- und Deutungskompetenz verfügen, um die fluiden Phänomene, die fragilen Sinnstrukturen, die Schatten- und Grenzbereiche von Sinnstiftungskonstruktionen gerade auch in diesem Bereich einer natursensiblen Selbst- und Sinnvergewisserung adäquat aufzunehmen und in hermeneutisch bildende Prozesse zu überführen. Dazu kann sicher beitragen, sich in dem breiten Feld der kulturellen „Lesartenbildung" in Auseinandersetzung mit dem Buch der Natur auszukennen, um dann im Bezug auf diese die eigene religiöse Tradition auf ihre Deutungsangebote hin freilegen zu können. Im differenzhermeneutischen Sinne ist jedoch unbedingt die systematisch-theologische Reflexion anzustrengen, um die notwendigen Unterscheidungen im

[63] Matthias Petzoldt, Zur religiösen Lage im Osten Deutschlands: Sozialwissenschaftliche und theologische Interpretationen, in: Bertelsmann Stiftung (Hg.), Woran glaubt die Welt?, 125-150, 132.

[64] Oertel, „Gesucht wird: Gott?", 221.

Spannungsfeld von Natur, Mensch und Gott zu bezeichnen, die vor Identifizierungen, Vergötzungen und Banalisierungen zu bewahren versuchen. Es braucht eine kritische „Theologie der Natur"[65], die sich in den gesellschaftsöffentlichen Diskurs einbringen kann, wenn es um Freiheit und Verantwortung im Umgang mit der Natur geht. Ihre „Pragmatik lebt von den tatsächlich geführten Dialogen mit der Philosophie bzw. Religionsphilosophie und mit den positiven Wissenschaften, aber auch mit der Wirklichkeitsdeutung der Künste – von Dialogen mit Laien also, die stets nur in begrenzten, bestimmten kulturellen Kontexten möglich sind und daher allenfalls mittlere Reichweite haben. Die beteiligten Kulturwissenschaften machen, von der Theologie her gesehen: in einer Außenperspektive, auf Phänomene aufmerksam, die in der theologischen Innerperspektive als ‚natürliche Gotteserkenntnis', d. h. als Reflexe der Präsenz Gottes in seiner Welt, beschrieben (!) und im Licht des Evangeliums sich selbst möglicherweise besser erschlossen werden, als sie sich ‚natürlicherweise' erschlossen sind."[66] Worin dieses „besser verstehen" dann tatsächlich bestehen könnte, müsste im Sinne der dargestellten Anschlussstellen einer christlichen Naturfrömmigkeit im Deutungshorizont des Evangeliums, im Sinne des spezifischen Sich-Verstehens in der Natur und im Gegenüber zur Natur dann diskursiv im Dialog entfaltet werden. Ohne Überbietungsgestus könnte man wohl sagen, dass schon viel gewonnen wäre, wenn theologische Deutungsmuster, die religionshermeneutisch versiert die Fragen der Menschen in ihrem Verhältnis zur Natur aufnehmen, diese zum Neu- und Anderssehen des Verhältnisses von Natur, Mensch und Gott anregen können, also Möglichkeitsräume für neue, erweiterte Lesarten im „Buch der Natur" eröffnen.

[65] Vgl. A.M. Klaus Müller/Wolfhart Pannenberg, Erwägungen zu einer Theologie der Natur, Gütersloh 1970.

[66] Walter Sparn, Art. Natürliche Theologie, in: TRE XXIV, 1994, 85–98, 95.

Hermann Deuser

Theologie der Natur

> Unter besonderen Bedingungen bringt die Dimension des Psychischen eine weitere Dimension zur Verwirklichung, die des Geistigen. Soweit die menschliche Erfahrung reicht, ist dies nur im Menschen geschehen. Die Frage, ob sich das Geistige noch an irgendeiner anderen Stelle im Universum aktualisiert hat, kann bis jetzt weder positiv noch negativ beantwortet werden. – Inkarnation ist einmalig für die besondere Gruppe, in der sie sich ereignet, aber sie ist nicht einmalig in dem Sinne, dass andere Inkarnationen in anderen Welten ausgeschlossen sind.
>
> (Paul Tillich)[1]

1. Warum die Theologie eine Kosmologie braucht

Diese Frage ist, so gestellt, typisch für die religionsphilosophische Moderne. Seit Newtons Mechanik als physikalische Basis zur universalen Erklärung der Körper-Bewegungen in Raum und Zeit ausreichend erschien, ging der Philosophie dieser empirische Ausgangspunkt verloren. Denn eine nicht mehr teleologische, vollständig mathematisch ausgedrückte *Welt*-Anschauung in Physik und Astronomie zeichnet keinen Übergang zur Metaphysik mehr vor. Die mechanische Natur, zunächst allein die unbelebte, wird zum exemplarischen Feld der wissenschaftlichen Haltung gegenüber der Wirklichkeit, und es ist die Transzendentalphilosophie Kants, die diese neue Situation respektiert, keine kosmologische Begründung mehr kennt und sich folglich aus den Bedingungen des Denkens selbst legitimieren muss. Werden derart die Grenzen der Zuständigkeit von Vernunft und Empirie neu gezogen, so hat das massive Konsequenzen auch für die Theologie: Quasi-empirische Aussagen über Nicht-Empirisches können nicht mehr zugelassen werden, Kants ‚aufgeklärte' Unterscheidung zwischen Offen-

[1] Paul Tillich, Systematische Theologie Bd. III, Stuttgart 1966, 32; Bd. II, Stuttgart 1958, 106.

barungs- und Vernunftreligion spricht den historischen Religionen ein nachrangiges Eigenrecht zu, das aber von der (philosophischen) Vernunft limitiert wird. Die theorie-wissenschaftliche Erklärung der (physikalisch-astronomischen) *Natur* ist damit von Glaubensfragen vollständig gelöst, eine *theologische Kosmologie* muss als Widerspruch in sich selbst erscheinen.

Schon diese ausgewählte, für die Wissenschaftsgeschichte in Deutschland beispielhafte und weithin prägende Konstellation zeigt, wie die Entwicklungen in den Naturwissenschaften den rationalen Begründungsspielraum und die Kompetenz der Theologie einschränken und schließlich fragen lassen, was die Kosmologie überhaupt mit Theologie noch zu tun haben könnte. Kosmologie wird dabei verstanden als die Summe unseres (naturwissenschaftlichen) Wissens über die vorfindliche Welt im universalen Maßstab ihrer Entwicklungsprozesse; christliche Theologie als biblisch gebundene Lehre von Himmel und Erde als Werke Gottes des Schöpfers. Da die jeweiligen Sachbezüge und Methoden deutlich verschieden sind, mathematisierte Naturerfassung hier, hermeneutische Textinterpretationen da, scheint es keinen gemeinsamen Boden mehr zu geben. Was aber wird dann aus *Himmel und Erde*? Sind und bleiben sie für uns nicht in gleichzeitiger Nähe und Ferne lebensweltliche Orientierung einerseits und natur-objektive Sachverhaltsbestimmung andererseits – *Symbole* einer humanen Selbstverständigung über die eigene wie die fremde Natur? Denn diese kann nur in der Doppelperspektive von subjektiver Lebenswelt *und* ihrer objektivierbaren Darstellung unverkürzt und angemessen betrachtet werden, und darin liegt ganz prinzipiell das genuine Interesse der Theologie, nach dem ihr verlorengegangenen Natur-Verhältnis wieder zu suchen.

Religionsgeschichtlich gesehen ist das Problem insofern anders gelagert, als in historisch-vergleichender Perspektive durchaus von *theologischer Kosmologie* gesprochen werden kann. Denn traditionelle Kosmologien (magischer Naturumgang, Mythen, Kosmogonien, religiöse Rituale) unterliegen Veränderungen und Bearbeitungen durch theologische Instanzen und Systeme der jeweiligen religiösen Symbolisierungen: Unter veränderten Lebensbedingungen werden z. B. mündliche Überlieferungen und Texte neu interpretiert und damit in ihrer Wirksamkeit erhalten. Die Orientierungsleistung religiöser Kosmologien unterliegt dann aber selbst und allein der objektivierenden bzw. historisierenden Wissenschaftsperspektivik. Sie suspendiert den ‚Blick von innen', die Aneignungssituation im – existentiellen und interpretierenden – Umgang mit der Natur, wie sie in uns und außer uns als unwiderstehliche Herausforderung auftritt.

Mehr und anderes zu wollen als das, was durch Kants Wissenschaftstheorie zulässig erscheint und was in der – diesem skeptischen Vorbehalt angepassten – rein religions*geschichtlichen* Methodik verdeckt bleibt, hat seinen guten Grund in der Einsicht: Dass *Natur* unthematisch in ständiger Selbsterfahrung ‚vorkommt', zugleich aber reflexiv nur über bestimmte Vermittlungen ‚gegeben' ist – von der Sinneswahrnehmung über experimentelle Darstellungen bis zu subtilen Messverfahren im Teilchenbeschleuniger. Die Physik des 20. Jahrhunderts hat gezeigt, dass dieses Beteiligtsein der betrachtenden (experimentierenden, messenden, interpretierenden) Instanz im jeweiligen Gegenstandsfeld nicht als bedauerlicher subjektiver Rest einzustufen ist, sondern zum Prinzip des Umgangs mit der mikro- und makrokosmischen Realität gehört. Reale Prozesse verstehen zu wollen heißt, in sie einzugreifen. So kann die sogenannte *Unschärferelation* (Werner Heisenberg), d. h. die nicht gleichzeitig mögliche Messung von Teilchen als raumzeitlich bestimmbar *und* als Welle, durchaus als Hinweis auf hermeneutische Verfahrensbedingungen gesehen werden. Das empirische Experiment steht immer im Zusammenhang mit der vorausgesetzten ‚Natur' der Dinge und der auswählenden Interpretation, der menschlichen ‚Natur', ohne die keine Realitätserfahrung zustande kommen kann. Entscheidend für diese Einsicht ist, dass der Naturbegriff nicht äquivok gebraucht wird: Die *kosmologische* Natur ist im Grunde und tendenziell dieselbe wie die der *humanen Existenzverhältnisse* (Søren Kierkegaard). Anders gesagt: Der Naturbegriff wird univok gebraucht, wenn Anlage und Geschichte des humanen Fühlens und Denkens in Kontinuität mit dem immer vorausliegenden Kosmos vorgestellt werden können – *vorausliegend* nun im mehrfachen temporalen Sinn verstanden. Weil von der „Geschichte der Natur" gesprochen werden kann, wie es Carl Friedrich von Weizsäcker in seiner inzwischen als klassisch geltenden Vorlesungsreihe schon 1946 getan hat, erscheint eine einheitliche Realität, trotz ganz unterschiedlicher Zugänge zu ihr, wieder denkbar. Die physikalisch-astronomische Entwicklungsgeschichte des Kosmos („Urknall"/Expansion des Universums) und das mit der Naturgeschichte der Menschheit verbundene Modell der *Evolution* liegen ineinander. Weil zudem aufgrund des zweiten Hauptsatzes der Thermodynamik (Verlust an Energie durch Reibungswärme/Entropie) auch schon in der unbelebten Natur unumkehrbare Prozesse vorliegen müssen, kann die gesuchte Kontinuität in der Einmaligkeit[2], d. h. der *Geschichtlichkeit* von kosmischen Naturprozessen und organischen bzw. humanen Lebensformen zum Ausdruck gebracht werden.

Bevor diese Linie einer neuen Verständigung zwischen (naturwissenschaftlicher) Kosmologie und (geisteswissenschaftlicher / theologischer) Naturvorstellung weiter verfolgt wird, soll ein Beispiel neuzeitlicher Naturphilosophie in Erinnerung bringen, wie das Verhältnis, der Zusammenhang oder die Kontinuität jener beiden Wissens- und Erfahrungswelten einmal gewesen ist. Denn es ist wissenschaftsgeschichtlich in der europäischen Neuzeit durchaus nicht so, dass mit der wachsenden Kritik an den Institutionen ‚scholastischer' Wissenschaftseinstellung und kirchlicher, d.h. unwissenschaftlicher Autoritäten automatisch eine quasi atheistische oder areligiöse Grundeinstellung verbunden gewesen wäre. Im Gegenteil, es sind bis zu Darwin und bis ins 20. Jahrhundert theologische Motive, die zumindest im philosophischen Denkrahmen eine Rolle spielen und die in der Neuzeit geradezu Ideengeber für den Forschungsauftrag der neuen Wissenschaften waren. Eine – unter solchen Bedingungen entwickelte – durchaus *theologische* Kosmologie inspirierte folglich mit ihrer Emphase für das Neue zur Klärung der human-religiösen Zusammenhänge: zu dem ganzheitli-

2 Vgl. Carl Friedrich von Weizsäcker, Die Geschichte der Natur. Zwölf Vorlesungen, Göttingen (1948) 1992 (Kl. Vandenhoeck-Reihe), 37.

chen Bild einer verantworteten Wissenschaftseinstellung. Die Rede ist von der exemplarischen Bedeutung, die Francis Bacons *Novum Organon* von 1620 zukommt.[3] Denn bei aller Kritik an den christlich-aristotelischen Methoden der Wissenschaften sind es für Bacon die traditionelle Gottes- und Vorsehungslehre, die Motivation, Verheißung und endzeitlichen Erfolg der praktischen Arbeit der Wissenschaften für eine bessere menschliche Welt garantieren. Die Entdeckung der neuen Welt geschieht aber nicht mehr geleitet durch metaphysische Vorannahmen, sondern durch experimentierende Einzelbeobachtungen („Induktion"). Diese aber sind es gerade, woran sich Dynamik und Fortschritt messen lassen, was wiederum im Rahmen des Vertrauensverhältnisses einer ‚göttlich' bestimmten Welt zu fordern ist:

> „Den Anfang aber muß man von Gott hernehmen. Denn das, worum es hier geht, ist offenbar wegen seiner ausgezeichneten guten Eigenschaft von Gott, der der Urheber des Guten und der Vater allen Lichtes ist. […] Von den geistigen Dingen ist gesagt worden: ‚Das Reich Gottes kommt nicht mit Gepränge' [Lk 17 20]. Dies gilt auch für jedes größere Werk der göttlichen Vorsehung, alles schreitet ohne Lärm und Getöse still vorwärts […]. Auch die Prophezeiung Daniels über die letzten Zeiten der Welt ist nicht zu überhören: ‚Viele werden vorübergehen, und von vielerlei Art wird die Wissenschaft sein' [Dan 12,4]. Sie deutet klar an und weist darauf hin, es sei von der Vorsehung beschlossen, daß die Durchwanderung der Welt, die nach so vielen langen Seereisen so gut wie erreicht oder wenigstens schon nahe bevorzustehen scheint, und die Vertiefung der Wissenschaften in dasselbe Zeitalter fallen."[4]

Es wäre ein Anachronismus, in dieser begeisterten Programmatik allein einen unangebrachten Fortschrittsoptimismus am Werk zu sehen, der mit der Entdeckung fremder Kontinente gleich die Triumphe der modernen Wissenschaften feiert. Auch ökologische Bedenken können noch nicht aufkommen, wo es zuallererst darum geht, freie Forschung in wissenschaftlich legitimer Neugierde zur Anerkennung zu bringen. Das ist das Neue gegenüber einer Tradition, die die *curiositas* als sündiges Umsichselbstkreisen des Menschen brandmarkte.[5] Halt findet die ins Unbegrenzte gehende Forschung dann aber darin, dass ihr Anfang, Weg und Ziel durch Gottvertrauen sich in einem verheißungsvollen Rahmen abgesteckt finden. Solches Vertrauen ergibt sich nicht aus dem experimentierenden Umgang mit den Dingen, sondern geht diesem voraus: als Gottes gute Schöpfung am „Anfang" aller Dinge; in der stillschweigenden und zielorientier-

[3] Francis Bacon, Neues Organon, lat.-dt., Teilbd. 1 u. 2, hg. V. W. Krohn, 2. Aufl., Hamburg 1999. – Vgl. hier und im Folgenden die Darstellung im wissenschaftsgeschichtlichen Zusammenhang von Dieter Groh, Göttliche Weltökonomie. Perspektiven der wissenschaftlichen Revolution vom 15. bis zum 17. Jahrhundert, Berlin 2010, Kap. 5; und zur religionsphilosophischen Interpretation im Blick auf Kants Religionskritik Hermann Deuser, Religionsphilosophie, Berlin / New York 2009, § 8.1.

[4] Bacon, a. a. O. 207/209; vgl. Groh, a. a. O. 402 f.

[5] Vgl. Götz Müller, Art. Neugierde I, in: HWP 6 (1984), 732-736; vgl. Groh. a. a. O. 414 f.

ten Begleitung der humanen Entdeckungen: als Vorsehung, die trotz der Vielfalt der Dinge Weltvertrauen begründet; und schließlich in der eschatologischen Erwartung des Endes, worauf die Wissenschaften im Interesse der Menschheit hinarbeiten: Wissenschaftsvertrauen. Das heißt, hier machen die theologischen Topoi genau die Vertrauensbildung explizit, die die Haltung der Zuversicht der Wissenschaften schon voraussetzen. Was nicht aus Experimenten folgt, muss gleichwohl thematisiert werden; und wie sollte das anders möglich sein als durch das dreifache Vertrauen in Gott, Welt und die Errungenschaften der Wissenschaften *in the long run*? Eine *theologische* Kosmologie lässt diese drei Funktionsstellen, essentielle Rahmenbedingungen wissenschaftlicher Arbeit, nicht unbesetzt.

Das gilt erst recht dann, wenn sozusagen von einem Vertrauen 2. Grades gesprochen werden muss, sobald die theologischen Topoi von *Sünde* und *Erlösung* ganz sachgemäß mit ins Spiel kommen:

> „Denn der Mensch hat durch seinen Fall den Stand der Unschuld und der Herrschaft über die Geschöpfe verloren. Beides aber kann bereits in diesem Leben einigermaßen wiedergewonnen werden, die Unschuld durch Religion und Glauben, die Herrschaft durch Künste und Wissenschaften. Denn die Schöpfung ist durch den Fluch nicht gänzlich und bis ins Mark hinein widerspenstig gemacht worden. Sondern kraft jenes Machtspruches: ‚Im Schweiße Deines Angesichts sollst Du Dein Brot essen' wird sie durch mancherlei Arbeit – gewiß nicht durch Disputationen oder nutzlose magische Formeln – dahin gebracht, schließlich und einigermaßen dem Menschen sein Brot zu gewähren, das heißt, den Zwecken seines Lebens zu dienen."[6]

Religion und voranschreitendes Wissen schließen sich nicht gegenseitig aus, sondern ergänzen sich in der Parallelität der Wiedergewinnung des Paradieses. Die Güte der Schöpfung wird nicht ungebrochen zugänglich, sondern nur realistisch vermittelt über die Heilung des Grunddefektes im menschlichen Verhalten (Sünde/Erlösung). Gut protestantisch gedacht wird dabei nicht etwa für die Erlösung gearbeitet, sondern für das Wohl der Menschheit – aufgrund des wiedergewonnenen Grundvertrauens („Unschuld"), der Gottebenbildlichkeit und Nächstenliebe.

Diese neue Wissenschaftlichkeit zielt auf methodisches Selbstbewusstsein (keine abstrakten „Disputationen", keine „magischen Formeln"), eine Kosmologie, die der Bestimmung zur humanen Gesellschaft im Ganzen zugutekommt. Sie braucht, wie gezeigt, zu ihrer Begründung und Durchführung religiöses Vertrauen an mehreren Funktionsstellen. Insofern verlangt in dieser Wissenschaftsepoche tatsächlich die Kosmologie nach Religion – aber gilt das auch dann, wenn der Gottesglaube und religiöses Vertrauen nach-neuzeitlich ihre selbstverständliche Plausibilität verloren haben sollten? Was wird aus den genannten Funktionsstellen? Muss nicht zuerst die Theologie zeigen, dass sie dem wissenschaftli-

[6] Bacon, a. a. O. 611/613; vgl. Groh, a. a. O. 408; im Folgenden 412 ff.

chen Weltbild der Gegenwart nicht völlig entfremdet gegenübersteht? Das heißt, die inzwischen noch einmal erneuerte Kosmologie muss theologisch aufgesucht werden, um jener und sich selbst deutlich machen zu können, dass die genannten Funktionsstellen des Gott- und Weltvertrauens weiterhin vorhanden sind und sachgemäß besetzt sein müssen, wenn nicht Hybris oder Verzweiflung die Oberhand gewinnen sollen. Anders gesagt: Das Beispiel Bacons zeigt, wie – unter anderen Bedingungen – Differenzbewusstsein und gegenseitige Angewiesenheit von Theologie und (wissenschaftlicher) Kosmologie zusammenwirken konnten, so wie es in der spätmodernen Situation aufgrund der Entdeckung der hermeneutisch akzentuierten *Geschichte der Natur* wiederum der Fall sein könnte. Zumal der Gedanke der *Schöpfung*, d. h. eines universalen Anfangs evolutionärer Prozesse, *vor* dem sich wissenschaftsmethodisch bedingt nichts mehr entdecken oder messen lässt, verlangt geradezu nach der Besetzung dieser Funktionsstelle. Dass damit keine Lückenbüßerfunktion gemeint sein kann, sondern die kategoriale Differenz zwischen Schöpfungsakt (*hinter* den wir empirisch nicht zurückdenken können) und Universum des Geschaffenen zugrunde gelegt werden muss, bestätigt sich von naturwissenschaftlicher Seite in den immer neuen Anläufen, den frühesten Elementarteilchen auf die Spur zu kommen. So berichtet das Forschungszentrum CERN bei Genf jüngst darüber[7], dass der Teilchenbeschleuniger weiter optimiert werden wird, um dem Urknall noch einmal näher zu kommen. Das Neue auf diesem Wege ist aber immer nur das schon Bekannte einer weiteren Approximation: jetzt eine „Billionstelsekunde nach dem Urknall" – prinzipiell nicht der Anfang von allem selbst, als solcher oder gar dessen Bedingungen. Diese müssen notwendigerweise auf anderem Wege zum Ausdruck kommen: In jedem Vertrauen auf die Realität und Verlässlichkeit der Naturprozesse steckt mehr oder weniger explizit ein Schöpfungsglaube, dessen alltägliche wie wissenschaftliche Selbstverständlichkeit nur – unter neuen Bedingungen – wieder sichtbar gemacht werden muss. Dazu braucht die Theologie die zeitgenössische Kosmologie.

2. Wieso die Theologie mit der Kosmologie auch den (humanen) Naturbegriff wieder gewinnt

Moderne *Kosmologie* umfasst als Sammelbegriff sowohl die physikalischen Mikro- und Makroprozesse (von der Quanten- bis zur Allgemeinen Relativitätstheorie) als auch das Denkmodell der *Evolution* im weitesten Sinn, d. h. das Zusammenspiel von Kontingenz und Regelhaftigkeit in allen Natur- und Kulturprozessen. Die Nicht-Notwendigkeit von Einzelereignissen ist dann auch durch die schwierige Objektivierbarkeit probabilistischer Methoden charakterisiert: Wo sich ein Teilchen zu einem bestimmten Zeitpunkt befindet, unterliegt der (berechenbaren) Wahrscheinlichkeit – ob und wie bestimmte historische Ereignisse eintreten, ist mehr oder weniger wahrscheinlich, obwohl nachträglich Ord-

[7] Vgl. Manfred Lindinger: Die Physik auf dem Weg in neue Dimensionen, in: F.A.Z. Nr. 59 (11.03.2015), S. N2.

nungszusammenhänge erstellt werden können. Wolfhart Pannenberg hat in einem mutigen Schritt diese Vergleichbarkeit schon 1970 zur Wiederbegründung einer *Theologie der Natur* genutzt[8]: Ist nicht (in der biblischen Tradition) die geschichtliche Kontingenz des Gotteshandelns, das sich gleichwohl als regelhaft und beständig erweist, ganz analog zur quantentheoretisch aufgefassten Wirklichkeit von radikal kontingenten *und* naturgesetzlich gedachten Ereignissen? Doch stehen diese beiden Aspekte (Kontingenz und Naturgesetz) nicht in Widerspruch zueinander, taugen dann also gar nicht zu einer einheitlichen wissenschaftlichen Erklärung? Es ist das raumzeitliche *Ereignis*, woran sich eine Gemeinsamkeit entdecken lässt: Aufgrund der Speziellen Relativitätstheorie ist kein absoluter Standpunkt von Raum und Zeit außerhalb des Ereignishorizontes (Modell des Lichtkegels) mehr zugänglich, so dass sich das Naturgesetz an die kontingenten Ereignisse selbst halten muss; ganz so wie Existenzphilosophie und Phänomenologie etwa zur gleichen Zeit und ohne bewusst von der Physik lernen zu wollen die ‚von außen' unzugängliche Erfahrungswirklichkeit der Erste-Person-Perspektive als gleichwohl verallgemeinerbare Regelhaftigkeit herausgearbeitet haben.[9] Das ist mehr als eine bloße Analogie, nämlich der Einstieg in die (ontologische) Frage nach der in der Zuordnung von Kontingenz und Gesetz schon vorliegenden gemeinsamen Wirklichkeit. Pannenberg hat diese „Einheit" geschichtseschatologisch als Ganzheit konzipiert, den Gottesgedanken als Hypothese zu denken vorgeschlagen, die sich an der – gerade auch der naturwissenschaftlichen – Wirklichkeit zu bewähren habe, und so die kosmologische Kontingenzproblematik einzuordnen versucht. Das setzt allerdings eine bestimmte Geschichtsmetaphysik voraus, in der eine „Ganzheit" geschichtlich antizipiert werden kann. Dann können zwar die kosmologischen Prozess-Perspektiven eingeholt werden, aber es bleibt doch bei analogen Verhältnissen zwischen geschichtlicher und natürlicher Kontingenz. Zu einer kosmologischen Begründung des Gottesgedankens kann es dann nicht kommen, wohl aber wird die Instanz entdeckt, an der die Beweislast für eine differenzierte Einheit hängt: die Anthropologie[10], d. h. der Mensch selbst bzw. das Selbst der menschlichen Natur.

Auf diesem Weg ist derselbe Problembereich der Überkreuzung von geistes- und naturwissenschaftlicher Forschungshaltung wieder erreicht, der eingangs schon als *hermeneutisch* in seinen Verfahrensbedingungen bezeichnet wurde. Wie kosmologisch aber ist die Anthropologie? – Kosmologie und Evolution liegen zwar ineinander, sind aber nicht deckungsgleich. Das lässt sich sehr deutlich am Zeitbegriff zeigen: Während die Quantentheorie der Physik zu Wellengleichungen vorstößt, die „keinen Zeitparameter mehr" enthalten, ist die Evolutionsbiologie ohne temporale Dimensionen (die Geschichte lebendiger Prozesse muss

[8] Wolfhart Pannenberg, Kontingenz und Naturgesetz, in: A.M.K. Müller/W. Pannenberg: Erwägungen zu einer Theologie der Natur, Gütersloh 1970, 32–80.
[9] Vgl. Hermann Deuser: Religion: Kosmologie und Evolution. Sieben religionsphilosophische Essays, Tübingen 2014, Kap. 2.
[10] Vgl. Pannenberg, a. a. O. 42.

erzählt werden!) gar nicht denkbar.[11] Zu klären ist darüber hinaus die Frage nach der Kontinuität zwischen Natur und Kultur, so dass trotz der Unterschiede im jeweiligen Umgang mit der realen Komplexität in physikalischer, biologischer und kultureller Perspektive doch ein tragfähiger Zusammenhang aufweisbar wäre. Dessen Ort ist die menschliche Natur, und zwar erst dann, wenn sie nicht mehr naturalistisch als geistlos oder dualistisch im Gegensatz zur natürlichen Natur bestimmt werden muss. Matthias Jung hat für diesen anspruchsvollen Funktionszusammenhang den Begriff des *Differenzholismus* vorgeschlagen[12] und dafür semiotische Begründungen geben können, die natur- und kulturtheoretisch zugleich fundiert sind und insofern die hier gesuchte Vermittlungsleistung erfüllen können. Unter Berufung auf Johann G. Herders *Sprachursprungsschrift* (1772) lassen sich die üblichen anthropologischen *Differenzen* (z. B. Denken, Wollen, Fühlen; Geist und Körper; Mensch und Tier) durchaus kenntlich machen, aber noch geschieht dies unter der Voraussetzung sich sprachlich/vernünftig vollziehender Ganzheiten in Wahrnehmungs-, Bedeutungs- und Erkenntnisakten. Diese sind zugleich zu denken in einer „Coevolution of Language and Brain", so dass auch solche Prozesse nur künstlich und nachträglich zerlegt werden können: Menschen sind keine „chimpanzees-with-grammar" (Terrence Deacon).[13] Die Ganzheitlichkeit zumal des sprachlichen Ausdrucks ist dann das Modell für die semiotisch zu beschreibende Darstellbarkeit dessen, was sich, um zu sein, artikulieren muss. Das aber gilt nicht nur auf der (symbolischen) Ebene der Sprache, sondern auch vorsprachlich, körperlich, instinktiv, d.h. das Naturverhältnis ist kontinuierlich auf die gleiche Weise (strukturell-semiotisch) wirksam und nicht überholt, wenn auch gesagt werden muss: Die Kultur ist den Menschen eine „zweite Natur", und das bedeutet, dass die „Natürlichkeit der ersten Natur – die biologische Existenz – nicht mehr unabhängig von der zweiten bestimmt werden kann".[14]

Der Ort dieser Verflochtenheit von Natur und Kultur bleibt die menschliche Natur, die jetzt nicht mehr der natürlichen Natur entgegengesetzt, nicht mehr im eigentlichen Seelen-Wesen körperlos gedacht werden muss, sondern (semiotisch ausgedrückt) in Zeichenrelationen sich lebenspraktisch vollzieht. Diese Lebenspraxis kann in *einem* Punkt (aufgrund des Differenzholismus) nicht mehr analytisch aufgebrochen werden: Das ist das *qualitative* Erleben, die semiotisch gesehen allererste Nähe zu den Dingen – die *Ikonizität* der sogenannten *Qualia*.[15] Da-

[11] Vgl. Claus Kiefer, Die Rolle der Zeit in der Kosmologie; Georg Toepfer, Die Zeit der Lebewesen. Heteronomie und Autonomie der vitalen Zeit, in: G. Hartung (Hg.), Mensch und Zeit, Wiesbaden 2015, 25–33, hier: 31; 85–103.

[12] Matthias Jung, Der bewusste Ausdruck, Anthropologie der Artikulation, Berlin/New York 2009.

[13] Zit. nach Jung, a. a. O. 57.

[14] Jung, a. a. O. 54.

[15] Vgl. Jung, a. a. O. 201–209; Deuser, Religionsphilosophie, a. a. O. 269 u. 338f.; J.-Chr, Heilinger/M. Jung, Funktionen des Erlebens. Neue Perspektiven des qualitativen Bewusstseins, in: Berlin-Brandenburgische Akademie der Wissenschaften. Berichte und Abhandlungen Bd. 15, Berlin 2009, 59–91.

runter ist streng genommen nicht subjektive Erlebnisqualität oder objektive Ding-Gegebenheit zu verstehen, denn das Grundgefühl qualitativer Eigenschaften liegt solchen Unterscheidungen voraus und benennt die – kosmologische bzw. evolutionäre – Möglichkeit von künftigen Dingen, Prozessen und Handlungen. Das Auftreten von Neuem, Unvorhergesehenem, Wunderbarem nimmt uns gefangen und eröffnet einen weiten Möglichkeitshorizont, der allerdings unter den jeweiligen Bedingungen des Wechselverhältnisses zwischen Lebewesen und Umwelt dann an zweiter Stelle Einschränkungen erfährt. Diese zu bestimmen und Entscheidungsspielräume auszuloten, setzt aber bereits den Ausdruck, die Artikulation, kurz: die Darstellung des Vorgegebenen voraus. Für unseren Zusammenhang entscheidend ist dabei, dass solche *qualitativen* Vorgaben in der Natur ebenso vorkommen wie in menschlich-kulturellen Prozessen aller Art, dass hierin folglich eine strukturell-ontologische Gemeinsamkeit oder Kontinuität im Übergang besteht: von den kosmologischen über die evolutionistischen bis in die kulturellen Prozesse. Insofern gehört nicht nur die „erste Natur" (z. B. in Gestalt von Neurophysiologie) zu den Bedingungen der Kultur, d. h. zu den Erkenntnisbedingungen des menschlichen (geistigen) Selbst, sondern umgekehrt ist der schöpferische Grund vonseiten der Wissenschaftskultur gerade auch in den Dingen anzusetzen. So konnte Paul Tillich eine „Theologie des Anorganischen"[16] fordern, die mit den existentiellen Erfahrungen der Menschen keineswegs konkurriert, sondern deren Relationalität im Umgang mit der „ersten" und „zweiten Natur" erst vollständig zum Ausdruck bringt.

Wird *Kosmologie* prinzipiell so verstanden, dass sie die naturalen Bestimmungsmöglichkeiten des Universums überhaupt betrifft, d. h. die anorganische, organische und humane ‚Natur' in ihrem Zusammenwirken, dann nimmt sie der Auszeichnung des Menschen im Kosmos nichts. Im Gegenteil, die Natur, die sich durch Bewusstsein, Sprache und Handlungsfähigkeit evolutionär als ‚geworden' erkennt, tritt so erst in die passenden Relationen der humanen Existenz ein: ein Selbst, das gar nicht anders kann, als sich in seiner Natur zur Natur des Universums, dessen Möglichkeiten und dessen schöpferischem Grund zu verhalten. Robert C. Neville kann deshalb von „The Cosmology of Existential Location"[17] sprechen, und damit ist die raumzeitliche Bestimmung in einem für die Existenz entscheidenden Feld („existential field") gemeint. Die Komplexität dieser Bestimmungsrelationen wächst zwar mit den Differenzierungen kultureller Lebensformen, diese führen aber immer die basale Anforderungsstruktur des Selbst-Verhältnisses[18] mit sich. Das impliziert auch ein immer mögliches Scheitern in Bewährungssituationen und damit auch den jeweiligen Freiheitsspiel-

[16] Tillich, a. a. O. Bd. III, 29. – Mit dieser Weite der Wissenschaftsperspektiven war Tillich eine „bezeichnende Ausnahme" und seiner Zeit voraus in der Vision einer „‚Theologie der Natur' in praktischer Absicht", frühzeitig (wieder-)entdeckt durch Konrad Stock, Tillichs Frage nach der Partizipation von Mensch und Natur, in: EvTh 37 (1977), 20–32, hier: 21 u. 32; zum weiteren Kontext bei Tillich vgl. Deuser, Religion, a. a. O. Kap. 6, hier: 143.

[17] Robert C. Neville, Philosophical Theology, vol. 2: Existence, Albany 2014, 72.

[18] Zur genaueren Bestimmung des *Selbst* vgl. Deuser, Religionsphilosophie, a. a. O. § 18.1.

raum; anders gesagt: „cosmological freedom" bedeutet unter den gegebenen Bedingungen, religiös ausgedrückt, die mögliche Heilung der Formen des Scheiterns und der Unfreiheit – „ecstatic fulfillments" trotz allem, und zwar im Rückgriff auf den ontologischen Sinn des schöpferischen Grundes von allem Geschaffenen.[19]

Wenn die menschliche Natur, unsere *conditio humana,* folglich gerade unter kosmologischen Vorgaben gehaltvoll bestimmt werden kann, so steht diese Ableitung offenbar dem inzwischen klassischen Anthropologie-Entwurf Max Schelers nahe. Dieser hatte in der programmatischen Schrift: *Die Stellung des Menschen im Kosmos* (1927) allerdings aufgrund intensiver Auseinandersetzung mit den Naturwissenschaften, vor allem mit der Biologie seiner Zeit, einen alles entscheidenden Schnitt gelegt zwischen die Welt des Anorganischen, des nichtmenschlichen Organischen (Pflanzen und Tiere) auf der einen Seite und der menschlichen „Person" auf der anderen. Das eigentliche Wesen des Menschen ergibt sich demnach nicht nahtlos und linear einfach im Anschluss an die naturwissenschaftlichen Beschreibungen, sondern als etwas völlig Neues selbst dann, wenn gewisse Verstandes- und Entscheidungsleistungen schon Tieren zugerechnet werden sollten. Der Mensch als „Geist" oder „Person" ist gerade aus den Bedingungen, die physio- und psychologisch die Regie führen, nicht zu erklären, sondern umgekehrt: die „neue Wesenstatsache" geht auf einen „Grund der Dinge" zurück, aus dem alles andere Leben erst folgt; nur so lassen sich Phänomene wie „Güte, Liebe, Reue, Ehrfurcht, geistige Verwunderung, Seligkeit und Verzweiflung, die freie Entscheidung" angemessen erklären.[20] Das widerspricht nicht nur den vielfältigen Formen eines reduktionistischen Naturalismus, der mithilfe naturwissenschaftlicher ‚Erklärungen' letztlich die existentiellen und religiösen Phänomene ‚wegerklärt', es wäre auch falsch, die Emphase der „Wesenstatsache" in einer theistischen oder idealistischen Tradition verstehen zu wollen. Die dem Menschen – gerade aufgrund des biologischen Vergleichs – zukommende „Weltoffenheit" bzw. seine „weltexzentrische" Stellung[21] rührt daher, dass das Geistsein, auf bisher letzter Stufe der Evolution, nicht etwa auf einen Schöpfergott oder Schöpfungsakt *ex nihilo* zurückgehend gedacht werden darf, sondern aus dem Machtkampf zwischen dem metaphysischen „Weltgrunde" und dem Lebensprinzip, das Scheler als „Drang" bezeichnet[22], hervorgeht. Hier taucht auch das „Anorganische", die „Zufallsgesetzlichkeit" der Physik wieder auf, ein Zusammenspiel von chaotischem Zufall und „Gesetzlichkeit der Natur"[23], das einheitlich die Höherentwicklungen bestimmt und mit den menschlichen Fragen nach dem *Grund* von allem sich als Gottesfrage im Prozess des Werdens herausstellt. Die abstrahierende Vergegenständlichung und Sublimierungsleistung, wozu Menschen fähig sind, nimmt sie zwar aus der Lebens-

[19] Vgl. Neville, a. a. O. 239 ff.
[20] Max Scheler, Die Stellung des Menschen im Kosmos (1927), München 1947, 35.
[21] Vgl. a. a. O. 36, 82, 74, 61.
[22] Vgl. a. a. O. 64.
[23] A. a. O. 61 f.; vgl. im Folgenden den Schlussabschnitt, 80–86.

welt heraus, öffnet die Fenster zur Transzendenz, aber nur so, dass in den geistigen Realisierungen des „Dranges" das Göttliche *miterzeugt* werden muss. So steht diese Metaphysik des „persönlichen Lebenseinsatzes"[24] tapfer gegen *Kontingenz* und *Nihilismus*.

Anthropologisch gesehen ist es damit gelungen, den universalen Prozess der Naturentwicklung zu verbinden mit dem Selbst-, Welt- und („formalen") Gottesbezug des Menschen, wobei mit den kosmologischen Erkenntnissen ein spannungsreicher Umgang gepflegt wird: Sie zerstören die traditionellen Annahmen der Philosophie und Theologie, was deren theistische Voraussetzungen, die Seelen- oder Unsterblichkeitslehren betrifft, und sie tendieren zu einer neuen Einheitssicht von Leib und Seele, Materie und Geist, Gott und Welt – durch das umfassende, kosmologische bzw. evolutionistische Prozessmodell. Dieses aber gelingt nur um den Preis einer dualistisch anmutenden Realisierungsdialektik von *Geist* und *Drang* im Lebensganzen, dem der (philosophische) Gottesbegriff eingeordnet werden muss. So wird ein selbständiges, neues Bild der *conditio humana* entworfen, von den kosmologischen Bedingungen herkommend wird das Humane teils mitbestimmt, teils ausgegrenzt. – Wie kann aber das weltoffene *Wesen* des Menschen zugleich evolutionistisch entwickelt und doch, davon sich abstoßend, metaphysisch fundiert werden? Die Frage bleibt unbeantwortet, *woher* wiederum die dualistisch operierenden Prinzipien *Drang* und *Geist* stammen können, wenn der Schöpfungsgedanke erst aus dem Kampf jener Prinzipien folgen soll. Eine „creatio continua" („Akte der stetigen Weltrealisierung")[25] besonderer Art hat sich damit ergeben, die rückwirkend erst die Präsenz des absoluten Horizontes erkennt, der doch schon einheitlich in der Evolution wirksam gewesen sein muss. Weltoffenheit signalisiert jedenfalls „Gottoffenheit"[26], und so hat Scheler auch in seiner Religionsphilosophie die Notwendigkeit des religiösen Aktes für jeden Menschen vertreten.[27] Der faktische Vorrang der beiden Prinzipien aber, aus denen sich der Gottesgedanke erst herausarbeiten muss, macht nur Sinn, wenn in diesen Prinzipien auch der eigentlich schöpferische Grund gelegt sein soll. Dann muss selbstverständlich die *creatio ex nihilo* dementiert werden zugunsten der Verwirklichungskraft des „Weltprozesses"[28], in den eingebettet erst zu einem bestimmten Zeitpunkt der Evolution der Gottesgedanke vorkommt.

Bemerkenswert an den vorgelegten Beispielen ist vor allem, dass und wie die Vermittlung von Naturwissenschaften und Theologie diskussionsfähig wird,

[24] Mit diesem Gedanken kommt Scheler dem amerikanischen Pragmatismus (Charles S. Peirce, William James) durchaus nahe, beide werden auch genannt (vgl. a. a. O. 75, 78; Peirce fälschlich „Pierce"), aber zusammen mit dem Positivismus abgelehnt – ein Vorurteil, das Scheler mit nahezu allen deutschen Philosophen dieser Zeit teilt.

[25] A. a. O. 45.

[26] Vgl. Wolfhart Pannenberg, Anthropologie in theologischer Perspektive, Göttingen 1983, 66.

[27] Vgl. Max Scheler, Probleme der Religion, in: ders.: Vom Ewigen im Menschen (1920), 4. Aufl., Bern 1954, 261 ff.

[28] Vgl. Scheler, Die Stellung des Menschen im Kosmos, a. a. O. 64 f.

wenn philosophische Brückenbegriffe eingeführt werden, die von beiden Seiten jeweils verstanden werden können, z. B. *Kontingenz* als raumzeitliche Zufälligkeit und Geschaffensein, oder *Kreativität* als evolutionäres Prinzip und Schöpfungsakt. Die menschliche *Person* kann beide Seiten denken und sie gehört zugleich beiden Seiten an: Im Selbst-Verhältnis überkreuzen sich die Linien von Welt- und Gottesverhältnis in einer Offenheit, die sich von den Dingen distanzieren kann, aber letztlich nicht vom eigenen psycho-physischen (existentiellen) Selbst als solchem.

3. Was eine spätmoderne Kosmologie begründen und eine Theologie der Natur leisten kann

Die Stellung des Menschen im Kosmos ist eine Bestätigung dafür, dass eine neue Kosmologie möglich ist, die den angedeuteten Diskussionsstand im Blick auf eine *Theologie der Natur* fördern kann und die (religions-)philosophisch zu der gesuchten Brückenfunktion in der Lage ist. Ein Schritt auf diesem Weg war sicherlich auch Henri Bergsons Philosophie der Kreativität, die aus den Befunden der modernen Physik und Biologie heraus argumentiert und sich zwanglos in theologische Fragestellungen begibt. Bergsons *Schöpferische Evolution* von 1907[29], von der Max Scheler offenbar beeinflusst war, zielt mit dem ebenso intensiven wie extensiven Sich-Einlassen vor allem auf die Biologie seiner Zeit zugleich auf eine fundamentale Kritik ihrer philosophischen Implikationen: Die generell üblichen und exklusiven Objektivierungen der einzelwissenschaftlichen ‚Gegenstände' überspringen den Sachgehalt der Erste-Person-Erfahrungen, was in der Moderne dazu führt, dass die Realität nur bruchstückhaft vor Augen tritt. Das in der wissenschaftlichen Haltung gleichwohl versteckte Vertrauensverhältnis zu den Dingen wie zu sich selbst wird dann geflissentlich nicht thematisiert. Das Gegenteil unternimmt Bergson, indem er das umfassende Evolutionsmodell argumentativ nutzt, um die verkehrte, vor allem die „mechanistische" Wissenschaftshaltung zu widerlegen. Denn dass das naturwissenschaftliche „Erkenntnisvermögen als koextensiv mit der Totalität der Erfahrung gesetzt wird", ist der eigentliche Fehler[30], und dass im Namen der um 1900 neuen Biologie gerade die „Genese" der Evolution philosophisch eigens untersucht zu werden verdient – dieses geradezu missionarische Programm trägt Bergson wie in einer großen Erzählung, in bildstarker Sprache und doch immer neuer gedanklicher Schärfe vor. Es ist das *Schöpferische* an der Evolution, das das ganze Modell zusammenhält, und diese Hypothese präsentiert sich in der ihr entsprechenden Sprach- und Denkform: Die unermüdlichen Evolutionserzählungen aus dem Tier- und Pflanzenreich, der nichtorganischen und organischen Natur, machen die Größe dessen anschaulich, was da erklärt werden müsste. Philosophisch gesehen – und das hat unmittelbare Folgen für die theologische Interpretation – muss also die

[29] Henri Bergson, Schöpferische Evolution (1907), übers. v. M. Drewsen, Hamburg 2013.
[30] Bergson, a. a. O. 220.

typisch moderne Einstellung als gravierende Fehlform aufgedeckt und in eine heute als ‚spätmodern' zu verstehende (Wieder-)Entdeckung des Vorranges der Natur korrigiert werden; der Natur, deren Realität sich kosmologisch und evolutionistisch gerade nicht durch die (theoretischen) Verstandesleistungen der Naturwissenschaften allein erklären lässt, sondern die im Instinktiven, Vor- oder Unterbewusstsein, Gefühl und Unausdrückbaren, in Selbsterfahrung und Körperlichkeit, kurz: in einer Ganzheitsbezugnahme erst ihre Vollständigkeit und eigentümliche ‚Erklärung' findet. Es ist nicht zufällig Bergsons Kant-Kritik, woran diese Wendung in der Wissenschaftseinstellung sich festmachen kann. Kants transzendentale Ästhetik, dass alle Anschauungen „sinnlich" gebunden seien, gilt dann als „infra-intellektuell" und deckt so alles objektiv Bestimmbare ab, während eine „ultra-intellektuelle" *Intuition* „des Psychischen" ausgeschlossen bleibt. Dem unabdingbar „Vitalen" aber wieder sein Recht werden zu lassen, würde zugleich auch „das Absolute" wieder denkbar machen und „das Phantom" des kantischen *Ding an sich* erübrigen.[31] Der eigentliche Einwand gegen Kant aber stützt sich auf ein ganz anderes Verständnis von Raum und Zeit:

> „Doch diese Dualität der Intuition/Anschauung wollte und konnte Kant nicht anerkennen. Um sie anzuerkennen hätte man in der Dauer den Stoff der Realität selbst sehen und folglich zwischen der substantiellen Dauer der Dinge und der zum Raum zersplitterten Zeit unterscheiden müssen. [...] Doch nach Kant streuen sich diese Tatsachen [sc. der Erkenntnis] nach und nach auf eine Ebene, sie sind einander äußerlich und dem Geist äußerlich. Von einer Erkenntnis von innen her, die sie in ihrem Emporschießen selbst erfassen würde, anstatt sie als einmal emporgeschossene zu nehmen, einer Erkenntnis, die unter Raum und Zeit hinabgreifen würde, ist niemals die Rede. Und dennoch versetzt uns unser Bewusstsein eben gerade unter diese Ebene: Dort ist die wahre Dauer. [...] Wir werden dessen gewahr, sobald wir uns in die Dauer versetzten, um von dort aus zu den Momenten zu schreiten, anstatt von den Momenten auszugehen, um sie zur Dauer zu verknüpfen."[32]

Zwei Dinge sind hier fundamental: Bergson rechnet damit, dass dieses Lebensgefühl der *Dauer,* wenn auch in der herrschenden Wissenschaftseinstellung verschüttet, doch allgemein („von innen") zugänglich ist, und dass es nicht synthetische Verstandesleistungen sind, die die sinnlich/empirisch verstreuten „Momente" zur Einheit erst bringen müssen, sondern das diese in der *Dauer,* der schöpferischen Evolution, schon vorausgeht.

Dauer, „reale Dauer"[33], ist nun als existentieller Zeitbegriff einer Erstreckung, eines Andauerns zu verstehen, worin zugleich Vergangenes kreativ gegenwärtig wird, also Neues entsteht; und weil dieser Vorgang menschlichem (intelligentem, theoretischem) Begreifen vorausliegt, kann er nicht vollständig erklärt, son-

[31] A. a. O. 404 f.
[32] A. a. O. 406 f.
[33] A. a. O. 407.

dern eben nur erlebt werden. Was erlebt wird, sind „*Qualitäten*“[34], noch bevor empirische Unterscheidungen getroffen werden können. In bildlicher Ausdrucksform gesagt:

> „Von diesem Ozean des Lebens, in den wir eingetaucht sind, saugen wir ohne Unterlass etwas in uns auf, und wir spüren, dass unser Sein oder zumindest die Intelligenz, die es leitet, sich darin durch eine Art lokale Verfestigung gebildet hat. Die Philosophie kann nur in einer Bestrebung bestehen, von Neuem mit dem Ganzen zu verschmelzen.“[35]

Es geht in solchem Erleben also nicht um eine definierbare Gegenständlichkeit, sondern eher um ein Fließen; nicht um einen Zustand, sondern um gefühlte Qualitäten im Übergang. So wie ein Porträt[36], nach Modell gemalt von einem Künstler, sich letztlich nicht aus den Bedingungen des Modells, der Farben usw. allein ergibt, sondern als neue Schöpfung in seiner ursprünglichen Qualität gesehen werden muss, so verhält es sich auch bei der Evolution im Ganzen. „Lebewesen“ sind nicht einfach Gegenstände, sondern sie *dauern*, sie sind im Werden und wiederholen sich nicht, so wie das „materielle Universum“ überhaupt. Es ist eben nicht das mechanistische Bild einer umkehrbaren Sanduhr, das hier am Platz ist, sondern die Evolution zu denken, bedeutet den schöpferischen Übergang vom Vergangenen ins Neue, vom Einfachen zum Komplexen. Insofern passt die evolutionistische Realität niemals in die vorgefertigten „Konfektionskleider“ unserer Begriffe[37], und so erklärt sich Bergsons berühmt gewordener Bildbegriff des *Lebensschwunges* (élan vital)[38]: Bei aller Verschiedenheit der evolutionären Entwicklungslinien haben diese etwas „Gemeinsames“, den „ursprünglichen Schwung des Ganzen“, so lautet die „Hypothese“. Diesen *Schwung* allerdings kann keine Physik messen, kein biologisches Labor nachweisen, wiederum im Bild gesagt: Die kleinsten Teile einer Kurve können als gerade Linien vorgestellt werden, die schließlich mit den jeweiligen Tangenten zusammenfallen, und so ist auch das Leben „in jedem beliebigen Punkt von physikalischen und chemischen Kräften tangiert“ – in „Wirklichkeit“ aber besteht das Leben so wenig aus diesen einzelnen Elementen wie auch die Kurve nicht aus geraden Linien.[39] Die Evolution kann auf ihre Kontinuitäten und individuellen Prozesse hin vorgestellt werden, weil diesen ein gemeinsamer Lebensschwung zugrunde liegt, der sich allerdings nicht auf Zukunft hin ausrechnen lässt: „die Evolution“ ist „eine unaufhörlich erneuerte Schöpfung“.[40]

Was bedeutet das für eine moderne Kosmologie bzw. *Theologie der Natur*? – Die uns bekannte Welt, das Universum und die chemisch-biologische Evolution,

[34] A. a. O. 340 f.; s. o. Anm. 15 zum Phänomen der *Qualia*.
[35] A. a. O. 221.
[36] Vgl. a. a. O. 16 f.
[37] Vgl. a. a. O. 27, 29, 35 f., 63.
[38] Vgl. a. a. O. 69.
[39] A. a. O. 44 f.
[40] A. a. O. 124.

lassen sich philosophisch umfassender denken, als es die naturwissenschaftliche Moderne versucht hat. Maßstab dafür ist das *Leben* selbst, das sich in seinem eigentümlichen Schwung nach vorne, seiner Zeitlichkeit (Dauer), in Drang, Impuls und Streben[41], in Wachstum und Variantenreichtum darstellt und von der späten Perspektive der Intelligenz und Ideen her gedacht werden kann, ohne Instinkt und Intuition zu verlieren. Dieses nachträgliche ‚Denken' des Geschaffenen aufgrund des schöpferisch Neuen muss hypothetisch bleiben, sich sogar in metaphorischer Sprache ausdrücken, um der Sache gerecht zu werden. Wenn auch kein *Finalismus*[42] mehr begründbar ist, der schöpferische Ursprung entspricht genau der uralten Vorstellung einer Schöpfung, die zugleich sichtbar und entzogen ist und deshalb in der bildlichen Übertragungsfunktion der religiösen Sprache ihren genuinen Ort hat. Diese Selbstverständlichkeit einer Schöpfungstheologie lässt sich spätmodern wiedergewinnen, wenn die Brückenfunktion der (Religions-)Philosophie in der Kritik der einseitigen Wissenschaftseinstellung der Moderne in neuer Grundlegung eine *Theologie der Natur* möglich macht. Bergsons Beispiel zeigt das bewundernswerte Bemühen, einen Grundirrtum der wissenschaftlichen Moderne aufzudecken, der sich mit Volker Gerhardt so auf den Punkt bringen lässt: „Denn hat man Gott erst zu einem Gegenstand des Faktenwissens gemacht, hat man ihm das Göttliche seines Wesens bereits genommen."[43]

Unter diesen neuen Voraussetzungen operiert auch – und das noch sehr viel bewusster als die Lebensphilosophie – die neue *Philosophische Theologie* Robert Nevilles. Methodisch kontrolliertes Faktenwissen für das Ganze zu nehmen, kommt hier schon deshalb nicht infrage, weil mit dem Schöpfungszusammenhang eine *Wert*-Beziehung unter den geschaffenen Dingen in Kraft ist: So und nicht anders zu sein und zugleich so im Verhältnis zu Anderem zu stehen. Kommt es in diesem Verhältnis zu einer geglückten Beziehung, einer „Harmonie", so ist ein Bestimmtheitsgewinn erreicht.[44] Werte kommen also nicht als ‚Bewertung' nachträglich erst zu den vorausgegangenen Faktenbestimmungen hinzu, sondern sie sind konstitutiv für die Kosmologie, die menschliche Natur und ihre Religiosität. Von einer *Theologie der Natur* und ihrer Leistungsfähigkeit kann dann in den folgenden Hinsichten gesprochen werden:

1. Was bisher als Brückenfunktion der (Religions-)Philosophie zwischen Theologie und Naturwissenschaften gesucht und ausgezeichnet wurde, wird in Nevil-

[41] Vgl. a. a. O. 120, 122 f., 136 u. ö.

[42] Vgl. vor allem a. a. O. 53 ff.

[43] Volker Gerhardt, Das Göttliche als Sinn des Daseins. Reflexionen über das Verhältnis von Gott und Natur, in: Peter Kolmar/Kristian Köchy (Hg.), Gott und Natur. Philosophische Positionen zum aktuellen Streit um die Evolutionstheorie, Freiburg/München 2011, 234–263; hier: 237.

[44] So weit der Versuch einer Abbreviation von Nevilles metaphysischem/kosmologischem Grundgedanken, vgl. R. C. Neville: Philosophical Theology, vol. 1: Ultimates; vol. 2: Existence; vol. 3: Religion, Albany 2013/2014/2015; s. o. Anm. 17; vgl. zum Denkansatz dieser Systematik meine Rezension des 1. Bd., in: ThLZ 139 (2014), 921–923,

les *Philosophischer Theologie* bereits vorausgesetzt bzw. angewandt. Eine *Theologie der Natur* legt dann den Akzent zuerst auf die wohl begründete Konsequenz: dass die kosmologischen Kategorien des evolutionären Bestimmtheitsgewinns keine Unterscheidung zwischen „supranaturaler" und „naturaler" Wirklichkeit brauchen, dass folglich die gängige Religionskritik, die zuerst diesen Unterschied macht, um dann zu zeigen, dass er wissenschaftlich nicht haltbar ist, ins Leere geht.[45] Religion *naturalistisch* zu betrachten, ist dann gerade nicht mehr als reduktionistisches Wegerklären, sondern als ein Vorgang des Verstehens von Symbolisierungen zu fassen, die sich auf die Erfahrung von *Unbedingtheit* beziehen. Dies aber hängt aufs Engste mit Werten, Handeln, Intentionen, Verpflichtungen usw. zusammen, Phänomene, die zwar ihre neurologische und soziale Basis haben, wofür die Wissenschaften zu Recht zuständig sind; die religiöse Symbolisierungsleistung („symbolic engagement") ist dadurch aber nicht abgegolten, sondern in ihrem eigenen Feld zu untersuchen, d. h. nicht zu erklären, sondern zu verstehen.

2. Die kosmologische Kategorienbildung ist eine fallible *Hypothese*, die sich angesichts der Evolution, d. h. von Wachstum und Variantenreichtum der Natur, aufdrängt und in ihrer formalen Abstraktion kulturell wie religiös gesehen Universalität beansprucht. Danach können alle bestimmten Dinge befragt werden auf ihre Form, Zusammensetzung, existentielle Verortung und ihren Wert, und die *Religion* akzentuiert durch die Besonderheit ihres Bezugs auf *Unbedingtheit* diese Kategorien wie folgt[46]: die Lebensformen als Verpflichtung zur guten Entscheidung; die Zusammensetzung der Lebensbedingungen als Aufgabe der Integration zu einer Ganzheit; die existentielle Verortung als Bewährung im Zusammenleben mit anderen; die Wert-Beziehung als drängende Frage der eigenen Identitätsfindung.

3. Die Berechtigung dieser kosmologischen Kategorienbildung begründet sich aber nicht nur aus der ‚natürlichen' Lebenswelt, wie sie sich den Wissenschaften und der Alltagserfahrung darstellt, sondern aus der – ebenfalls hypothetischen – Antwort auf die Frage nach dem Grund dessen, was wir beobachten können. Von *Theologie der Natur* ist deshalb zu sprechen, weil der Grund von allem in einem Akt gesehen werden muss, der der Möglichkeit nach all das enthält, was in den kosmologischen und evolutionären Prozessen dann vorliegt, der selbst diesen Prozessbestimmungen aber nicht unterliegt – und das lässt sich nur fassen im Gedanken einer unbedingten Kreativität, einer *creatio ex nihilo*.[47] Wie bei Bergson schon gesehen, wird diese schöpferische Grundkraft gerade durch die Naturbedingungen zu denken motiviert, obwohl und weil jener Akt selbst als metaphysische bzw. ontologische Kategorie anderen Charakters ist und entsprechend eigenwillig zur Darstellung kommen wird. Dass diese Funktionsstelle

45 Vgl. Neville, vol. 3: Religion, a. a. O. 31; im Folgenden ebd. Chapter 1.

46 Vgl. a. a. O. 7, 84–87, passim.

47 Vgl. Deuser, Religion, a. a. O. 44 ff.

aber ‚besetzt' werden muss, macht den universalen Anspruch der Hypothese aus. Wie diese Darstellungen aber bei den durchaus sehr verschiedenen Religionen und Weltanschauungen jeweils aussehen, unterliegt den (teilweise konkurrierenden) kulturell-religiösen Traditionen und ihrer theologischen Präsenz. Die *Theologie der Natur* ist in diesem Sinne Schöpfungslehre, und sie zeigt zusammen mit dem metaphysischen Begriff der Kreativität, dass und warum Menschen ‚Religion haben', d. h. sich ein Bild[48] von dem machen können, was am Geschaffenen nicht einfach abzulesen ist, aber an der Natur der Dinge sich darstellt und zu erschließen ist.

4. In dieser Weise kosmologisch-kategorial zu denken, ist zwar formal und abstrakt, dadurch aber zugleich universal. Dieser Anspruch realisiert sich gerade im Respekt vor den im Prinzip gleichberechtigten Konkretisierungen in notwendigerweise verschiedenen, jeweils „authentischen" Religionen. „Religiöser Pluralismus" bedeutet dann Vergleichbarkeit und Anerkennung des Verschiedenen bei unbedingter Gültigkeit des jeweils Eigenen.[49] Das kann unter den gegenwärtigen, globalen kulturellen Austauschbedingungen auch nicht mehr anders sein, ist aber nicht als äußerer Zwang der Umstände aufzufassen, sondern als Chance, die aus dem kategorialen Orientierungshorizont folgt. In klarer Konsequenz hatte dies Paul Tillich bereits formuliert, wenn er die Evolution des menschlichen Geistes kosmologisch relativiert auf mögliche andere *Inkarnationen* hin, während es für das Christentum nur die eine geben kann.[50]

5. Damit ist bereits ein Hinweis gegeben, dass die christliche Theologie nicht nur im Blick auf den 1. Artikel des *Credo* (Schöpfung), sondern auch in der Christologie (2. Artikel) von einer *Theologie der Natur* betroffen ist und lernen kann. Denn wie zumal der Christus-Hymnus in Kol 1,15–20 zeigt, setzt die Bedeutung des Christus kosmologische Vorstellungen voraus. Sein Leben und Tod, Auferstehung und Himmelfahrt, Versöhnung und Erlösung sind nur verständlich zu machen, wenn anthropologisch werthafte Strukturen mit solchen Strukturen in der Natur verbunden gedacht werden können. *Real* ist nicht allein das mathematisierbare Universum, sondern darüber hinaus die in den erfahrbaren und gelingenden (wertbezogenen) Bestimmtheiten lebendige Welt.[51] Um diese Lebendigkeit so universal wie differenziert vorzustellen, müssen zwei kosmologische Erschließungsmodelle miteinander verknüpft werden:

Erstens kann, was bisher nur ungenau und alltagssprachlich als ‚Kontinuität' bezeichnet wurde[52], jetzt präziser als *Kontinuum* (Peirce) in einem von der Ma-

[48] Zu der hier angedeuteten semiotischen Argumentation vgl. a. a. O. Kap. 1.
[49] Vgl. Neville, vol. 3: Religion, a. a. O. 83; und "Part II: Historical Religion" (zu den abrahamitischen Religionen, Buddhismus, Hinduismus und chinesischer Religion).
[50] Vgl. den Motto-Text (s. o. Anm. 1); zur Bedeutung Tillichs für die Bestimmung der „religiösen Situation" heute vgl. Neville, a. a. O. 76 ff.
[51] Vgl. Neville, a. a. O. Chap. 9.
[52] S.o. im Text bei Anm. 2, 14, 40.

thematik entlehnten Sinn aufgenommen werden. Hierzu wird der Gedanke der infinitesimalen Teilbarkeit verbunden mit der Frage nach dem Übergang zwischen den Teilstücken, so dass wiederum unendliche Teilbarkeit in jedem ‚Punkt' gefolgert werden muss. Bildlich gefasst wie ein Fächer mit unendlichen Falten in ebenso unendlich vielen Farbschattierungen, der beim Öffnen immer neue Formen freigibt, diskontinuierliche Stücke lassen sich dabei auszeichnen (Bestimmtes, Existierendes) und wieder in den größeren Zusammenhang (Prozess, neue Möglichkeiten) einfügen, und das Ganze lässt sich als produktiver Zeichenprozess darstellen. Dann muss nicht mehr mit (metaphysischen) Substanzen und ihren Eigenschaften operiert werden, sondern an deren Stelle treten kontinuierliche Zeichenrelationen, in denen das Universum besteht – und mit ihm auch der Mensch selbst.[53]

Zweitens kann der prozessphilosophische Grundgedanke (Whitehead) genutzt werden, dass reale Prozesse aus Einheiten bestehen, die raumzeitlich und in Verbindung miteinander werthaft Neues ausbilden, d. h. auch in der anorganischen Natur muss von „Empfinden" oder „Gefühl", wenn auch in einem vagen Sinn und wie eine „Ahnung", gesprochen werden können. In Verbindung mit dem Modell des (semiotischen) Kontinuums kommt es dann zu einer Weltauffassung, in der Anorganisches und Organisches in einem differenzierten Zusammenhang stehen, so dass jetzt Leben und Tod als verschieden ‚empfundene' Zustände erscheinen können. In der *Auferstehung* sind sie verbunden im „Kontinuum des Empfindens" (Lukas Ohly), das das Ende aller Dinge (Zeichenprozesse) vorweg ins *Bild* (Kol 1,15) setzt, zum *qualitativen Ausdruck* bringt.[54]

Es geht also aufgrund der neuen Kosmologie in erster Linie nicht mehr um die Fragen nach der historischen Faktizität, Durchbrechung der Naturgesetze, Entmythologisierung usw., sondern darum, „dass in der Konfrontation mit einem toten Menschen Leben widerfährt." Das wird möglich im neuen Vorstellungsraum des universalen semiotischen Kontinuums, einem „Evolutionsmodell des Universums".[55] Der Lebensimpuls der natürlichen Prozesse, Gottes Kreativität *ex nihilo*, steckt in jedem Übergang der Entwicklungsschritte. Dass diese die Endlichkeit, Begrenztheit und das Leiden der Menschen einbeziehenden Kontingenzen gerade zum schöpferischen Ganzen gehören, dass sie in einem bleibenden Zusammenhang stehen, das wird durch die Menschlichkeit Gottes, die symbolische Präsenz des Gottessohnes, zu einer – für die christliche Theologie[56] – nicht mehr zu übertreffenden Eindrücklichkeit gebracht.

[53] Vgl. Neville, a. a. O. 184; Deuser, Religionsphilosophie, a. a. O. § 18; Lukas Ohly, Was Jesus mit uns verbindet. Eine Christologie, Leipzig 2013, Kap. VIII.

[54] Vgl. Ohly, a. a. O. 189; zum qualitativen Ausdruck s.o. im Text bei Anm. 15.

[55] Vgl. Ohly, a. a. O. 198, 200.

[56] Im Sachinteresse ähnlich argumentieren die Autoren des Bandes Mathias Schickel/Daniel Zöllner: Evolution – Geist – Gott. Beiträge zu einer christlichen Philosophie, Dresden 2015; nur dass das Verhältnis von Naturwissenschaften, Theologie und Philosophie durch den Programmbegriff „christliche Philosophie" zu einfach als gelöst angesehen wird. – Die offene Diskussion gerade in der Philosophie repräsentiert sehr gut der Band Kolmer/Köchy, Gott und Natur, s.o. Anm. 43.

6. Aufgrund der semiotisch strukturierten Relationalität steht schließlich im Sinne des 3. Artikels des *Credo* das Geist-Sein des trinitarischen Gottes in gewisser Weise im Kontinuum mit der Personalität der Menschen. Das humane Selbst-Verhältnis[57] bestimmt niemals vollständig über sich selbst, sondern erlebt sich unwillkürlich eingebunden in Handlungs- und Entscheidungszusammenhänge, worin Vertrauen[58], Gewissheit, Glaube, Werte dominieren. Gefühlsqualität, Gegenstandsbezug und die dazu vollzogene Interpretation entsprechen strukturell gesehen (bildlich gesprochen) Vater, Sohn und dem Geist der Liebe beider. Die *Theologie der Natur* zeigt damit, wie die kosmologische Kreativität selbst dreifach, d. h. personal gedacht werden kann, was sich im relationalen Selbst des Menschen als Verhältnis zu seinem Grund (der „humanen Existenzverhältnisse") zur Geltung bringt. Für Neville allerdings ist eine Quasi-Bestimmung Gottes als Person ausgeschlossen, weil damit der Schnitt zwischen der absoluten Unbestimmtheit ‚Gottes' auf der einen Seite und der durch den kreativen Grundakt geschaffenen absolut kontingenten Welt auf der anderen Seite unterlaufen würde. Eine „Personifizierung des ontologischen Aktes" wäre eine Bestimmtheit der Unbestimmtheit, und um diesen Widerspruch zu vermeiden, kann Gott nur unter Vorbehalt, nur in gebrochenen Bildern, Geschichten und Symbolen personal zum Ausdruck gebracht werden.[59] Wenn das Unbestimmte aber derart abgetrennt wird (*ex nihilo*), müsste erklärt werden, was überhaupt darunter vorgestellt werden soll. Sicherlich das, was sich zeigt, das Geschaffene und nur dieses. Dann ist aber stillschweigend das Unbestimmte wie ein ‚Nichts' konzipiert; ein Begriff, der eigentlich gar nicht vollziehbar ist, wie Bergson sehr schön dargestellt hat: „Ein eigentliches Bild der Auslöschung von allem bildet das Denken also nie."[60] – Wenn das so ist, bleibt nur die Möglichkeit, Unbestimmtheit als dynamische Negation von Bestimmtheiten zu denken: als kreativen Akt in der dreigliedrigen Struktur von ursprünglicher Ermöglichung, Vergegenständlichung (in den Bestimmungen des Universums, wie es von Menschen erfahren wird) und im Prozess des Ganzen, d. h. in der so differenzierten Einheit der Personalität von Vater, Sohn und Geist. Dann gilt durchaus die Unbestimmtheit des Aktes *ex nihilo*, jetzt aber in der Weise, dass damit die Möglichkeitsfülle von möglichen Verwirklichungen gedacht wird. Aus der Vagheit des schöpferisch Möglichen wird eine, dann erst bestimmte, Menschen-Welt, die in einem immer partiellen Verstehen gelebt werden kann. Die vorausliegende Ursprünglichkeit ist für Menschen nicht zu kontrollieren, aber sie zeigt sich im Geschaffenen: Der ‚natürliche' Instinkt des Menschen begleitet seine stabilsten Haltungen und seine höchsten geistigen Leistungen, was in spontanen logischen Schlussfolgerungen, der Entdeckung von Hypothesen, im Alltagsvertrauen, in Wertgefühlen oder im

[57] Vgl. bereits oben im Text bei Anm. 16, 17 u. Anm. 18; vgl. zur Trinität und Theologie des 3. Artikels Hermann Deuser: Kleine Einführung in die Systematische Theologie, Stuttgart (1999) 2002, § 4 u. § 11.
[58] Vgl. oben Abschnitt 1 zu F. Bacons theologischer Kosmologie.
[59] Vgl. Neville, vol. 2: Existence, a. a. O. 271; vgl. vol. 3: Religion, a. a. O. 270, 278 f.
[60] Bergson, a. a. O. (s. Anm. 29) 317.

Glauben (faith) zum Ausdruck kommt und dem bewussten, selbstkontrollierten Denken und Handeln nicht fehlen kann. Dass solche „affektive Bestimmtheit"[61] wieder als konstitutiv für geistige Aktivitäten gesehen werden kann, das haben die Kritiker der Moderne in diesem Punkt herausgestellt (exemplarisch Whitehead und Peirce). Die *Theologie der Natur* deckt diese Zusammenhänge auf und zeigt die Werthaftigkeit in allen Dingen, vom Fußpunkt der Wahrnehmung an: „The value is there in the view to beheld."[62]

7. Bleibt die Frage, ob solche *Theologie der Natur* nicht auf eine *natürliche Theologie* hinauslaufe - ein Problem, das eigentlich nur in der deutschen protestantischen Theologie des 20. Jahrhunderts verstanden werden kann: Dass nämlich unter *Natur* die humanen und weltlichen Bedingungen alles dessen zu fassen sind, was widergöttlich sich ohne die eigentliche Offenbarung Gottes zu respektieren hinterrücks an deren Stelle setzt. Das Naturproblem allein so zu fixieren, war für die Auseinandersetzungen der deutschen evangelischen Kirche in der Zeit des Nationalsozialismus entscheidend, verständlich und hilfreich[63]; es bedeutet aber eine Verzeichnung der wahren Verhältnisse von Glauben und Wissen und vollzieht noch einmal die Entfremdung zwischen den Wissenschaften und der Theologie der Moderne. Es hat der Theologie geschadet, nicht mehr ‚natürlich' sein zu dürfen. Die religiöse Selbstverständlichkeit der Schöpfung Gottes aber wird wieder gewonnen durch das Aufdecken der Natürlichkeit des Glaubens - vor allen und für alle anderen Topoi der Theologie –, und dazu braucht die Theologie eine Kosmologie.

[61] Vgl. Konrad Stock, Grundlegung der protestantischen Tugendlehre, Gütersloh 1995, § 2.III.

[62] Vgl. Neville, vol. 3: Religion, a. a. O. 189 f.

[63] Vgl. Jürgen Moltmann, Gott in der Schöpfung. Ökologische Schöpfungslehre, München 1985, 70 f. u. Anm. 11: „Was er [sc. Karl Barth] eigentlich kritisierte, war nicht eine ‚natürliche Theologie', sondern die ‚politische Theologie' der Deutschen Christen."

Dietrich-Alex Koch, Geschichte des Urchristentums. Ein Lehrbuch, Göttingen: Vandenhoeck & Ruprecht, 2. durchgesehene und erweiterte Auflage 2014. 684 Seiten, 79,99 € (PDF E-Book 64,99 €), ISBN 978-3-525-52202-8.

Die von Dietrich-Alex Koch vorgelegte Geschichte des Urchristentums schließt eine bereits seit geraumer Zeit existierende Lücke der deutschsprachigen exegetisch-historischen Forschung. Ausführlichere Gesamtdarstellungen des Themas in deutscher Sprache wurden in den zurückliegenden Jahrzehnten nicht mehr verfasst. Die deutlich kürzeren Entwürfe von Leonhard Goppelt (1962), Hans Conzelmann (1969; 6. Auflage 1989), Ludger Schenke (1990) oder François Vouga (1994) können schon aufgrund ihres Umfangs eine gründliche Erarbeitung der Anfänge des Christentums aus den zur Verfügung stehenden Quellen nicht ersetzen. (Vgl. jetzt aber U. Schnelle, Die ersten 100 Jahre des Christentums, Göttingen 2015.) Ein Sammelwerk wie „Neues Testament und Antike Kultur" (hg. von Kurt Erlemann u.a., 2004–2008) oder eine Quellensammlung wie „Texte zur Umwelt des Neuen Testaments" (hg. von Jens Schröter und Jürgen K. Zangenberg, 2013) haben naturgemäß einen anderen Charakter als eine von einem Autor verantwortete historische Gesamtdarstellung. Sie sind aber zur Ergänzung heranzuziehen, schon weil sie deutlich mehr Textmaterial bereitstellen, als es in Kochs Monografie möglich ist.

Die knapp 700 Seiten umfassende Darstellung der Entwicklung des Christentums im Zeitraum von ca. 30 n. Chr. bis ca. 150 n. Chr. steht in der Tradition der Werke von Johannes Weiß und Rudolf Knopf (1917) oder Eduard Meyer (1921/23) – und letztlich Ferdinand Christian Baur –, die eine Geschichte des Urchristentums dezidiert als historische Aufgabe im Kontext der antiken Historiographie aufgefasst hatten. Zu nennen sind natürlich auch die diversen Arbeiten von Martin Hengel zum Thema, die seit einigen Jahren auch gesammelt vorliegen (Studien zum Urchristentum, 2008). Koch betont aber in Aufnahme von Sichtweisen Rudolf Bultmanns und Hans Conzelmanns auch die theologische Dimension einer Geschichte des Urchristentums. Prädestiniert ist der Autor für eine solche Aufgabe schon dadurch, dass er sich über viele Jahre mit dem Thema befasst hat: in Lehrveranstaltungen in Mainz und Münster (vgl. den Hinweis im Vorwort) sowie in diversen Einzelbeiträgen, etwa zu den Hellenisten, den Gottesfürchtigen oder christlichen Gemeinden in kleinasiatischen Provinzen (gesammelt publiziert als: Hellenistisches Christentum. Schriftverständnis – Ekklesiologie – Geschichte, 2008). Darüber hinaus hat Koch zahlreiche Exkursionen in die Regionen der Ausbreitung des antiken Christentums durchgeführt und dabei eine umfangreiche Bildersammlung angelegt, die den Grundstock für sein die hier vorgelegte Publikation aufs Beste ergänzendes Werk „Bilder aus der Welt des Urchristentums" (2009) bildet.

Dass das Buch innerhalb von nur einem Jahr eine zweite Auflage erfuhr (die erste erschien 2013), dürfte somit nicht zuletzt darauf zurückzuführen sein, dass eine umfassende Darstellung der Geschichte des Urchristentums, die zudem ausdrücklich als Lehrbuch konzipiert ist, auf dem deutschsprachigen Markt längst überfällig war. Die Neuauflage gab dem Autor zudem Gelegenheit, etliche Versehen der Erstpublikation zu korrigieren (manches, selbst im Inhaltsverzeichnis, ist allerdings stehengeblieben und wartet auf die dritte Auflage) und einige Abschnitte grundlegend zu überarbeiten bzw. zu ergänzen (sie werden im Vorwort zur zweiten Auflage genannt).

Das Buch ist in 20, im Umfang sehr unterschiedliche Kapitel gegliedert, denen 19 Exkurse (in der 1. Auflage waren es noch 18) zugeordnet sind. Die Darstellung setzt mit „geschichtlichen Voraussetzungen" ein (I: Die hellenistisch-römische Welt der frühen und mittleren Kaiserzeit; II: Das Judentum in Palästina und die jüdische Diaspora im Römischen Reich; III: Johannes der Täufer und Jesus von Nazaret) und schreitet dann, nach einer kurzen Betrachtung zu den zeitlichen Grenzen des Urchristentums (Kap. 5, 153–156), von der Urgemeinde in Jerusalem (Kap. 6), über die Entwicklung in Jerusalem und Palästina (Kap. 7) und außerhalb Palästinas (Kap. 8), zu Apostelkonzil und Antiochenischem Streit (Kap. 9), Wirken des Paulus und sein Tod (Kap. 10–13), die Entwicklung in Jerusalem zwischen Apostelkonzil und 1. Jüdischem Krieg (Kap. 14), das Judenchristentum zwischen 70 n. Chr. und 150 n. Chr. (Kap. 15), das frühe Christentum in Rom (Kap. 16), Wachstum und Ausbreitung des Urchristentums (Kap. 17), die Entwicklung der Gemeindeorganisation zwischen 90 n. Chr. und 150 n. Chr. (Kap. 18), Konflikte mit der paganen Mehrheitsgesellschaft (Kap. 19) zu einem „Rückblick und Ausblick" überschriebenen Schlusskapitel (Kap. 20) fort. Beigegeben sind des Weiteren vertiefende Exkurse, etwa zu Reden in der antiken Geschichtsschreibung, zu „Maria Magdalena - die eigentliche Empfängerin der ersten Erscheinung des Auferstandenen?" (551–555, die Frage wird verneint), zur Gallio-Inschrift (567–571) oder zur Frage, ob Paulus nach Spanien gelangt sei (614 f., Koch hält das für unwahrscheinlich), eine Zeittafel zur Geschichte des Urchristentums (517–519), verschiedene neutestamentliche und außerneutestamentliche Texte (Josephus über Johannes den Täufer; Zwölferlisten im Neuen Testament und in der kirchlichen Tradition; der Text des Aposteldekrets; Tacitus über die Verfolgung der Christen unter Nero; Plinius über die Verfahren gegen die Christen; Reskript Hadrians an Minucius Fundanus) sowie einige Karten (z.B. 576 zu antiken Straßenverbindungen in Kleinasien oder 585 zu den Provinzen in Zentralanatolien) und Fotografien bzw. Abbildungen (etwa 107: die Theodotos-Inschrift; 133 f.: die Stele mit den Gottesfürchtigen-Inschriften aus Aphrodisias; 568: die Gallio-Inschrift, von dieser werden allerdings nur die vier älteren Fragmente abgebildet; es sollte zumindest darauf verwiesen werden, dass insgesamt neun Fragmente der Inschrift bekannt sind, die auch im Museum in Delphi besichtigt werden können. Der wichtige Beitrag von Jens Börstinghaus, der im Internet zugänglich ist und auf den Koch auf S. 567, Anm. 3, verweist, enthält sowohl eine Abbildung aller neun Fragmente als auch eine ausführliche Besprechung der Rekonstruktionsfragen.).

Bereits im Vorwort stellt Koch sein Werk in den Horizont der Geschichtsschreibung seit Herodot. Er betont, dass Geschichtsschreibung neben dem Bereich der Politik, der die griechisch-römische Geschichtsschreibung wesentlich bestimmte, auch andere Gebiete zu berücksichtigen habe, wie etwa Wirtschaft, Gesellschaft, Kultur, Technik und Religion. Zu ergänzen wären hier rechtliche oder auch soziale Verhältnisse (etwa zwischen Sklaven und Freien oder Männern und Frauen). Das kommt in der Darstellung selbst durchaus zur Geltung, sollte aber auch bei der Beschreibung der historiographischen Aufgabe genannt werden. Die Bedeutung einer Geschichte des Urchristentums liegt Koch zufolge zudem darin, dass sich das Christentum bleibend an seine Ursprünge gebunden weiß, die in der Herausbildung des neutestamentlichen Kanons Ausdruck gefunden haben.

Mit diesen Vorbemerkungen stellt Koch seine „Geschichte des Urchristentums" in den Kontext der Entwicklungen der hellenistisch-römischen Zeit. „Urchristentum" sei dabei eine für den ersten Abschnitt der Geschichte des Christentums sinnvolle Bezeichnung, die zum Ausdruck bringe, dass in diesem Zeitraum die maßgeblichen Schriften des Christentums entstanden sind, die später als „kanonisch" rezipiert wurden. Der zweite Grund für die im eigentlichen Sinn „grundlegende" Bedeutung dieser Phase sei, dass das Christentum unter den politischen, administrativen und rechtlichen Rahmenbedingungen des Römischen Reiches entstanden ist und diese auch dann akzeptiert hat, als es selbst in deren Gestaltung einbezogen wurde. Deshalb gab und gibt es im Christentum – anders als etwa im Islam – bis heute kein eigenes „christliches" Recht.

Mit der Verwendung des Begriffs „Urchristentum" soll also weder der Anfang des Christentums idealisiert noch soll die Vielfalt in Abrede gestellt werden, die für die christlichen Entwicklungen von Beginn an kennzeichnend war. Der Begriff sei zudem angemessener als „apostolisches Zeitalter", was unzutreffende Assoziationen wecken könnte (etwa einer einheitlichen Anfangsphase unter Leitung der Apostel oder eines apostolischen Ursprungs der maßgeblichen Schriften der Frühzeit).

Schließlich wird im Einführungsteil auf die Quellenlage eingegangen (27–39). Dieser Abschnitt ist im Wesentlichen einer Diskussion der Apostelgeschichte als Geschichtsquelle gewidmet und damit einem Thema, dem der Autor bereits diverse Aufsätze, etwa zu den Gottesfürchtigen oder zu den Wir-Passagen, gewidmet hatte. Andere Quellen – die Koch natürlich bekannt sind und die in seiner Darstellung auch vorkommen – werden dagegen nur knapp gestreift (Paulusbriefe, Irenäus, Euseb, Josephus, Sueton, Tacitus, Plinius). Weitere urchristliche Schriften werden dagegen nicht genannt, apokryphe Schriften kommen weder hier noch in der Darstellung selbst zur Geltung, auch historische Materialien wie Inschriften, Münzen, archäologische Funde usw., die natürlich für die Erhebung des griechisch-römischen und jüdischen Kontextes des Urchristentums heranzuziehen sind, werden unter den „Quellen" nicht genannt. Dafür werden in dem bereits genannten Werk „Bilder aus der Welt des Urchristentum" materiale Überreste der griechisch-römischen Mittelmeerkultur (die jüdische fehlt allerdings fast völlig) ausführlich – jedoch ohne numismatische Zeugnisse – dargeboten.

Koch betrachtet die Apg als eine zwar unentbehrliche Quelle für die Geschichte des Urchristentums, die jedoch nur dann gewinnbringend verwendet werden könne, wenn man sich über die Darstellungsweise und die Intentionen ihres Autors im Klaren sei. In der Apg (und auch im Lukasevangelium) gebe es z. B. frei gestaltete Szenen wie die Antrittspredigt Jesu in Nazaret (Lk 4,16–30), der die Pfingstszene in Apg 2,14–40 als „programmatische Anfangsszene" korrespondiere. Zu nennen seien auch die mehrfache Erzählung desselben Ereignisses (etwa der Himmelfahrt Jesu oder der Berufung des Paulus) sowie die Reden, die Lukas nach antiker historiographischer Konvention seinen Protagonisten in den Mund lege. Erkennbar werde im lukanischen Werk die Intention, die Ereignisse als von Gott gelenkt, die Frühzeit zudem als „ideales Gegenbild zu seiner eigenen Gegenwart" zu präsentieren. Im Blick auf den Verfasser urteilt Koch, es handle sich jedenfalls nicht um einen Schüler des Paulus, auch wenn er ihn zeitweilig begleitet haben sollte. Zur Begründung wiederholt er die schon häufig für diese Sicht vorgebrachten Argumente.

Über etliche Urteile dieses Abschnitts kann man unterschiedlicher Auffassung sein. Die Ausführungen zeigen jedenfalls, dass sich Koch einer bestimmten Richtung der deutschsprachigen Actaforschung verpflichtet weiß, die eng mit den Namen von Ernst Haenchen und Hans Conzelmann, dem Doktorvater Kochs, verbunden ist und für die eine kritische – gelegentlich vielleicht überkritische – Sicht auf den historischen Wert der Apg kennzeichnend ist. Das zeigt sich in Kochs Darstellung an verschiedenen Stellen, in der Einführung etwa daran, dass er die These von einer Diastase zwischen Lukas und Paulus mit althergebrachten Argumenten fortschreibt, wenngleich die neuere Forschung dies seit Längerem mit guten Gründen infrage gestellt hat. Vielleicht zeigt dies exemplarisch, dass Koch neueren geschichtshermeneutischen Zugängen, die die Alternative von naivem Geschichtspositivismus einerseits, kritischer Quellenauswertung andererseits hinter sich zu lassen suchen, wenig abgewinnen kann oder sie jedenfalls nicht eingehender für die Grundlegung seiner Darstellung herangezogen hat.

Der vorliegende Abschnitt behandelt die Quellenlage demnach nur unzureichend und sollte in einer nächsten Auflage neu konzipiert werden. Die „Quellen" – vielleicht sollte offener vom „historischen Material" gesprochen werden – haben ganz verschiedenen Charakter und tragen in je eigener Weise zu einer Rekonstruktion der Geschichte des Urchristentums bei. Eine methodisch reflektierte Präsentation des zur Verfügung stehenden Materials würde zudem dazu verhelfen, der Apg ihren Platz innerhalb dieses Spektrums zuzuweisen. In der vorliegenden Form ist der Abschnitt dagegen wenig stringent, die einseitige Beschäftigung mit der Apg wirkt zudem unvermittelt. Auch wäre es sinnvoll, hier auf weitere Publikationen zu verweisen, die das historische Material für eine Geschichte des Urchristentums bereitstellen (s. o.).

Bei der Präsentation des historischen Kontextes, in dem das Urchristentum entstand und sich ausbreitete, ist die Darstellung der griechisch-römischen Welt nuancierter und plastischer als diejenige des Judentums. Bei Ersterer finden sich auch Teile zur Stadt als Lebensraum, zur Stellung der Frau, zum Vereinsleben und zu Formen der Götterverehrung (bei dieser wird der private, häusliche Bereich allerdings nicht genannt), wogegen die Darstellung des Judentums über einen kurz gerafften geschichtlichen Überblick kaum hinauskommt. Ausführungen zu den Charakteristika des Judentums der hellenistisch-römischen Zeit – etwa zur Bedeutung der Tora, zur Apokalyptik oder zur politischen und religiösen Situation Galiläas, um nur einiges zu nennen – finden sich nur in rudimentärer Form. Hier wären einschlägige neuere Darstellungen (etwa: John J. Collins/Daniel C. Harlow, [ed.], Early Judaism. A Comprehensive Overview, Grand Rapids/MI 2010, oder auch Shaye J.D. Cohen, From the Maccabees to the Mishnah, Louisville/KY ^{3}2014) für ein differenzierteres Bild heranzuziehen.

Charakteristisch für den hier verfolgten Ansatz ist sodann, dass Koch Johannes den Täufer und auch Jesus zu den „geschichtlichen Voraussetzungen" der Geschichte des Urchristentums rechnet. Johannes der Täufer sei als jüdischer Gerichtsprophet zu beurteilen, wogegen Jesus mit seiner eschatologischen Verkündigung des anbrechenden Gottesreiches, seinem prophetischen Selbstverständnis, der Gründung des Zwölferkreises sowie seinem Auftreten und seinem Tod in Jerusalem zwar durchaus Impulse gegeben habe. Für die Entstehung des Christentums sei jedoch die Deutung seines Wirkens und Geschicks im Licht seiner Auferweckung als Ausgangspunkt zu betrachten.

Ob in einer geschichtlichen Darstellung des Urchristentums eine derart scharfe Zäsur zwischen dem Wirken Jesu und der nachösterlichen Entwicklung gesetzt werden sollte, bleibt strittig. Die vier von Koch genannten Aspekte, mit denen Jesus wichtige Entwicklungen angestoßen habe, lassen sich auch als Kontinuität interpretieren, bei der Wirken und Geschick Jesu als Beginn der Geschichte des Christentums erscheinen. Wichtig bleibt jedenfalls, dass beides – die durch das Wirken Jesu angestoßenen Entwicklungen und die Deutung seines Auftretens im Licht seiner Auferweckung – angemessen zur Geltung gebracht und nicht gegeneinander ausgespielt werden. Bei Koch liegt der Akzent erkennbar auf den nachösterlichen Erfahrungen als Ausgangspunkt des Christentums. Das hat zur Folge, dass eine Darstellung des Wirkens Jesu, auch in Grundzügen, völlig fehlt. Diese Entscheidung mag man, gerade in einer Geschichte des Urchristentums, bedauern.

Kapitel 6–9 (157–247) informieren unter z. T. detaillierter Interpretation einschlägiger neutestamentlicher Texte (z. B. 1Kor 15,3b–5; Gal 1 und 2; Apg 15) über die Entwicklung der Urgemeinde in Jerusalem bis zu Apostelkonzil und Antiochenischem Streit. Anschließend verfolgt Koch drei zeitlich parallele Aufbrüche: die paulinische Mission bis zum Tod des Paulus; die Jerusalemer Urgemeinde und das Judenchristentum (hier wird die Entwicklung bis 150 n. Chr., also bis zum Ende des in den Blick genommenen Zeitraums geschildert) sowie das frühe Christentum in Rom.

Kapitel 11–12 (249–343) sind dem selbständigen Wirken des Paulus in Europa und Kleinasien gewidmet. Dieser Teil gehört zweifellos zu den Stärken des Buches. Koch fasst in knappen Petit-Absätzen Geschichte und Milieu der jeweiligen Städte (Philippi, Thessaloniki, Korinth Ephesus) zusammen, informiert über die Rolle der Mitarbeiter des Paulus sowie die soziale und religiöse

Zusammensetzung der paulinischen Gemeinden (267–281) und beschreibt die durch die christliche Mission in diesen Regionen hervorgerufene Situation.

In der Diskussion über die Adressaten des Galaterbriefs spricht sich Koch, im Anschluss an frühere Arbeiten, für die nordgalatische Hypothese aus. Die Bezeichnung der Gemeinden in Pisidien und Lykaonien als „Gemeinden Galatiens" sei als unwahrscheinlich zu beurteilen, da die im Norden, also im eigentlichen Kernland *Galatia*, gelegenen Gebiete sogar ein eigenes *koinon* (einen Landtag) hatten, was es nahelegt, dass die Bezeichnung an dieser Region haftete. Der Galaterbrief lasse zudem erkennen, dass Paulus den galatischen Gemeinden als alleiniger Gründungsapostel gegenübertrete, was nur schwer vorstellbar sei, wenn es sich um die auf der 1. Missionsreise gemeinsam mit Barnabas gegründeten Gemeinden gehandelt habe. Die Möglichkeit, dass sich die Gemeinden im Süden befunden haben und dennoch von denjenigen der 1. Missionsreise zu unterscheiden sind, erwägt Koch nicht. Sie würde jedenfalls die Möglichkeit eröffnen, die Erwähnung galatischer Gemeinden in Apg 16,6 und 18,23 mit dem Galaterbrief in Verbindung zu bringen.

Der Aufenthalt des Paulus in Ephesus und die von dort ausgehenden Aktivitäten (etwa im Lykostal) werden in gut nachvollziehbarer Weise dargestellt, auch wenn hier vieles hypothetisch bleiben muss. Koch erschließt diverse Konflikte und Krisen der Mission des Paulus, sowohl in der Asia als auch im inneren Kleinasien und in Korinth. Für Ephesus wird eine komplexe Entwicklung rekonstruiert, zu der neben dem paulinischen Christentum auch eine „Apollosgruppe", ehemalige Anhänger Johannes des Täufers und das johanneische Christentum gehört hätten (318–326).

Für eine Geschichte des Urchristentums eher ungewöhnlich ist die vergleichsweise ausführliche Beschäftigung mit dem Ende des Paulus (345–374). Koch hält die Behauptung, Paulus habe das römische Bürgerrecht besessen, für eine literarische Konstruktion des Lukas, der damit einen Grund dafür schaffen wollte, warum Paulus, obwohl er unschuldig war, als Gefangener nach Rom gebracht wurde. Der Präfekt Festus könnte Paulus allerdings auch ohne eine solche Voraussetzung und ohne eine Appellation an den Kaiser nach Rom überstellt haben (365). Ein Zusammenhang der Hinrichtung des Paulus (Anfang der 60er Jahre) mit der Neronischen Verfolgung sei nicht erkennbar. In Zusammenhang mit diesem Abschnitt steht Exkurs 16 über die vermutliche Grabstelle des Paulus an der Via Ostiense, also dem Platz der Basilica San Paolo fuori le mura (611–613). Koch hält es für glaubwürdig, dass dies derjenige Ort ist, der bereits im 2. Jahrhundert als Grabstelle des Paulus verehrt wurde und der tatsächlich der Begräbnisort des Paulus sein könnte. Im Blick auf das Grab des Petrus unter (Neu- und Alt-) St. Peter urteilt Koch im analogen Exkurs 18 (616–621) allerdings skeptischer (ein Petrusgrab sei archäologisch nicht zu sichern). Zu vergleichen ist zu diesem Thema auch der Abschnitt „Paulus und Petrus in Rom" (415–424).

Kapitel 14 und 15 (375–401) verfolgen die Entwicklung der Jerusalemer Urgemeinde und des Judenchristentums. Für Letzteres werden die Nachrichten über den Herrenbruder Jakobus, Notizen bei Euseb, Julius Africanus und Justin sowie die Didache und das Matthäusevangelium als einschlägige Quellen behandelt. Während die Didache ein Christentum widerspiegle, das sich vor allem in Kontinuität zur Erwählung Israels verstanden habe, sei die Intention des MtEv durch die Zusammenführung gesetzesfrei und gesetzeskonform lebender Gruppen gekennzeichnet. Der Abschnitt schließt mit einer kurzen Betrachtung zur Situation des Judenchristentums um die Mitte des 2. Jahrhunderts anhand von Justin, dial. 47,1–5 (401). Die christlichen Gruppen, die sich weiterhin an das jüdische Gesetz gebunden wussten, hätten demnach vor der Alternative gestanden, entweder in gleich großer Distanz zu Judentum und Christentum zu existieren oder aber sich in eine der beiden Großgruppen zu integrieren. Nicht in die Betrachtung bezieht Koch hier die Notizen über die sogenannten „judenchristlichen Evangelien" bei Clemens Alexandrinus, Hieronymus u.a. ein (vgl. jedoch 432–436 zum frühen Christentum in Ägypten: Koch hält die Indizien für ein judenchristlich geprägtes Christentum in Alexandria im 1. Jahrhundert für nicht tragfähig, ab ca. 130 n. Chr. habe sich die Situation jedoch geändert). Auch ein Text wie P.Oxy. 840, der einen Disput zwischen Jesus und einem Hohepriester und Pharisäer namens Levi über Taufe und Reinheit überliefert, oder der Barnabasbrief hätten das Bild differenzieren können. Insgesamt wäre zum Thema des sogenannten „Judenchristentums" zudem darauf hinzuweisen, dass in der Diskussion über das „parting of the ways" zwischen Juden und Christen gegenwärtig wieder vieles offen ist und Gruppen oder Positionen, die ein Christentum mit deutlicher Nähe zu jüdischen Überlieferungen und Riten vertraten, noch lange über die Mitte des 2. Jahrhunderts hinaus existierten (vgl. hierzu etwa Hershel Shanks [ed.], Partings: How Judaism and Christianity became Two, Washington/D.C. 2013; sowie Tobias Nicklas, Jews and Christians?, Tübingen 2014).

Im Blick auf das frühe Christentum in Rom vertritt Koch die verbreitete These, dass durch das Claudiusedikt missionarisch wirkende Christen jüdischer Herkunft aus der Stadt ausgewiesen wurden und nach dem Tod des Claudius in die Stadt zurückkehren konnten. Ob diese historische Rekonstruktion und die entsprechende Interpretation der Sueton-Notiz über „Chrestus" so eindeutig sind, mag man fragen (vgl. immerhin die gewichtigen Gegenargumente bei J. M. G. Barclay, Is it Good News that God is Impartial?, JSNT 31.1, 2008, 89–111). In ihrer Frühzeit hätten die römischen Christen noch keine feste Organisationsstruktur besessen, weshalb Paulus sie im Römerbrief auch nicht als „Ekklesia" anrede. Zur Zeit der Abfassung von 1Klem (Ende des 1. Jahrhunderts) habe sich dies dann verändert.

Die Kapitel 17–19 (429–493) sind thematisch angelegt und behandeln Wachstum und Ausbreitung des Urchristentums, Gemeindeorganisation sowie Konflikte mit der paganen Mehrheitsgesellschaft im Zeitraum vom Ende des 1. bis etwa zur Mitte des 2. Jahrhunderts. Im Blick auf Organisation und Gemeindeleitung notiert Koch, dass ab dem Ende des 1. Jahrhunderts kollektive Gemeindeleitungen durch „Älteste" an die Stelle von Propheten, Lehrern und Diakonen getreten und dann ihrerseits durch den Monepiskopat abgelöst worden seien. Für Letzteren spielen neben den Pastoralbriefen natürlich der Polykarpbrief und die Ignatiusbriefe, die Koch zwischen 125 n. Chr. und 130 n. Chr. datiert, eine zentrale Rolle. Die Entstehung neuer Ämterstrukturen war nicht konfliktfrei, wie die in 1Klem erkennbar werdende Kontroverse in der korinthischen Gemeinde zeigt, in der Presbyter abgesetzt worden waren. Insgesamt sieht Koch die problematische Tendenz, in bestimmten geschichtlichen Situationen notwendig werdende Organisationsformen und Ämter als zeitloses Wesensmerkmal der Kirche zu interpretieren und dadurch zu „sakralisieren" (456).

Die Konflikte mit der paganen Gesellschaft werden anhand der Regierungsphasen der römischen Kaiser von Nero bis Hadrian dargestellt, denen die einschlägigen Texte (Tacitus, Briefwechsel Plinius–Trajan, 1. Petrusbrief, Reskript Hadrians an den Statthalter C. Minicius Fundanus, Offenbarung des Johannes [die Koch, entgegen der gängigen Auffassung in die Zeit Hadrians, zwischen 130 n. Chr. und 135 n. Chr, datiert]) zugeordnet werden. Charakteristisch für das Verhältnis des Christentums zur paganen Gesellschaft sei, dass es den religiösen Anspruch des Römischen Reiches ablehnte, seine politische Legitimität aber nicht bestritt (492). Daraus resultiert eines der eingangs genannten Charakteristika, dass nämlich das Christentum kein eigenes Recht ausbildete, sondern sich innerhalb der administrativen, rechtlichen und politischen Strukturen des Römischen Reiches entwickelte.

Das Schlusskapitel fasst die in der hier vorgelegten Darstellung als grundlegend herausgearbeiteten Linien einer Geschichte des Urchristentums zusammen. Wichtig ist Koch zufolge das Selbstverständnis des Urchristentums, der Kern des neuen Gottesvolkes zu sein, wozu die Grenze des Judentums überschritten werden musste. Trotz der auseinanderstrebenden Kräfte habe es einen „inneren Zusammenhang" gegeben, der durch ein hohes Maß an direkter Kommunikation gesichert worden sei. Identitätsstiftende Faktoren seien Taufe und eucharistisches Mahl sowie eine eigenständige Literatur gewesen, in der sich bereits früh wechselseitige Rezeptionsprozesse feststellen ließen.

Koch hat ein monumentales Werk vorgelegt. Dazu hat er eine große Stofffülle gemeistert und in ein Bild von der Entwicklung des Urchristentums integriert, das sich durch Kohärenz, stupende Quellenkenntnis und zu umstrittenen Fragen klare Urteile - die man nicht immer teilen muss, die aber stets gut begründet sind - auszeichnet. Innovativ ist vor allem die, zum Teil in den Exkursen vertiefte, Einbeziehung archäologischer Quellen, die in vergleichbaren Darstellungen zumeist allenfalls am Rande vorkommen. Wer dieses imposante Gemälde kritisiert, dem kann sein Schöpfer darum gelassen entgegenhalten, er möge zunächst eines zeichnen, das den Befund besser erklärt. Gleichwohl ließen sich hier und da Farben auffrischen - etwa bei der Darstellung des Judentums der hellenistisch-römischen Zeit oder des „Judenchristentums" der ersten beiden Jahrhunderte –, würden auch einige zusätzliche Tupfer das Gesamtbild anschaulicher machen - etwa eine Einbeziehung jüdischer Quellen und apokrypher Texte, deren Bedeutung deutlich zu kurz kommt –, würde vor allem aber etwas mehr Mut zu „Expressionismus" dem letztlich doch recht harmonisch daherkommenden Gesamtbild zuträglich sein. Die Pluralität christlicher Entwicklungen im 2. Jahrhundert – die sich durchaus schon in dessen erster Hälfte abzeichnet – würde dadurch angemessener zur Geltung gebracht. Ob sich tatsächlich alle Positionen und Strömungen des Christentums – das ja in dem zur Diskussion stehenden Zeitraum erst dabei ist, seine Konturen auszubilden, seine maßgeblichen Schriften zusammenzustellen und seine Grenzen abzustecken – in dem hier gezeichneten Bild einer um die Mitte des 2. Jahrhunderts angeblich erkennbar werdenden Kohärenz wiederfinden und sogar wohlfühlen würden, mag man angesichts der neueren Diskussion über die mannigfachen Aufbrüche im Christentum des 2. Jahrhunderts jedenfalls bezweifeln. Für die Konzeption als „Lehrbuch" wäre zudem eine deutlichere Unterscheidung von Hauptlinien und Nebenschauplätzen der Entwicklung hilfreich gewesen, die auch im Druck deutlicher voneinander abgehoben werden sollten. In der vorliegenden Form wirkt das Buch für Studierende, die sich die wesentlichen Inhalte der Geschichte des Urchristentums aneignen wollen, dagegen etwas unübersichtlich (diese Bemerkung basiert auf konkreten Rückmeldungen von Studierenden).

Diese Kritikpunkte ändern nichts daran, dass Koch eine Darstellung vorgelegt hat, von der jeder profitieren wird, der sich mit ihr intensiv auseinandersetzt. Gerade durch derartige Gesamtentwürfe wird die Forschung bereichert und vorangebracht. Kochs „Geschichte des Urchristentums" gehört deshalb zweifellos zu den grundlegenden Büchern der deutschsprachigen neutestamentlichen Wissenschaft vom Anfang des 21. Jahrhunderts.

Jens Schröter, Berlin

MARBURGER THEOLOGISCHE STUDIEN

begründet von

Hans Graß und Werner Georg Kümmel

ab Band 19 herausgegeben von
Wilfried Härle und Dieter Lührmann

ab Band 100 herausgegeben von
Friedhelm Hartenstein und Michael Moxter

ERHÄLTLICHE TITEL

Band 122: Marburger Jahrbuch Theologie XXVII. „Natur“. Hrsg. von Elisabeth Gräb-Schmidt und Reiner Preul, 2015.

Band 121: Marburger Jahrbuch Theologie XXVI. "Gemeinwohl". Hrsg. von Elisabeth Gräb-Schmidt und Reiner Preul, 2014.

Band 120: Lührmann, Dieter: Theologische Exegese im Horizont von Text und Geschichte. Gesammelte Aufsätze. Hrsg. von Egbert Schlarb, 2014.

Band 119 Marburger Jahrbuch XXV. „Das Alte Testament in der Theologie“. Hrsg. von Elisabeth Gräb-Schmidt und Reiner Preul, 2013.

Band 118 Mätzke, Verena: Gerechtigkeit als "fromkeit". Luthers Übersetzung von *iustia dei* und ihre Bedeutung für die Rechtfertigung heute, 2013.

Band 117: Feindschaft. Theologische und philosophische Perspektiven. Hrsg. von Markus Firchow und Michael Moxter, 2013.

Band 116: Marburger Jahrbuch Theologie XXIV. "Auferstehung". Hrsg. von Elisabeth Gräb-Schmidt und Reiner Preul, 2012.

Band 115: Werries, Holger: Alles Handeln ein Handeln der Kirche. Schleiermachers Ekklesiologie als Christologie, 2012.

Band 114: Tippmann, Cornelia: Die Bestimmung des Menschen bei Johann Joachim Spalding, 2011.

Band 113: Marburger Jahrbuch Theologie XXIII. "Christologie". Hrsg. von Elisabeth Gräb-Schmidt und Reiner Preul, 2011.

Band 112: Selbstbestimmung in der Perspektive theologischer Ethik. Hrsg. von Frank Martin Brunn und Alexander Dietz, 2011.

Band 111: Marburger Jahrbuch Theologie XXII. "Ästhetik". Hrsg. von Elisabeth Gräb-Schmidt und Reiner Preul, 2010.

Band 110: Anknüpfung und Aufbruch. Hermeneutische, ästhetische und politische Perspektiven der Theologie. Hrsg. von Cornelia Richter, 2011.

Band 109: Warnemann, Alexander: Der Marburger Theologe Hans Graß. Die entmythologisierte Dogmatik, 2012.

Band 108: Zerrath, Martin: Vollendung und Neuzeit. Transformation der Eschatologie bei Blumenberg und Hirsch, 2011.

Band 107: Marburger Jahrbuch Theologie XXI. "Wahrheit". Hrsg. von Wilfried Härle und Reiner Preul, 2009.

Band 106: Riede, Peter: Schöpfung und Lebenswelt. Studien zur Theologie und Anthropologie des Alten Testaments, 2009.

Band 105: Marburger Jahrbuch Theologie XX. „Sünde". Hrsg. von Wilfried Härle und Reiner Preul, 2008.

Band 104: Dahnelt, Rainer: Funktion und Gottesbegriff. Der Einfluss der Religionssoziologie auf die Theologie am Beispiel von Niklas Luhmann und Falk Wagner, 2009.

Band 103: Sparn, Walter: Frömmigkeit, Bildung, Kultur. Theologische Ausätze I: Lutherische Orthodoxie und christliche Aufklärung in der frühen Neuzeit, 2012.

Band 102: Preul, Reiner: Die soziale Gestalt des Glaubens. Aufsätze zur Kirchentheorie, 2008.

Band 101: Marburger Jahrbuch Theologie XIX. „Personalität Gottes". Hrsg. von Wilfried Härle und Reiner Preul, 2007.

Band 100: Menschenbild und Theologie. Beiträge zum interdisziplinären Gespräch. Hrsg. von Frank Martin Brunn, Alexander Dietz, Christian Polke, Sibylle Rolf und Anja Siebert, 2007.

Band 99: Härle, Wilfried: Willensfreiheit und Prädestination, 2009. *vergriffen*

Band 98: Haigis, Peter: Pluralismusfähige Ekklesiologie. Zum Selbstverständnis der evangelischen Kirche in einer pluralistischen Gesellschaft, 2008.

Band 97: Ethik im Kontinuum. Beiträge zur relationalen Erkenntnistheorie und Ontologie. Hrsg. von Wilfried Härle, 2008.

Band 96: Stock, Konrad: Die Gegenwart des Guten. Schriften zur Theologie, 2006.

Band 94: Marburger Jahrbuch Theologie XVIII. „Verstehen über Grenzen hinweg". Hrsg. von Wilfried Härle und Reiner Preul, 2006.

Band 93: Bäder-Butschle, Ivo: Interpretation der moralischen Welt. Michael Walzers Phi-losophie der moralischen Praxis als Impuls für die theologische Ethik, 2006.

Band 92: Lehmeier, Karin: Oikos und Oikonomia. Antike Konzepte der Haushaltsführung und der Bau der Gemeinde bei Paulus, 2006. *vergriffen*

Band 91: Künstliche Intelligenz und menschliche Person, Hrsg. von Wolfgang Achtner, Johannes Dittmer, Anja Haag, Christoph Keil, Martin Jung, Heike Preising, Axel Schumann-Luck und Vladislav Soskin, 2006.

Band 90: Theologie zwischen Pragmatismus und Existenzdenken. FS für Herrman Deuser. Hrsg. von Gesche Linde, Richard Purkarthofer, Heiko Schulz und Peter Steinacker, 2006.

Band 89: Marburger Jahrbuch Theologie XVII. „Menschenwürde". Hrsg. von Wilfried Härle und Reiner Preul, 2005.

Band 88: Spengler, Franziska Friederike: Kindsein als Menschsein. Beitrag zu einer integrativen theologischen Anthropologie, 2005.

Band 87: Holtmann, Thomas: Die Magier vom Osten und der Stern. Mt 2,1-12 im Kontext frühchristlicher Traditionen, 2005.

Band 86: Russische Religionsphilosophie und Theologie um 1900. Hrsg. von Karl Pinggéra, 2005.

Band 85: Patristica et Oecumenica. Festschrift für Wolfgang A. Bienert. Hrsg. von Peter Gemeinhardt und Uwe Kühneweg, 2004.

Band 84: Marburger Jahrbuch Theologie XVI. Das Selbst in der Evolution. Hrsg. von Wilfried Härle und Reiner Preul, 2004.

Band 83: Latzel, Thorsten: Theologische Grundzüge des Heidelberger Katechismus. Eine fundamentaltheologische Untersuchung seines Ansatzes zur Glaubenskommunikation, 2004.

Band 82: Kutting, Dirk: Gesinnungsbildung. Die humanistische Schul- und Bildungstheorie Hartmut von Hentigs in theologischer Sicht, 2004.

Band 81: Volkmann, Stephan: Der Zorn Gottes. Studien zur Rede vom Zorn Gottes in der evangelischen Theologie, 2004.

Band 80: Systematisch praktisch. Festschrift für Reiner Preul. Hrsg. von Wilfried Härle, Bernd-Michael Haese, Kai Hansen und Eilert Herms, 2005.

Band 79: Janssen, Bernd-Holger: Die Inkarnation und das Werden der Menschheit. Eine Interpretation der Weihnachtspredigten Friedrich Schleiermachers im Zusammenhang mit seinem philosophisch-theologischen System, 2003.

Band 78: Schwöbel, Marlene: Kirche auf dem Prüfstand. Eine Untersuchung zu den theologischen Orientierungen kirchlicher Strukturplanung, 2003.

Band 77: Charbonnier, Ralph: Technik und Theologie. Ein theologischer Beitrag zum interdisziplinären Technikdiskurs unter besonderer Berücksichtigung der Theologie F.D.E. Schleiermachers, 2003.

Band 76: Die bleibende Gegenwart des Evangeliums. Festschrift für Otto Merk. Hrsg. von Roland Gebauer und Martin Meiser, 2003.

Band 75: Theologie und Kirchenleitung. Festschrift für Peter Steinacker. Hrsg. von Her-mann Deuser, Gesche Linde und Sigurd Rink, 2003.

Band 74: Marburger Jahrbuch Theologie XV. Religion. Hrsg. von Wilfried Härle und Reiner Preul, 2003. *vergriffen*

Band 73: Harbeck-Pingel, Bernd: Gesellschaft und Reich Gottes. Studien zu Alterität, Kommunikation und Handlung, 2003.

Band 72: Reinhardt, Ursula: Religion und moderne Kunst in geistiger Verwandtschaft. Robert Musils Roman „Der Mann ohne Eigenschaften" im Spiegel christlicher Mystik, 2003.

Band 71: Marburger Jahrbuch Theologie XIV. Ethik und Recht. Hrsg. von Wilfried Härle und Reiner Preul, 2002.

Band 70: Leben und Kirche. Festschrift für Wilfried Härle. Hrsg. von Uta Andrée, Frank Miege und Christoph Schwöbel, 2001.

Band 69: Gebhardt, Rüdiger: Heil als Kommunikationsgeschehen. Analysen zu dem in Luthers Rechtfertigungslehre implizierten Wirklichkeitsverständnis, 2002.

Band 68: Herms, Eilert: Von der Glaubenseinheit zur Kirchengemeinschaft II, 2003.

Band 67: Marburger Jahrbuch Theol. XIII. Woran orientiert sich Ethik? Hrsg.: W. Härle u. R. Preul, 2001.

Band 66: Beiner, Melanie: Intentionalität und Geschöpflichkeit. Die Bedeutung von Martin Luthers Schrift „Vom unfreien Willen" für die theologische Anthropologie, 2000.

Band 65: Lippert, Stefan: Recht und Gerechtigkeit bei Thomas von Aquin. Eine rationale Rekonstruktion im Kontext der Summa Theologiae, 2000.

Band 64: Marburger Jahrbuch Theologie XII. Ökumene. Hrsg. von Wilfried Härle und Reiner Preul, 2000.

Band 63: Mohri, Erika: Maria Magdalena. Frauenbilder in Evangelientexten des 1. bis 3. Jahrhunderts, 2000.

Band 62: Das Wesen des Christentums. Hrsg. von Dietrich Korsch und Cornelia Richter, 2002.

Band 61: Schuck, Martin: Staatstheorie und Wirklichkeitsverständnis. Studien zu den kategorialen Voraussetzungen des Staatsdenkens deutscher Juristen aus theologischer Sicht am Beispiel der Kulturstaatsdebatte, 2000.

Band 57: Wohlers, Michael: Heilige Krankheit. Epilepsie in antiker Medizin, Astrologie und Religion, 1999.

Band 56: Schlapkohl, Corinna: Persona est naturae rationabilis individua substantia. Boethius und die Debatte über den Personbegriff, 1999.

Band 55: Bienert, Wolfgang A.: Werden der Kirche – Wirken des Geistes. Beiträge zu den Kirchenvätern und ihrer Nachwirkung. Hrsg. von Uwe Kühneweg, 1999.

Band 54: Im Kontinuum. Annäherungen an eine relationale Erkenntnistheorie und Ontologie. Hrsg. von Wilfried Härle, 1999.

Band 53: Marburger Jahrbuch Theologie XI. Reich Gottes. Hrsg. von Wilfried Härle und Reiner Preul, 1999.

Band 52: Vetter, Martin: Zeichen deuten auf Gott. Der zeichentheoretische Beitrag von Charles S. Peirce zur Theologie der Sakramente, 1999.

Band 50: Text und Geschichte. Facetten theologischen Arbeitens aus dem Freundes- und Schülerkreis. FS für Dieter Lührmann. Hrsg. von Stefan Maser und Egbert Schlarb, 1999.

Band 48: Braungart, Christiane: Mitteilung durch Darstellung. Schleiermachers Verständnis der Heilsvermittlung, 1998.

Band 46: Goertz, Harald: Allgemeines Priestertum und ordiniertes Amt bei Luther, 1997.

Band 27: Herms, Eilert: Von der Glaubenseinheit zur Kirchengemeinschaft. Plädoyer für eine realistische Ökumene, (1989) ^{2}2004.